BUCH DES JAHRES 1986

Buch des Jahres 1986

Herausgeber	Stefan Thomi
Redaktion	Gerardo Zanetti
Bildredaktion	Margrith Gahler
Gestaltung	Clemens Barmettler
Grafik	Thekla Wernli
Dokumentation	Bruno Bonometti
	RDZ
Herstellung	Bütler+Partner
©	Ringier AG, Zürich

ISBN 3-85859-225 0

Inhalt

Leute

Die Hochzeit des Jahres	18
Nachwuchs für Caroline	30
Der Zeuge des Holocaust	32
Der neue Bauerngeneral	34
Waldheims Gedächtnislücken	36
Aids aus dem Krankenhaus	38
Symbolfigur der Frauenbewegung	44
Die Toten des Jahres 1986	46

Natur

Halley — der himmlische Schneeball	52
Flammenhölle in Südfrankreich	58
Todeskrater in Kamerun	64
Kopfsalat — knackig, aber giftig	66
Italiens Giftweinskandal	68
Schutzwaldrodung für die WM	70
Auf das Schwein gekommen	72
Der Millionenhagel	76

Politik Schweiz

Grossdemo gegen die Atomkraft	84
Vom Weinsegen zur Weinschwemme	88
Zwei Bundesräte treten zurück	92
Koller und Cotti — die Neuen	98
Ein barsches Nein zur UNO	100
Das Häufchen des Anstosses	102
Die grünen Berner	106
Oehens fünfte Partei	108

Politik Ausland

12-Minuten-Krieg gegen Libyen	114
Das Ende der Marcos-Diktatur	118
Der Umsturz auf Haiti	122
Sterben für Nicaragua	126
Für Allah und Khomeini	130
Druck auf Südafrikas Rassisten	132
Die Gipfelpleite von Reykjavik	138
Der grosse Waffenskandal	144

Technik

Die Challenger-Katastrophe	146
Ein Schweizer in der Stratosphäre	152
Scharfschiessen am Polarkreis	156
Werbegag am Matterhorn	160
Das Tempo, das vom Himmel kommt	162
Der Stein-Zeitmesser	166
Grünes Licht für grosse Röhre	168
Die Milliardenkanone	174

Gewalt

Der Mord an Olof Palme	178
Das Blutbad in der Synagoge	180
Krieg gegen die Kernkraft	182
Bombe aus dem Hinterhalt	186
Vier Tote im Amtshaus	188
Geiseldrama in Karachi	190
Gefängnismassaker in Peru	192
Maxi-Prozess gegen die Mafia	196

Kultur

2000 Jahre Zürich	202
Heldenfeier in Sempach	206
Jubiläum für Fräulein Liberty	210
Der Gigant aus dem Bergell	214
Alte Dame — frei nach Dürrenmatt	218
Mit 19 schon Opernstar	220
Henry Moores Urformen der Natur	224
Monets Seerosenbilder	228

Unglück

AKW-Katastrophe in Tschernobyl	236
Der Tod im Wüstensand	240
Die hässliche Chemie	242
Bergsturz am Brünig	246
Hotelbrand in Kristiansand	248
Erdbeben in El Salvador	250
Hoteleinsturz in Singapore	252
Absturz in ein Wohnquartier	254

Sport

Die Fussball-WM in Mexiko	258
Schweizer Rekord auf hoher See	266
Das Beckersche Zeitalter	270
Siegreiche Eisgenossen	272
Der schnelle Zimmi	278
Haarscharf am Tod vorbei	280
Der neue Schwingerkönig	282
Den Pferdeschindern an den Kragen	290

Register/Chronik

Register: Die wichtigsten Stichworte und Namen zum gesamten Bildteil	298
Die wichtigsten Ereignisse des Jahres in der Übersicht, Tag für Tag und Monat für Monat	302
Sporttabellen mit den wichtigsten Siegen und Rekorden	314

Das Weltall-Spektakel des Jahres: In leuchtenden «Falschfarben» übermittelte die Sonde «Giotto» den schwarzen Kern des Kometen Halley

Das Sportereignis des Jahres: die Fussball-WM in Mexiko. Die Mauer der bundesdeutschen Mannschaft bewährte sich bis ins Finalspiel

Die Weltraum-Katastrophe des Jahres: Wenige Sekunden nach dem Start explodierte die Raumfähre Challenger und riss sieben Astronauten in den Tod

Die Demonstration des Jahres: Über 20 000 protestierende Bürger zogen nach Gösgen und forderten: «Weg von der Atomkraft»

Die Grosskundgebung des Jahres: Mit unerhörter Brutalität bekämpften sich Polizei und Demonstranten vor dem Atomkraftwerk von Brokdorf an der Unterelbe

Der Giftunfall des Jahres: Nach einem Lagerhausbrand in Schweizerhalle vergifteten Chemikalien die gesamte Fauna und Flora des Rheins.

Leute

Mit Simone de Beauvoir ist eine Symbolfigur der Frauenbewegung gestorben, mit Benny Goodman der grosse «King of Swing» aus den Dreissiger Jahren. Prinzenhochzeit in England und Nachwuchs im monegassischen Fürstenhaus. Reinhold Messner hat als erster Mensch alle Achttausender bestiegen. Die Österreicher wählten einen Präsidenten mit zweifelhafter Vergangenheit.

BUCH DES JAHRES 1986

SCHWEIZER ILLUSTRIERTE

Mit Pomp unter die Haube

Als Prinz Andrew von Windsor und Bürgermädchen Sarah Ferguson haben sie sich kennengelernt. Als Herzog und Herzogin von York traten sie am 23. Juli in den Stand der Ehe. 1800 geladene Gäste und schätzungsweise 350 Million Fernsehzuschauer genossen das pompöse «Royal Wedding».

Wie im Märchen

Eine Million begeisterter Zaungäste bejubelte das Brautpaar auf seiner Kutschenfahrt vom Buckingham Palace nach Westminster.

Mit einer 5,8 Meter langen Schleppe wird Fergie von ihrem Vater zum Traualtar geführt.

«I will» sagten Andy und Fergie

Frischvermählt verlässt das Hochzeitspaar die Westminster Abbey. Mit einem festen «I will» hatten sie die Frage des Erzbischofs von Canterbury nach ihrem Heiratswunsch beantwortet.

Auch eingefleischte Antiroyalisten mussten zugeben: Die Windsors bieten etwas fürs Geld. Im Organisieren von pompösen Feierlichkeiten sind sie wohl ungeschlagen unter den wenigen verbliebenen Königshäusern dieser Welt. Das «Royal Wedding» für den Zweitgeborenen Sohn Andrew Albert Christian Edward mit Sarah Ferguson jedenfalls stand dabei an Prunk und Pracht keineswegs im Schatten der Hochzeit seines Bruders und Thronfolgers Charles mit Lady Diana. Noch ein gutes Jahr zuvor hätte wohl kein Untertan Ihrer Majestät ein müdes Pfund gewettet, dass der angeblich wilde Andy am 23. Juli wohlbehütet im Hafen der Ehe landen würde. Die Medien hatten ihn zum Luftibus und Frauenheld hochstilisiert und sein buntes Treiben mit jungen Schönen bis in die peinlichsten Details reportiert — insbesondere seine Romanze mit dem Softporno-Starlet Koo Stark. Es soll die Schwägerin Diana gewesen sein, die ihm ihre propere Jugendfreundin vorstellte, eine bescheidene, aber selbstsichere Bürgerstochter aus nicht unbegütertem Haus. Die sommersprossige «Fergie» ist die Tochter des Majors Ronald Ferguson, des Polo-Managers von Prinz Charles und war mithin nicht ganz fremd in der königlichen Familie. So soll auch die Queen freudig genickt haben, als sie erfuhr, dass ihr «Sorgenbub» den ländlichen Reizen von «Fergie» verfallen war. Das grosse Stelldichein vom 23. Juli wurde denn auch für die 1800 geladenen Gäste, wie für die Millionen am Strassenrand und vor den Fernsehkästen zu einer farbenprächtigen Jubelhochzeit ohne Wenn und Aber. Sogar die keineswegs royalistische Zeitung «Marxism Today», das Sprachrohr der britischen Eurokommunisten, rang sich zu einem Lob durch. Das Blatt begrüsste die Tatsache, dass «Fergie» nach der Hochzeit weiterarbeiten will...

14 Achttausender in 16 Jahren

16. Oktober 1986 — eine Weltpremière: Der 42jährige Südtiroler Bergsteiger Reinhold Messmer, der sich selbst «Alpinist, Abenteurer und Schriftsteller» nennt, hat den 8515 Meter hohen Lhotse im Himalaya bestiegen. Damit ist er der erste Mensch, der alle 14 Achttausender dieser Welt bezwungen hat. Nanga Parbat, seinen ersten, schaffte er 1970.

Hofnarr der Republik

Als Lebender teilte er die Nation, als Toter vereinigte er Frankreich in Trauer. Coluche, bürgerlich Michel Colucci, 42 Jahre alt und Sohn italienischer Emigranten, starb am 19. Juni bei einem Motorradunfall in der Nähe von Gresse. Er war mit einer Honda 1100, einem seiner zehn Motorräder, unterwegs, fuhr in einer Kurve in einen Lastwagen und war tot. Coluche war der Hofnarr der Republik, ein «bouffon», wie es in Frankreich keinen zweiten gab. Als Schauspieler, Unterhalter und Possenreisser war die Provokation sein Lebenselexier. 1981 liess er sich als «Nullkandidat» für die französischen Präsidentschaftswahlen aufstellen — in gelben Schnürstiefeln, einer Trikolore-Schleife am Penis und einem gallischen Hahnenschwanz am breiten Hintern. Die Meinungsforscher prognostizierten 16 Prozent der Stimmen für den «Nullkandidaten». Coluche allerdings zog sich zurück, als sein Regisseur ermordet wurde. Für seine Rolle im Film «Tchao Pantin» erhielt er einen Oscar, wo immer er auftauchte, brachte er die Massen ins Wiehern mit seiner Respektlosigkeit vor Staat, Kirche und Politik. Keine Vulgarität war ihm zu vulgär, keine Frechheit zu frech und keine Bosheit zu bös. Es gab aber auch einen anderen «Coluche», und das war der Michel Colucci aus Montrouge in der Banlieue von Paris, der mit seiner Kampagne «Restaurants des Herzens» Millionen locker machte, um die Hungernden zu speisen. 150 000 Franzosen wurden in den «Restos du cœur» gratis verpflegt, und im Winter 1986 wollte er seine Aktion wiederholen. Denn, sagte er, «es darf nicht sein, dass in diesem verfressenen Land Menschen Hungers sterben.»

Mit Trikolore-Penis und gallischem Hintern: Coluche provozierte die Politiker 1981 als «Nullkandidat» für die Präsidentschaft der Republik.

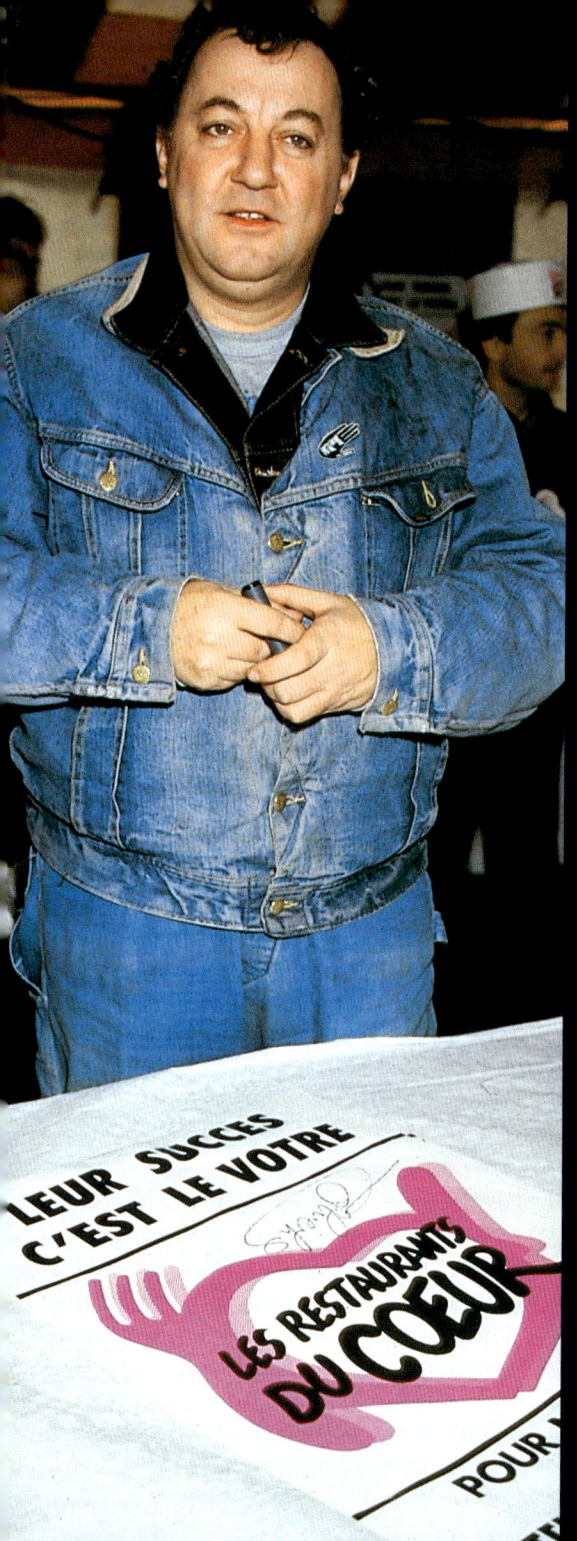

...r Possenreisser und Provokateur als ...ohltäter. Mit der Kampagne «Restaurants ...s Herzens» gelang es ihm, einen Winter ...g 150 000 Hungernde zu nähren.

Coluche als Hochzeitsbraut. Er trieb die Vulgarität auf die Spitze und teilte Frankreich in Coluche-Fans und erbitterte Coluche-Feinde.

Stéphanie von Monaco übt mit ihrem Produzenten Yves Roze Gitarrenakkorde für die nächste Aufnahme.

Auf Anhieb in die Hitparade

Ihre Mutter, die bei einem Unfall verstorbene Fürstin Grace von Monaco, hatte es prophezeit: Aus Stéphanie wird eine Künstlerin. Vorerst allerdings wurde aus ihr und ihrem eher bewegten Tag- und Nachtleben geeignetes Futter für die Klatschspalten. Eine 21jährige Prinzessin, die es mindestens so bunt treibt, wie andere Mädchen ihres Alters, das war der Stoff, aus dem die Skandalstories entstanden. Doch plötzlich lernte die Welt eine junge Dame namens Stéphanie Grimaldi kennen, die mit einer eigenen Firma in den Textilmarkt einstieg und als Sängerin gleich mit der ersten Scheibe «Ouragan» in der Hit-Parade landete. Zwei Millionen Platten setzte sie ab und allen, die es wissen wollten, teilte sie mit, sie werde als Sängerin Karriere machen — Prinzessin hin oder her. Stéphanie von Monaco: «Prinzessin sein, das ist eine Frage des Zivilstandes und sonst gar nichts.»

Sportlich, selbstbewusst und inzwischen auch noch geschäftstüchtig Prinzessin Stéphanie im modischen Strandlook

Stefano Casiraghi mit Sohn Andrea-Albert. «Ein medizinisches Wunder» frotzelten italienische Zeitungen gegen den wegen «Impotenz» militärdienstuntauglichen Vater.

Fürst Rainier von Monaco bewundert die kleine Charlotte auf dem Arm seiner Tochter Caroline.

Ein leicht getrübtes freudiges Ereignis

«Jetzt ist Carolines Glück perfekt» beschloss die Boulevardpresse, als die 29jährige Frau Caroline Casiraghi, geborene Prinzessin von Monaco, am 3. August ihr zweites Kind gebar. Die kleine Charlotte wurde nach Carolines Grossmutter, der Mutter von Fürst Rainier, benannt. Wie schon ihr zweijähriger Bruder Andrea-Albert, erhielt Charlotte die italienische Staatsbürgerschaft. Getrübt wurde das freudige Ereignis lediglich durch die peinliche Tatsache, dass ein Turiner Militärstaatsanwalt ein Verfahren gegen Vater Casiraghi einleitete. Er liess einen Militärarzt verhaften, der seinerzeit bestätigt hatte, Stefano Casiraghi sei wegen Impotenz militärdienstuntauglich. Casiraghi tobte gegen die «ungemeine Niedertracht», und das Verteidigungsministerium in Rom beeilte sich, den Industriellensohn definitiv von der Militärpflicht zu befreien.

Zeuge des Holocaust

Friedensnobelpreisträger Wiesel: Das gleiche sagen, aber besser gehört werden.

Elie Wiesel mit seiner Frau Marion, die ebenfalls das KZ überlebt hat.

Als «Botschafter des Friedens» und wegen seines «Glaubens daran, dass die Kräfte, die das Böse in der Welt bekämpfen, siegreich sein können», hat das Nobelpreiskomitee 1986 dem Schriftsteller Elie Wiesel den Friedensnobelpreis ausgerichtet. Der heute 58jährige Elie Wiesel wurde im rumänischen Städtchen Sighet in Transsilvanien als Kind streng orthodoxer jüdischer Eltern geboren. Während des Zweiten Weltkrieges fiel Sighet erst an Ungarn und wurde dann von den Deutschen besetzt. Die Nazis verschleppten seine ganze Familie ins KZ. Während seine Mutter und seine drei Schwestern in Auschwitz verschwanden, musste er als 16jähriger im KZ Buchenwald zusehen, wie sein Vater starb. Nach dem Krieg wurde Elie Wiesel von einem französischen Kinderhilfswerk aufgenommen, besuchte in Frankreich die Schulen und wurde Journalist. In dieser Eigenschaft reportierte er 1948 über die Staatsgründung in Israel, wo er auch für kurze Zeit als israelischer Staatsbürger lebte. Seit 1963 ist er amerikanischer Staatsbürger und lebt in den USA. Wiesel schreibt französisch, und sein ganzes schriftstellerisches Werk ist dem einen und einzigen Thema gewidmet: Zeuge zu sein gegen die Barbarei des Rassismus und Anwalt für die Entrechteten und Verfolgten. «Jetzt», sagte er nach dem Empfang des Friedensnobelpreises, «habe ich die Chance, das gleiche zu sagen, aber von mehr Leuten gehört zu werden.» Sein erstes Buch »La Nuit« veröffentlichte Elie Wiesel 1958. Es ist eine Autobiographie über das Leben in den Vernichtungslagern der Nazis. Zu seinem bisherigen schriftstellerischen Werk gehört neben den Erinnerungsbüchern über die Zeit der Judenverfolgung auch das Buch «Juden der Stille» über die Situation der Juden in der Sowjetunion. Heute ist Elie Wiesel Professor für Judentumskunde, Literatur und Philosphie an der Universität von Boston.

«Melk» Ehrler hats geschafft: Mit 38 Jahren an der Spitze des mächtigen Bauernverbandes.

Melchior der Bauerngeneral

Philosophie, Juristerei und Landwirtschaft: Die Welt des Bauerngenerals.

Philosophie studierte er in Belgien, Jurisprudenz in Zürich, und ab 1. Juli 1987 wird er als neuer «General» des schweizerischen Bauernstandes seine Arbeit aufnehmen. Eine wahrlich ungewöhnliche Karriere für den Sohn eines Schwyzer Strassenarbeiters und späteren Pachtbauern. Der Vorstand des Schweizerischen Bauernverbandes (SBV) wählte ihn mit 85:53 Stimmen zum Nachfolger von René Juri und damit — wie der Volksmund will — zum «achten Bundesrat». Eine leichte Erbschaft tritt der neue Bauernboss, der bisher als Direktionssekretär des SBV arbeitete, nicht an. Die Landwirtschaftspolitik hat in den letzten Jahren eine eher schlechte Presse und kommt vor allem von Konsumentenseite unter Beschuss. Im SBV sind zirka 120 000 Landwirtschaftsbetriebe organisiert, vom kleinen Bergheimetli bis zu den Gutsbetrieben mächtiger Grossbauern. Die tausend Interessen, die da aufeinanderprallen, unter einen Hut zu bringen, dazu muss einer Fingerspitzengefühl und breite Schultern mitbringen. Der 38jährige Bauerngeneral macht sich keine Illusionen. Einem Journalisten gestand er: «Wir laufen heutzutage nicht unbedingt mit den letzten Weisheiten herum.»

*An Pressekonferenzen und auf Wahl-
veranstaltungen bekräftigte Waldheim
immer wieder mit Pathos, «dass
die Lügen über mich schändlich sind.»*

22. Mai 1943: Kurt Waldheim (2. v.l.) mit einem italienischen und einem deutschen Offizier auf dem Flugplatz von Podgorica, dem heutigen Titograd.

Die Enthüllungen über Waldheims Vergangenheit wurden als «Schmutzkampagne» abgetan und seine Werbestrategen dekretierten: «Jetzt erst recht!»

Waldheims Lücken

Als «Österreicher, dem die Welt vertraut» schickten die Werbemänner den ehemaligen UNO-Generalsekretär Kurt Waldheim in den Kampf um das Amt des österreichischen Bundespräsidenten. Er gewann den Kampf — nach einem zweiten Anlauf — auch mit Abstand, obwohl das Vertrauen der Welt in den gewieften Diplomaten zu diesem Zeitpunkt längst im Eimer war. Im dichten Hagel der Enthüllungen aus allen Ecken und Enden der Welt wurde allen Dementis zum Trotz belegt, dass er ab 1938 in seiner «Wehrstammkarte» als Mitglied der SA und des Nationalsozialistischen Studentenbundes geführt wurde. In Waldheims Autobiographie «Im Glaspalast der Weltpolitik» enden seine Kriegserlebnisse 1941 mit einer Verwundung im Russlandfeldzug. In Wirklichkeit war er aber ab März 1942 bis fast zum Kriegsende Ordonnanz- und Dolmetschoffizier beim Luftwaffengeneral Löhr. 1943 war er in Saloniki, als dort über 40 000 Juden deportiert wurden. Er will nichts davon gemerkt haben. Das ganze, so meinte er, sei eine ausländische Schmutzkampagne, und seine Werbemänner doppelten nach: «Jetzt erst recht!» Mit Erfolg. Am 8. Juni gewann er die Wahl, Bundeskanzler Fred Sinowatz trat zurück und übergab das Szepter Franz Vranitzky. Bei vorverlegten Parlamentswahlen im November büsste die SPÖ zehn Mandate ein, aber auch die katholische ÖVP verlor fünf Mandate. Sieger wurden die Freiheitlichen der FPÖ mit ihrem neuen rechtslastigen Obmann Jörg Haider, der nicht nur die Nationalen, sondern auch die Unzufriedenen mobilisieren konnte. Haider hatte seine Schlusswahlkundgebung demonstrativ in Hitlers Geburtsort Braunau abgehalten. Mit neun Sitzen zogen auch die Grünen erstmals ins Parlament. Welche Art von Koalition die Österreicher aus dieser neuen Konstellation brauen, wird erst anfangs 1987 entschieden.

Tommys verseuchte Konserve

Timmy und Tommy Anson aus Key West in Florida sind Zwillinge, aber das «Schicksal» hat sie ungleich behandelt. Während nämlich Timmy kerngesund ist, leidet sein Zwillingsbruder Tommy unter der Immunschwäche Aids. Die Eltern trifft dabei keinerlei Schuld, denn Tommy hat den Virus nicht geerbt. Im ersten Lebensjahr entwickelten sich die Zwillinge prächtig und niemand ahnte Unheil, als sie kurz nach dem ersten Geburtstag eine Grippe erwischten. Timmy genas relativ schnell, während sich Tommys Zustand laufend verschlechterte. Eine Krankheit löste die andere ab, Tommy zerfiel immer mehr. Die Ärzte standen vor einem Rätsel, bis ihnen ein schrecklicher Verdacht kam, der alsbald von den Untersuchungen bestätigt wurde: Tommy hatte Aids. Die Untersuchung der jungen Eltern Mike und Leah Anson brachte keinen Aufschluss. Sie gehörten nicht den sogenannten «Risikogruppen» an, hatten weder homosexuelle Kontakte noch irgendwann mit harten Drogen zu tun gehabt — vom Aids-Virus keine Spur. Erst Nachforschungen in der Vergangenheit brachten die grausame Wahrheit ans Tageslicht. Tommy und Timmy waren als Sechs-Monats-Kinder auf die Welt gekommen und hatten Bluttransfusionen erhalten. Während Timmy eine saubere Blutkonserve erhielt, war Tommy mit Aids-Viren infiziertes Blut übertragen worden.

Mutter und Vater Anson mit ihren Zwillingen. Rechts der gesunde Timmy, links der an Aids leidende Tommy.

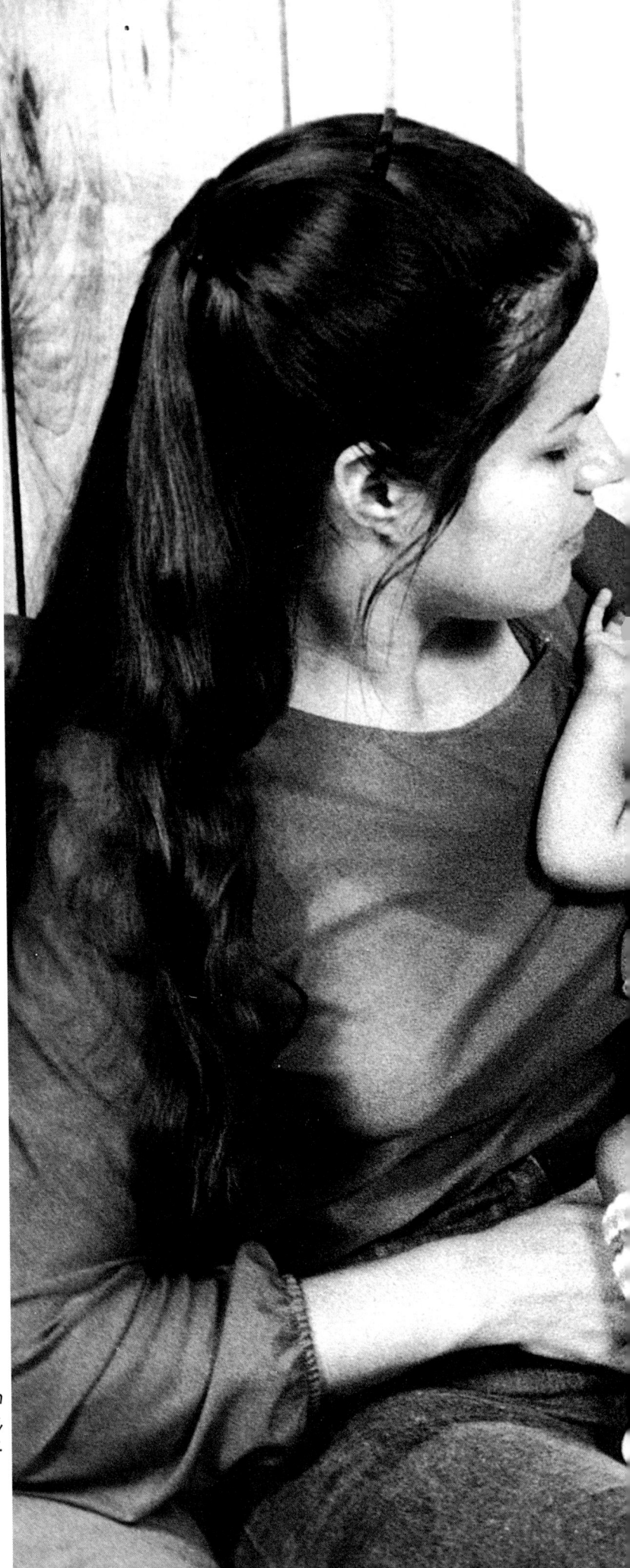

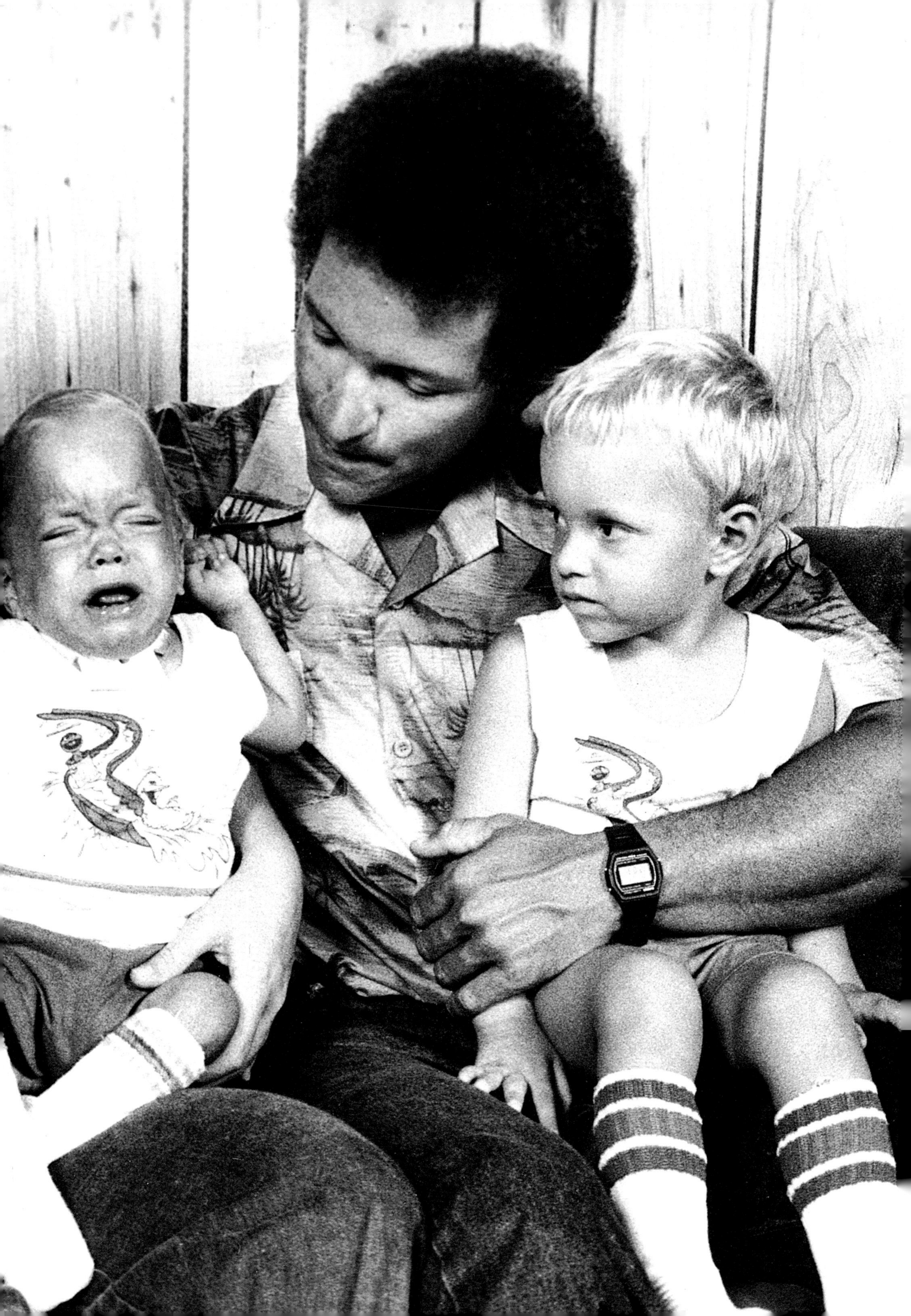

Der letzte Bolschewik

Wjatscheslaw Michailowitsch Skrjabin, genannt «Molotow» (der Hammer), ist am 8. November im hohen Alter von 96 Jahren in Moskau gestorben. Bereits 1906 wurde er Bolschewik und mehrmals von der zaristischen Polizei verhaftet und nach Sibirien verschickt. 1916 gelang ihm die Flucht nach Petrograd, wo er in das russische Büro des ZK aufgenommen wurde. Nach der Oktoberrevolution stieg er zum leitenden Funktionär auf. Als «engster Freund und Kampfgefährte des Genossen Stalin», wie er offiziell genannt wurde, war er Mitunterzeichner der Exekutionslisten während der stalinistischen «Säuberungen» in den Dreissiger Jahren. Er war es auch, der 1939 den Nichtangriffspakt mit Hitler und später den Neutralitätspakt mit Japan schloss. An Stalins Seite nahm er an allen grossen Konferenzen der Alliierten teil, so auch in Jalta, wo 1945 die Welt in Ost und West aufgeteilt wurde. 1954 war er an der Aussenministerkonferenz in Genf. Als er 1957 versuchte, Chruschtschow zu stürzen, verlor er sämtliche Partei- und Regierungsämter und wurde als Botschafter in die Äussere Mongolei abgeschoben. 1962 wurde er aus der Partei ausgeschlossen und erst 1984 wieder offiziell rehabilitiert. An den «letzten Bolschewiken» erinnert der «Molotow-Cocktail», ein Benzingemisch, mit dem 1956 die ungarischen Aufständischen die sowjetischen Panzer in Brand steckten.

1954: Molotow trifft in Genf ein (unten) und wird in Bern (oben) von den Bundesräten Rubattel (l.) und Petitpierre (r.) empfangen.

Stalins «engster Freund und Kampfgefährte» Molotow (unten mit Stalin) hielt seinem Chef über dessen Tod hinaus die Treue. Oben: Truppenparade in Moskau. Von l.n.r. Woroschilow, Stalin, Molotow und Kalinin.

Er war der King of Swing

Benny Goodman ist im Juni im Alter von 77 Jahren in New York an einem Herzversagen gestorben. Goodman begann seine Karriere als Klarinettist mit neun Jahren in einer Synagoge im Ghetto von Chicago. Mit 12 Jahren war der Sohn jüdischer Einwanderer aus Warschau bereits ein Virtuose. Sowohl als Jazz-Musiker wie als Interpret von klassischen Stücken hat er ganze Musikergenerationen beeinflusst.

Seine eigentliche Karriere begann 1935, als er mit seinen Konzerten nicht nur dem Swingstil in ganz Amerika zum Durchbruch verhalf, sondern zusammen mit dem schwarzen Jazzmusiker Teddy Wilson auch landesweit Rassenschranken abbaute. Der Swing hatte damals in Amerika die Bedeutung, die heute der Popmusik zukommt. 1950 gab er seine Bigband auf und trat nur noch mit Kleinformationen auf. In seinem Auftrag schrieben auch moderne Klassiker wie Bela Bartók, Paul Hindemith und andere Werke für ihn.

Immer mit der Klarinette: Benny Goodman in den Glanzzeiten als «King of Swing» (links) und in späteren Zeiten (unten) als Komponist und Arrangeur.

Bis ins hohe Alter blieb Benny Goodman ein Klarinetten-Virtuose, auch als sein Stil, der «Swing», nicht mehr so gefragt war.

Sie war die Symbolfigur der Frauenbewegung

Simone de Beauvoir ist am 14. April im Alter von 78 Jahren in Paris gestorben. Sie war Schriftstellerin, Philosophin, Widerstandskämpferin und für Millionen von Frauen die eigentliche Symbolfigur der Frauenbewegung. Nach dem Studium der Philosophie, Literatur und Mathematik brach sie sowohl mit ihrer bürgerlichen Herkunft wie mit dem katholischen Glauben ihres Elternhauses. 1929 lernte sie Jean-Paul Sartre kennen, den Hauptvertreter des französischen Existenzialismus. Die beiden haben nie geheiratet und wohnten auch getrennt, blieben sich aber bis zum Tode Sartres als Lebensgefährten verbunden. An der Seite Sartres nahm sie während des Zweiten Weltkrieges am Widerstand teil. Entscheidendes und immer wiederkehrendes Thema ihrer schriftstellerischen Arbeit war die Selbstbehauptung der Frau in einer von Männern dominierten Gesellschaft. In ihrem Buch «Das andere Geschlecht» entwarf sie eine «Kulturpolitik für die Frauen», denn ihrer Ansicht nach war die Verschiedenheit der Geschlechter vor allem ein kulturelles und nicht ein biologisches Phänomen. Berühmt wurden auch ihre Autobiographie («Memoiren einer Tochter aus gutem Haus») sowie «Les Mandarins», ein Schlüsselroman über die französischen Linksintelektuellen, für den sie 1954 den Prix Goncourt erhielt. Aus materialistisch-existentialistischer Sicht kritisierte sie die bürgerlich-patriarchalische Gesellschaft. Nach dem Tod von Jean-Paul Sartre im April 1980 schrieb sie «La cérémonie des adieux», ein Buch über die Probleme des Alterns und des Todes, in dem sie mit grosser Offenheit über die letzten, vom Siechtum geprägten Lebensjahre des Philosophen berichtet. Fazit: «Sein Tod trennt uns. Mein Tod wird uns nicht wieder vereinigen. So ist es: Es ist wunderbar genug, dass sich unsere Leben so lang vertragen konnten.»

Simone de Beauvoir war überzeugt, dass Frauen von der alles dominierenden Männerwelt «gemacht» werden.

51 Jahre lang waren Simone de Beauvoir und Jean-Paul Sartre unverheiratete Lebens- und Kampfgefährten.

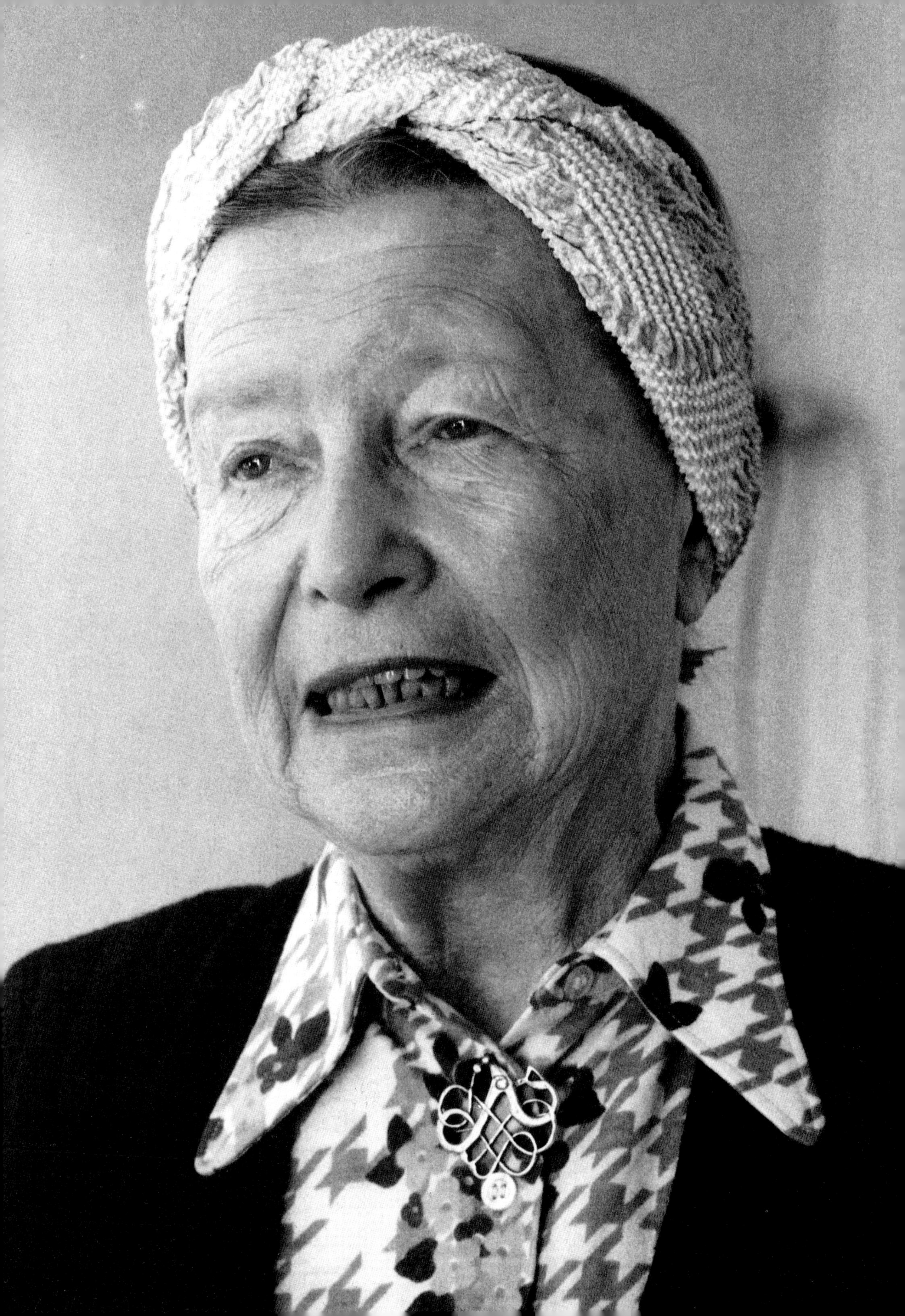

Sie starben im Jahre 1986

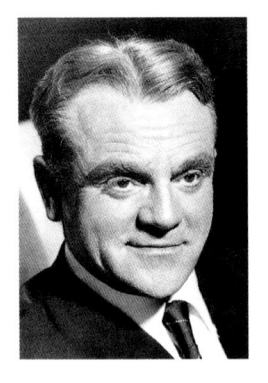

James Cagney
Der amerikanische Schauspieler hat in rund 60 Filmen mitgespielt, letztmals 1981 in Formans «Ragtime». Er starb 87jährig.

Urho Kekkonen
Finnlands Ex-Präsident hat durch seine Neutralitätspolitik die guten Beziehungen zur UdSSR geschaffen. Er starb 86jährig.

Rudolf Schock
Der deutsche Operntenor war mehrfacher Schallplatten-Millionär und verachtete auch die leichte Muse nicht. Er starb 71jährig.

Jean Dumur
Ursprünglich Journalist bei der «Gazette de Lausanne», wurde er Programmdirektor des westschweizerischen TV. Er starb 56jährig.

Eduard Imhof
Der Wissenschafter und Künstler war ein bedeutender Kartograph und unter anderm der Schöpfer des «Atlas der Schweiz». Er starb 91jährig.

Marcel Dassault
Er war der Chef des grössten westeuropäischen Herstellers von Kampfflugzeugen und mit De Gaulle Mitbegründer der «Force de frappe». Er starb 94jährig.

Otto Preminger
Der aus Wien stammende amerikanische Filmregisseur hat zahlreiche Psycho-Krimis, aber auch Opernfilme inszeniert. Er starb 79jährig.

Richard Müller
Er war eine wichtige Figur schweizerischer Gewerkschaftspolitik, Nationalrat und Präsident des SGB. Er starb 74jährig.

Lou van Burg
Der Showmaster war beim Radio als «Mister Wunnebar», später durch seine TV-Sendung «Der goldene Schuss» bekannt geworden. Er starb 68jährig.

Lilli Palmer
Die Tochter eines jüdischen Arztes floh 1933 vor den Nazis nach Frankreich. Sie wirkte in vielen bekannten Filmen mit und starb 72jährig.

Heidi Abel

1954, in der Pionierzeit des Schweizer Fernsehens, kam sie als Ansagerin zu DRS. Jahrelang arbeitete sie an Kinderprogrammen und Unterhaltungssendungen mit. Beim Radio betreute sie das Wunschkonzert. Die engagierte Tierschützerin und beliebte Fernsehmoderatorin hatte Rükkenmarkkrebs und starb 57jährig.

Sie starben im Jahre 1986

Cary Grant
Er gehörte zu den ganz Grossen Hollywoods, ein Star, der mit den besten Regisseuren gearbeitet hat. Er war fünfmal verheiratet und starb 82jährig.

Robert Eibel
Der freisinnige Alt-Nationalrat war Gründer der antisozialistischen und antigewerkschaftlichen Aktion «Trumpf Buur». Er starb 80jährig.

Kaplan Flury
Kaplan Alfred Flury wurde als singender Jugendseelsorger und Gründer einer «No-Drug-Stiftung» bekannt. Er starb 52jährig.

Helmut Qualtinger
Der Wiener Schauspieler und Kabarettist wurde vor allem durch seine grantig-böse Satire «Der Herr Karl» berühmt. Er starb 58jährig.

Leopold Szondi
Der Psychotherapeut und Tiefenpsychologe ungarischer Herkunft war der Entdecker des «familiären Unterbewussten». Er starb 93jährig.

Sherpa Tensing
Der nepalesische Bergsteiger hat 1953 zusammen mit dem Briten Edmund Hillary als erster den Mount Everest bestiegen. Er starb 73jährig.

André Ratti
Der auf Naturwissenschaften spezialisierte TV-Journalist litt an Aids und war Präsident der «Aids-Hilfe Schweiz». Er starb 51jährig.

Blanche Aubry
Sie war Kammerschauspielerin, Tänzerin und Sängerin. In Basel geboren, wurde sie am Burgtheater in Wien berühmt. Sie starb 65jährig.

Walter Berchtold
Er war während 21 Jahren Direktionspräsident der Swissair und sorgte für deren Ausbau zu einer grossen Airline. Er starb 79jährig.

Samora Machel
Der ehemalige Rebellenführer und spätere Staatspräsident von Moçambique starb bei einem Flugzeugabsturz in Südafrika. Er war 53jährig.

48 *Leute*

Hans A. Traber

Während 30 Jahren hat er am Fernsehen und durch Dokumentarfilme Aufklärung über die Natur betrieben. Er war schon aktiver Umweltschützer, als man dieses Wort noch kaum kannte. Die Universität Bern hat ihm für seine Verdienste den Ehrendoktor der Medizin verliehen. Er starb 65jährig.

Don Micheles Ende

Als Supermafioso hat er gelebt, wie ein Mafioso hat er geendet. Am 20. März um 8.30 schlürfte der 65jährige Häftling Michele Sindona im Hochsicherheitsgefängnis von Voghera seinen Kaffee, stürzte zu Boden, flüsterte nur noch «Sie haben mich vergiftet» und starb. Die Inszenierung war ein Mafia-Ende, wie es im Büchlein steht. Das Gericht allerdings fand keinerlei Indizien, dass Sindona von aussen hätte vergiftet werden können. Das Frühstück war kontrolliert worden und Sindona hatte seinen Kaffee nicht in seiner Zelle, sondern auf der nicht überwachten Toilette eingenommen. Für die Richter war es eindeutig Selbstmord. Damit endete das Leben eines der verwegensten finanziellen Abenteurer unserer Zeiten. Zwei Tage zuvor hatte ein Gericht den Sizilianer zu lebenslänglicher Haft verurteilt. Er wurde für schuldig befunden, den Killer William Joseph Arico angeheuert zu haben, um den Mailänder Treuhänder Giorgio Ambrosoli umzulegen. Ambrosoli hatte seinerzeit im Auftrag der Notenbank den Zusammenbruch von Sindonas Bankimperium untersucht und als betrügerischen Bankrott entlarvt. Sindona, auch der «Bankier des Vatikans» genannt, hatte Unsummen Mafia-Schwarzgelder verwaltet und war Mitglied der konspirativen Geheimloge P2 mit Beziehungen zu hohen und höchsten Politikern, zum Geheimdienst und zum Chef der Vatikanbank, Erzbischof Marcinkus. Eine Entführung vortäuschend, war «Don Michele» nach dem Mord an Ambrosoli aus New York verschwunden und mit falschen Dokumenten nach Sizilien zurückgekehrt. Von dort aus versuchte er erfolglos, das Römer-Politestablishment zu erpressen.

Makulatur

Einen grossen Finanzskandal und abgrundtiefen PTT-Filz witterten einige Medien, als der entlassene Postautodienstchef Albert Fischer Strafklage gegen den PTT-Generaldirektor Guido Nobel erhob. Die gleichen Anklagen hatte Fischer schon zuvor in einer Flugblatt-«Aktion saubere PTT» erhoben. Demnach habe Nobel mit zwei Kollegen für 650 Gäste eine rauschende Geburtstagsparty geschmissen und dabei Gebäude und PTT-Dienstleistungen für private Zwecke missbraucht. Schwerster Vorwurf: Nobel hatte den versammelten Gratulanten Couverts mit Ersttagsstempeln und Marken im Betrag von je 40 Franken geschenkt, Umschläge, die nach Ansicht von Philatelisten einen Marktwert von 120 Franken darstellten. Nach Ansicht des Generaldirektors aber bedeuteten diese Marken — da abgestempelt — für die PTT nur noch «Makulatur». Der Verwaltungsrat der PTT konnte im Verhalten Nobels keine Delikte ausmachen, und die Geschäftsprüfungskommission des Nationalrates rügte zwar das unorthodoxe Vorgehen, wollte aber nichts unternehmen, da der ganze Fall von einem Untersuchungsrichter abgeklärt wird. Dabei geht es auch um die Frage, ob die fristlose Entlassung des Postautodienstchefs Fischer rechtens war oder ob man einfach auf diese Weise einen unbequemen Kritiker loswerden wollte.

Heimfront

Das Buch heisst «Home Front», und geschrieben hat es die 33jährige Patti Davis, Ronald und Nancy Reagans Tochter. Mit Hilfe einer Ghostwriterin schildert die Präsidententochter die freudlose Jugend eines kleinen Mädchens namens Betsy in der Familie eines gewissen Robert Canfield. Die Familie ist unschwer als Familie Reagan zu identifizieren. Geschildert wird ein Vater von «markigem Aussehen», der sich in eine Karriere als Berufspolitiker einlässt, und eine Mutter namens Harriet, die die Kinder abschiebt, um sich ganz der Karriere des Mannes zu widmen. Die Rache der missratenen Tochter, über deren moralischen Zerfall sich die Mutter empört, fiel allerdings inhaltlich wie literarisch so dünn und banal aus, dass die Literaturkritik sich kaum darüber äussern mochte. Der «Skandal», auf den der Verleger hoffte, blieb aus, und aus dem Weissen Haus liess das Elternpaar verlauten, es hoffe, dass die Tochter ihre schriftstellerischen Ambitionen inskünftig besser verwirklichen könne.

Natur

*Einige gute und viele schlechte Nachrichten aus der Welt der Natur:
In Zürich hatte die bedrohte Gattung der Flachlandgorillas gesunden Nachwuchs.
Der Komet Halley wurde gründlich erforscht. Greenpeace protestierte erfolglos
gegen eine Waldrodung im Wallis. Waldbrände zerstörten die Côte d'Azur.
Der Kopfsalat war verstrahlt und mit Chemierückständen vergiftet.*

BUCH
DES JAHRES
1986

SCHWEIZER ILLUSTRIERTE

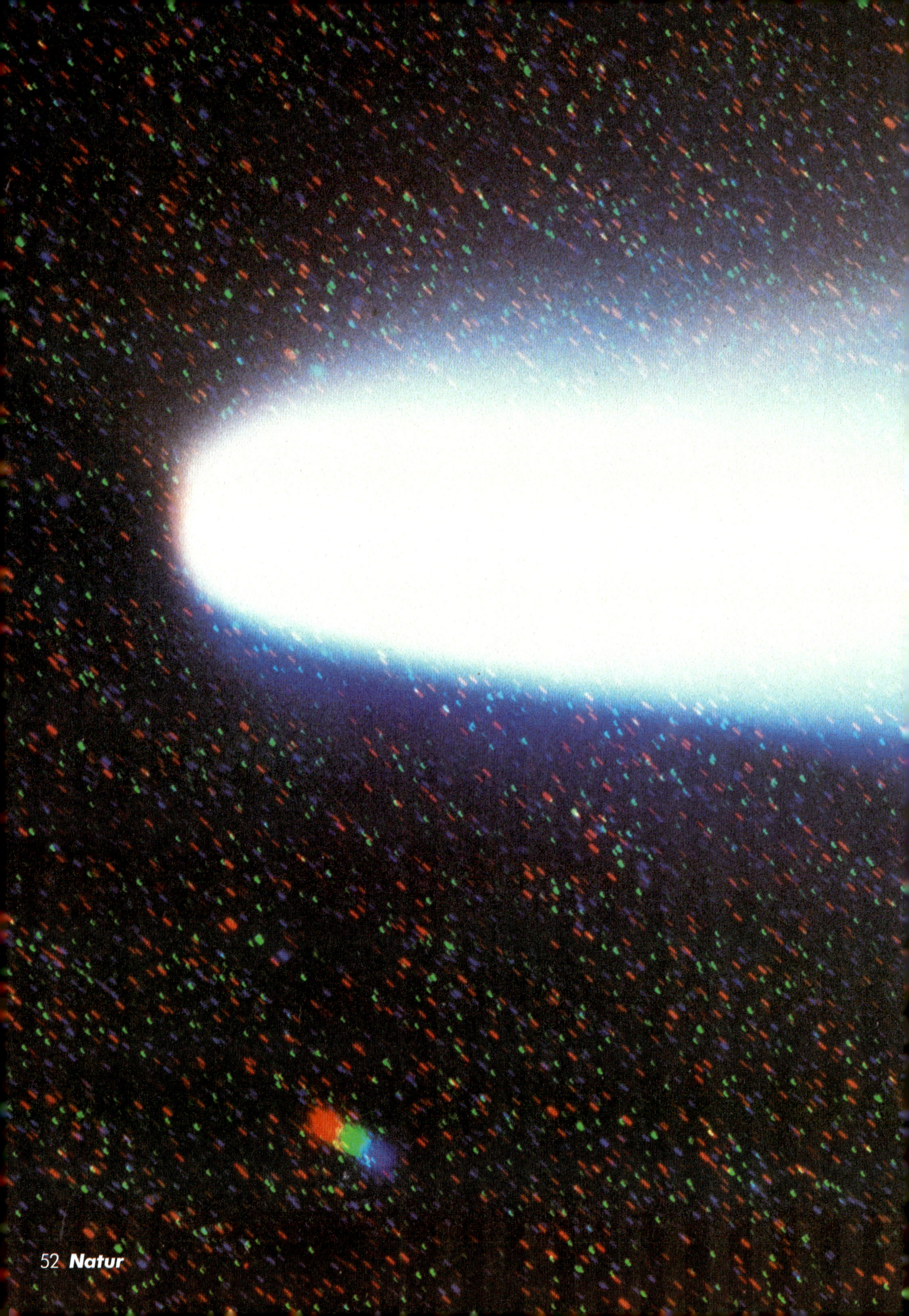

Der himmlische Schneeball

Teleskope, Raumsonden und Computerbilder machten's möglich: Der Komet Halley, von Wisssenschaftern als «schmutziger Schneeball» geschildert, erschien auf den Bildern als farbenprächtiger Himmelskörper. Was wir mit blossem Auge dank einer ungünstigen Erde-Sonne-Konstellation nicht sehen konnten, hat raffinierte Aufnahmetechnik mehr als wettgemacht.

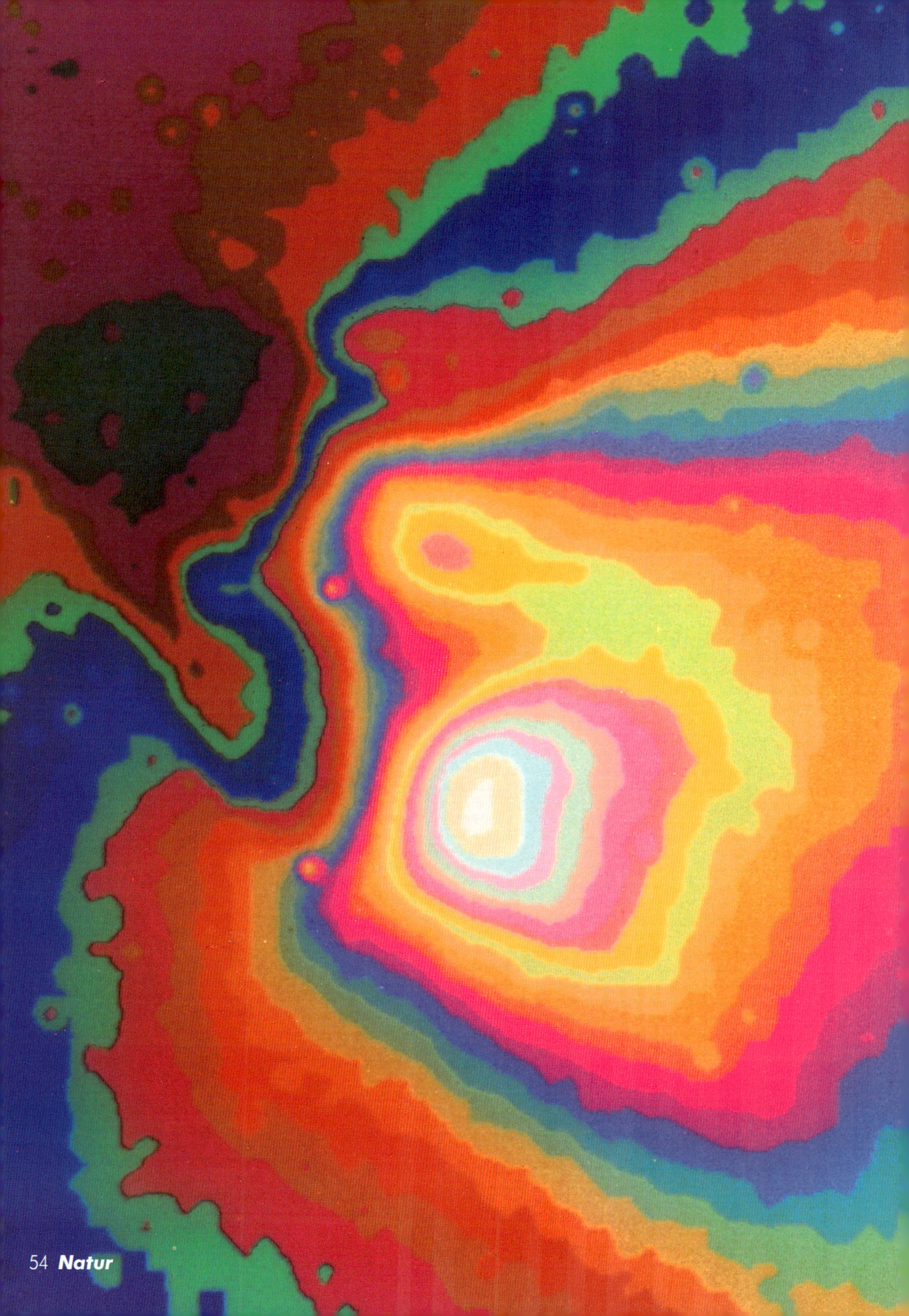

Die Fotomontage zeigt die Raumsonde Giotto in der Nähe des Kometen. Die Sonde wurde von Firmen aus 10 Ländern gebaut und 1985 mit einer Ariane-Rakete gestartet.

Giotto besuchte Halley

So fotografierte die Raumsonde Giotto den dunklen Kern des Kometen (links oben) und die verschiedenen Schichten von Halley aus einer Distanz von 1500 Kilometern.

Das grosse Stelldichein am Himmelszelt, bei dem die sowjetischen Raumsonden Vega 1 und 2, die japanischen Sakigake und Suisei sowie die europäische Sonde Giotto dem Kometen Halley auf den Kern rückten, war für das neugierige Weltpublikum eher eine Enttäuschung. Eine ungünstige Erde-Sonne-Konstellation sorgte dafür, dass man den faszinierenden Himmelskörper, der seit Jahrhunderten die Menschen in Aufregung versetzt, per Auge und Feldstecher schlecht beobachten konnte. Umso spektakulärer waren die Bilder, die dank technischer Tricks und sogenannter «Falschfarben» bei der Beobachtung mit Teleskopen und Spezialapparaten entstanden. Der Aberglaube, der in früheren Jahrhunderten den Kometen für viel Ungemach verantwortlich machte, ist auch 1986 nicht ausgerottet worden. Die Seuche Aids und die Atomkatastrophe von Tschernobyl, so wurde etwa feilgeboten, seien auf die Wiederkehr des Halleyschen Kometen zurückzuführen. Die Auswertung aller Daten, die die verschiedenen Sonden gesammelt haben, dürfte frühestens 1987 abgeschlossen sein. Allein die europäische

Sonde «Giotto», die am 14. März auf 605 Kilometer an den Kometen heranrückte, hat 150 Magnetbänder Daten gespeichert, die erst teilweise ausgewert sind.
Sieht der Kern des Kometen nun wie ein gigantisches Erdnüsschen oder wie eine Riesenkartoffel aus? Auch darüber ist man sich noch nicht einig. Bestätigt wurde hingegen das Ausmass: Der Kern ist rund 13 Kilometer lang und hat einen Durchmesser von 4,5 Kilometern. Und bestätigt wurde auch seine Zusammensetzung: Halley ist eine Art «schmutziger Schneeball», bestehend aus gefrorenem Gas und Wasser, mit feinen Staubpartikeln durchmengt. Beim Vorbeiflug an der Sonne verliert er jedesmal runde 150 Tonnen seiner Materie. Man hat ausgerechnet, dass er mindestens noch 3000 mal die Sonne «besuchen» kann, bis er sich in Nichts auflöst. Das sind 230 000 Jahre. Das nächste Rendez-vous findet im Jahre 2062 statt.

In die Wüste geschickt

Viele Touristen liessen sich in die Sahara fliegen, um Halley zu sehen. Gesehen haben sie ein bläulich-grünliches Schimmerchen.

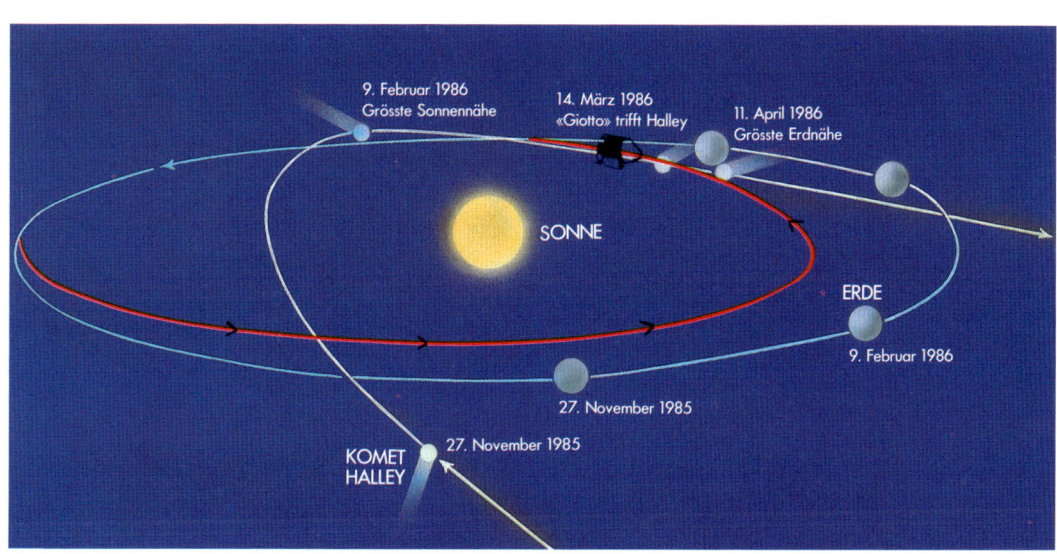

Diese Grafik zeigt das Rendezvous zwischen der europäischen Raumsonde Giotto (rote Linie) und dem Kometen Halley.

57

Flammenhölle in Südfrankreich

Bis zum Stadtrand von Cannes drangen die verheerenden Busch- und Waldbrände, die im Sommer im Süden Frankreichs wüteten. Tausende von Menschen mussten aus der Flammenhölle evakuiert werden, zahlreiche verloren das Leben. An der Côte und in der Provence wurden über 35 000 Hektaren Natur verwüstet.

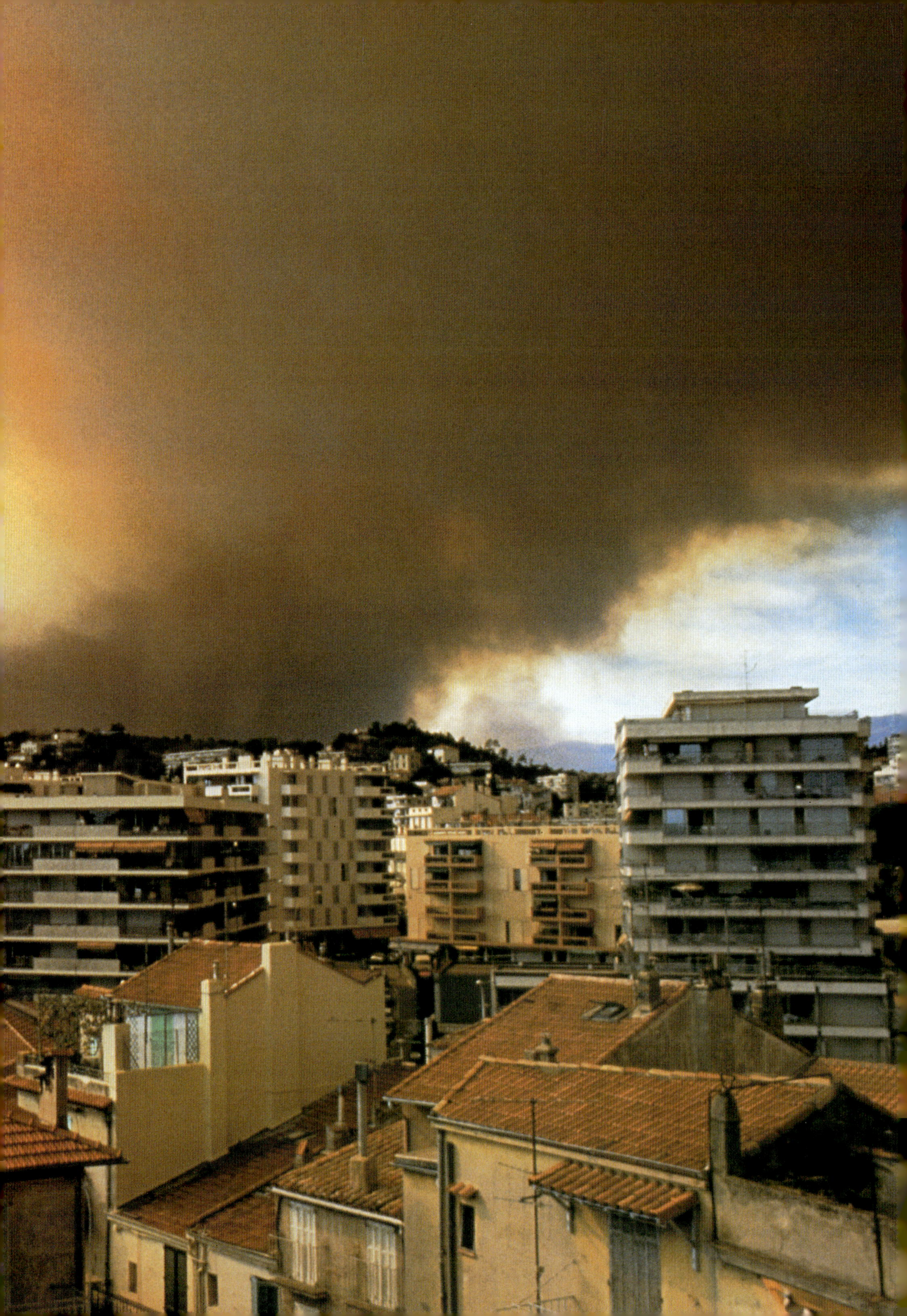

"Der Krieg des Feuers», wie die Franzosen die katastrophalen Waldbrände im Juli und August bezeichneten, ist in Wirklichkeit ein Krieg der Menschen gegen die Natur. Rund 90 Prozent aller Waldbrände, stellte man in Untersuchungen fest, werden von Menschen verursacht. Landwirtschaftliche Arbeiten, Funkenwurf von Eisenbahnen oder Hochspannungsleitungen, Unfälle, aber auch kriminelle «Rodungen» durch Brandstiftung, stehen für den Grossteil der Brände. Im Süden Frankreichs gesellen sich zur Schuld der Menschen allerdings noch zahlreiche ungünstige natürliche Ursachen. Die Wälder an der Côte d'Azur, in der Provence, im Rhonetal und Languedoc sind weitgehend Pinienwälder mit einer hochgradigen Konzentration von natürlichem Terpentin. Der Frost der letzten Winter, dazu der karge und trockene Boden haben aus den Wäldern hochentzündlichen Zunder gemacht. Ein brennender Zigarettenstummel und dann vielleicht noch ein Mistral, der mit über 100 km/h als Blasbalg funktioniert, kann in Sekundenschnelle aus einem Feuerchen eine Katastrophe machen, gegen die auch die «Pompiers du Ciel» mit ihren Löschflugzeugen machtlos sind. Durch Landflucht wurden zudem grosse Gebiete der Seealpen entvölkert, was bedeutet, dass Wald- und Weidegebiete dem Schicksal überlassen blieben.

Zahlreiche alleinstehende Bauern- und Ferienhäuser fielen den zerstörerischen Flammen zum Opfer.

Wälder und Weiden brannten wie Zunder

Stürmische Fallwinde fegten von den Seealpen gegen die Küste und wirkten wie ein Blasbalg auf das Feuer. Zurück blieb die Verwüstung.

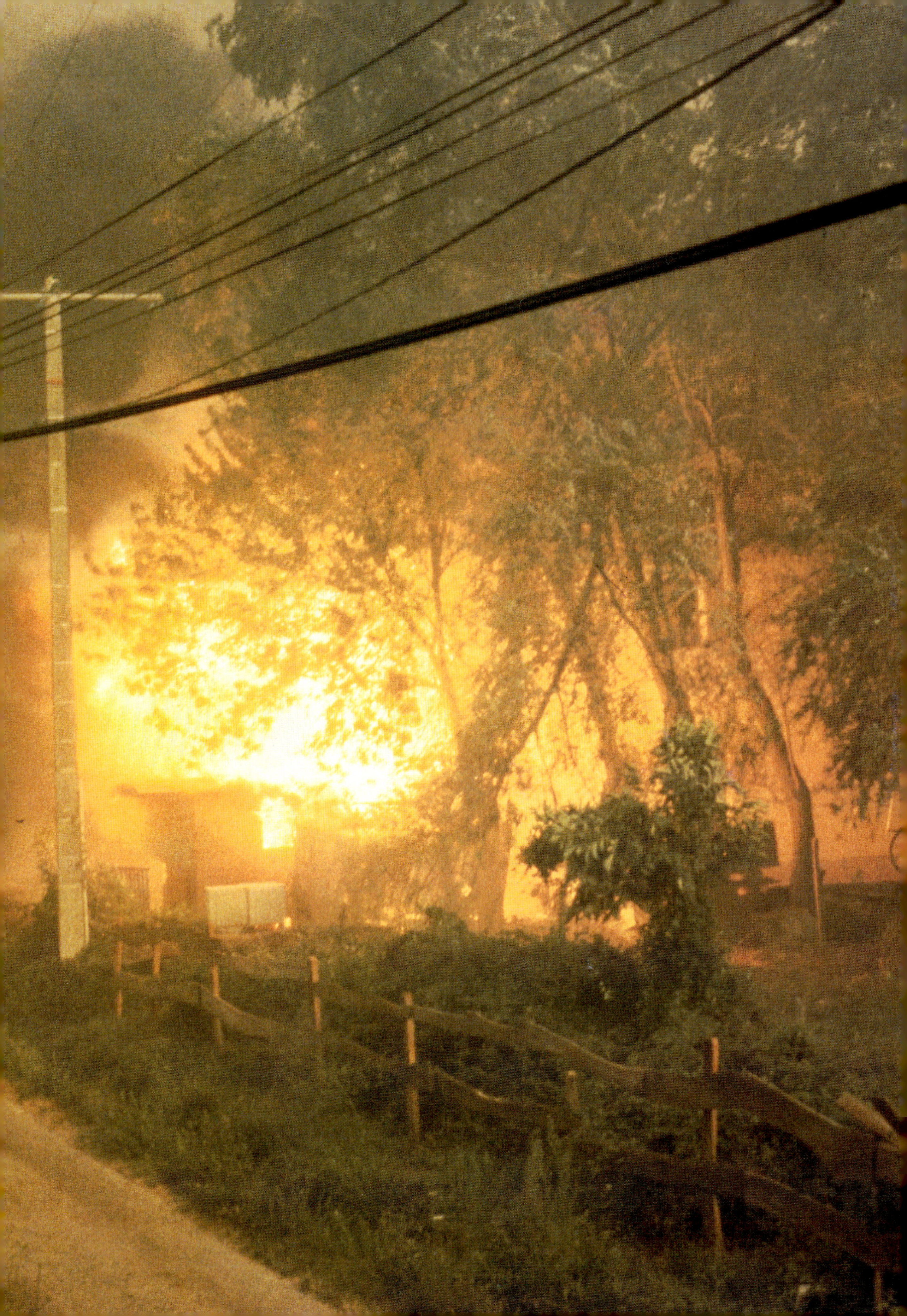

Nichts als Asche und Zerstörung

Weite Küstenstriche der Côte d'Azur zwischen Cannes und Monte Carlo sahen nach den verheerenden Waldbränden aus wie Landschaften nach einem Angriff mit Napalmbomben.

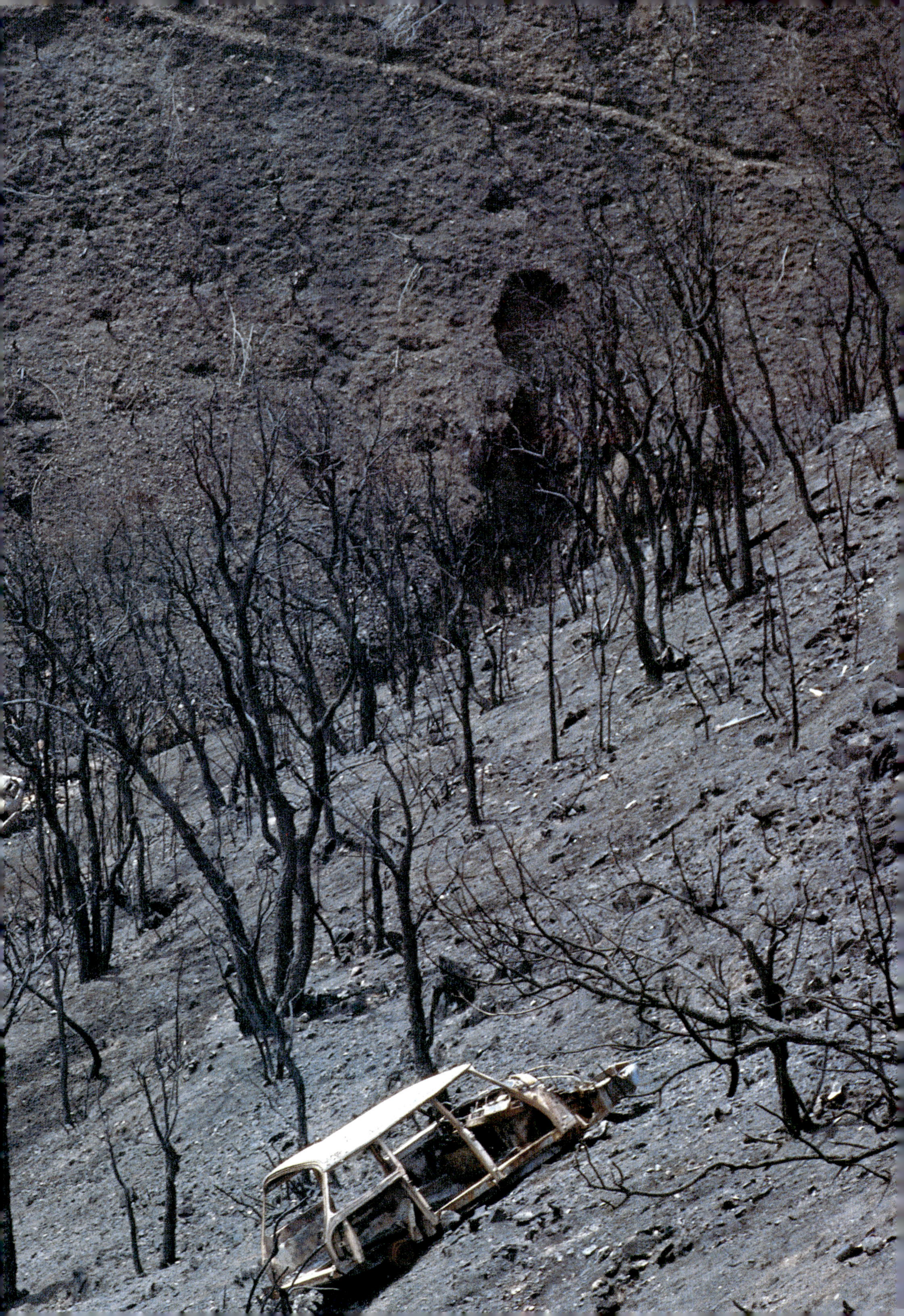

Der Todeskrater

Der Tod kam auf Schleichwegen. 1746 Menschen starben im Nordwesten Kameruns, als sich im August ein Giftgasgemisch aus dem Kratersee Nios freimachte und Menschen und Tiere zu Tausenden tötete. Nach Ansicht der Wisssenschafter, die in Scharen den Ort der Katastrophe aufsuchten, sollen sich aus dem Magma entwichene Giftgase (vor allem Kohlenmonoxyd, Schwefelwasserstoff und Kohlendioxyd) in Sedimenten des Kratersees abgelagert haben. Durch vulkanische Tätigkeit oder Erdbeben wurden die Gase befreit, legten sich auf die Erdoberfläche und liessen Menschen und Tieren keine Chance. Viele der Toten zeigten schwere Verätzungen an der Haut.

Im Umkreis von 20 Quadratkilometern überlebten nur wenige den schleichenden Tod aus dem Kratersee Nios. Rund um sie herum waren Tiere und Menschen tot.

Der Kratersee Nios im Nordwesten Kameruns.

Im Spital von Wum wurden Überlebende gepflegt.

64 **Natur**

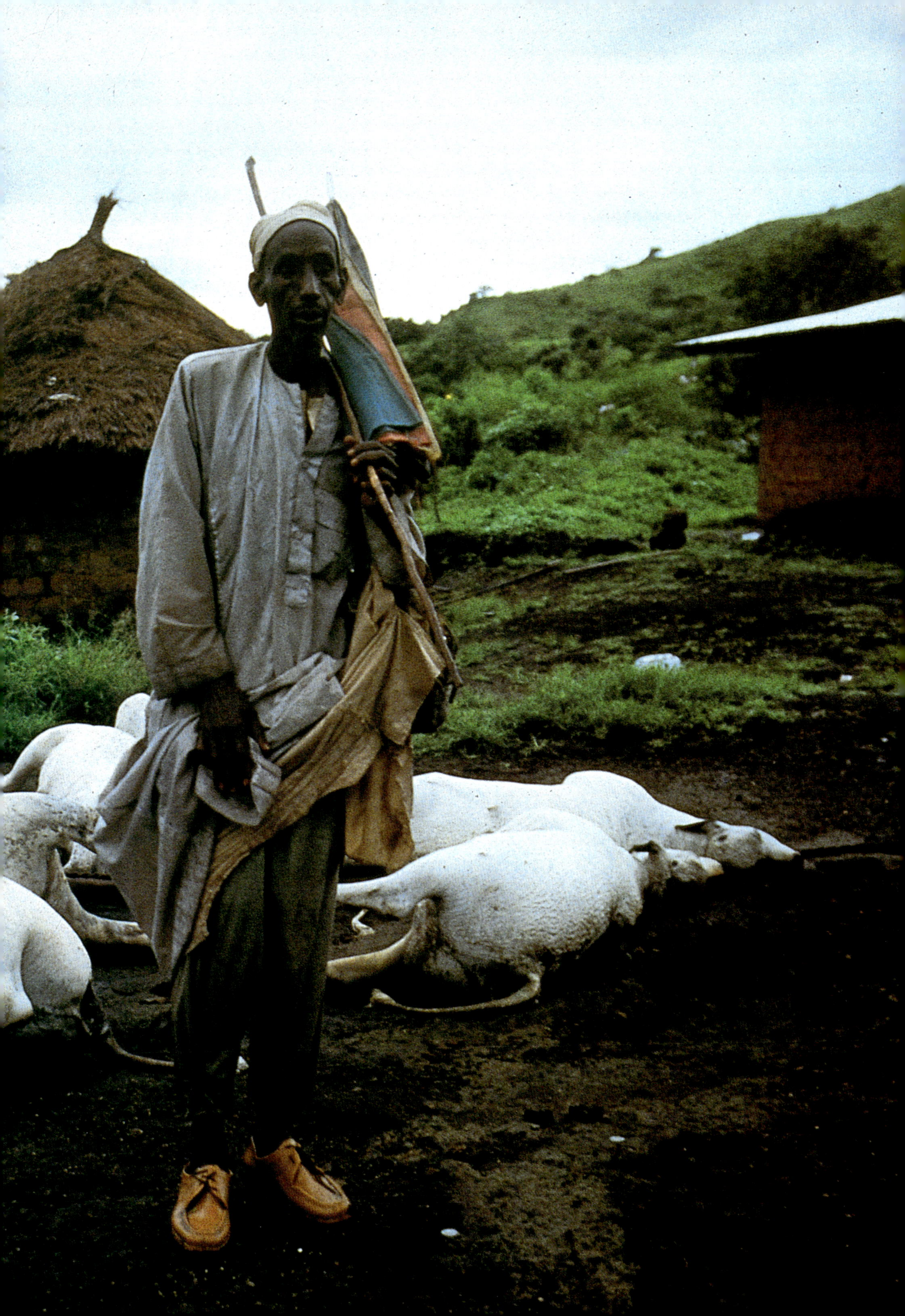

Knackig, aber giftig

Zweimal kam 1986 in der Schweiz der Kopfsalat ins Gerede und landete schliesslich in grossen Mengen auf dem Abfallhaufen. Das erste Mal im Januar, als aufgrund einer «Kassensturz»-Sendung ruchbar wurde, dass in französischem Kopfsalat der Gehalt an Bromid in zahlreichen Fällen massiv über den Toleranzwerten lag. In Polizeibegleitung beschlagnahmten Beamte des Zürcher Laboratoriums auf dem Gemüseengrosmarkt grössere Mengen des knackigen Gemüses. Der Skandal hatte zur Folge, dass auch die inländischen Produzenten auf ihren — «unschuldigen» — Salatköpfen sitzen blieben. Das zweite Mal sorgte die Atomwolke aus Tschernobyl dafür, dass zahlreiche Gemüsebauern ihre Produkte vernichten mussten. Für den Konsumenten wenig erfreulich war auch die Meldung, dass 54,9 Prozent von Proben einheimischer Lebensmittel Pestizidrückstände im Bereich der höchsten noch tolerierten Konzentration enthielten.

Des Schweizers liebster Kopf ist in Verruf geraten. Auch Prachtsexemplare wanderten in den Abfall.

Bis zu 90 Prozent der Ernte mussten Schweizer Gemüsebauern wegen des Bromid-Skandals vernichten.

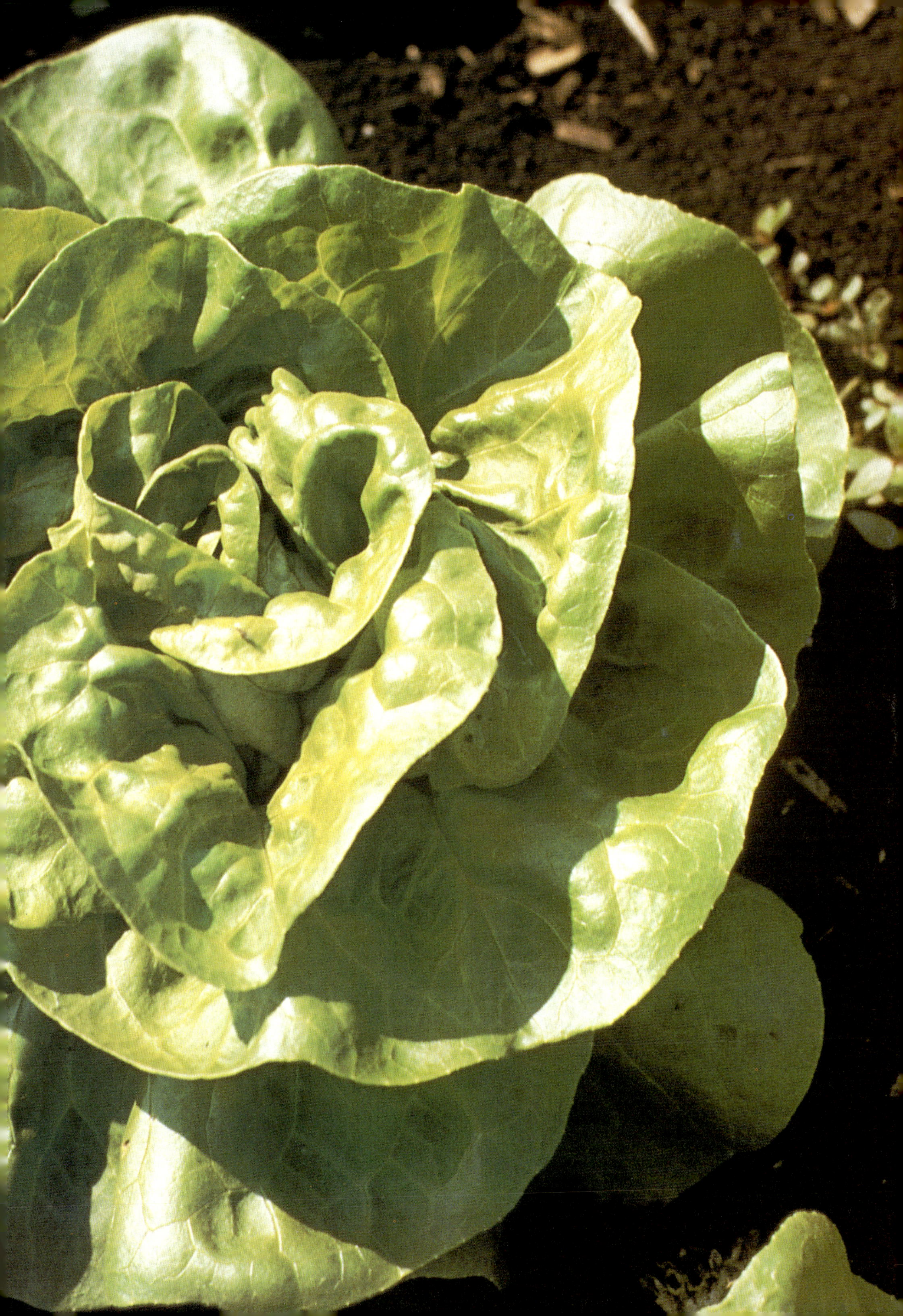

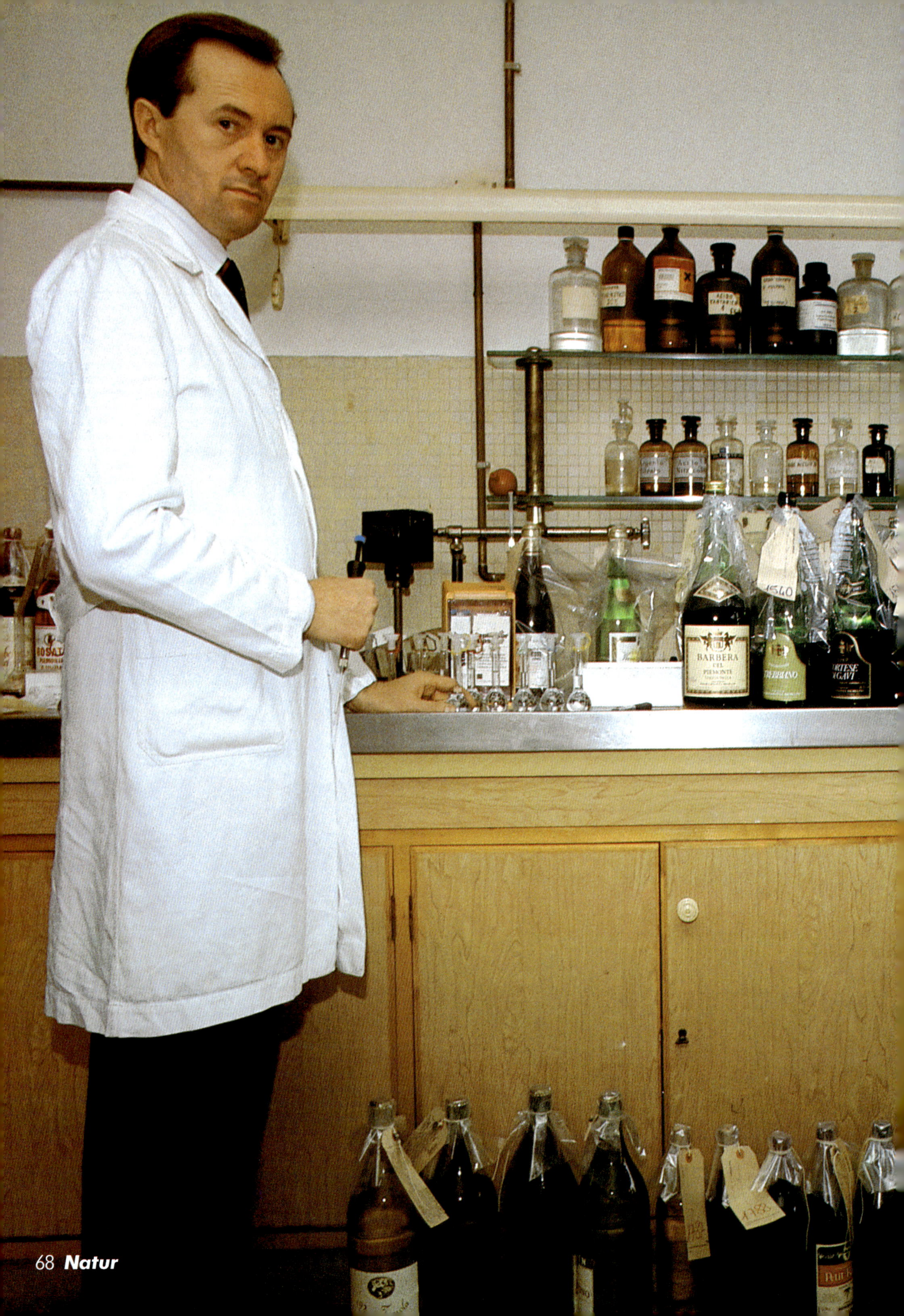
BARBERA
PIEMONTE
1540

Dass gepfuscht und gepanscht wurde, wussten viele; dass aber geschäftliche Skrupellosigkeit soweit gehen kann, reines Gift in den Wein zu mischen, um dadurch mehr Alkoholgrade zu erzielen und noch billigeren Wein anzubieten, das war auch für die meisten Italiener zuviel des Unguten. Als im März die ersten Fälle von Vergiftungen bekannt wurden, glaubte die Polizei noch an den kriminellen «Einzeltäter». Erst als die Liste der Toten wuchs und wuchs, kam das ganze Ausmass des Skandals ans Tageslicht: 2500 Liter Methylalkohol waren im ganzen Land an zahlreiche Weinpanscher geliefert worden. Über hundert Weinhändler, Abfüller und Produzenten landeten auf der schwarzen Liste, zahlreiche von ihnen im Gefängnis. Italien als grösstes Weinexportland der Welt hat dadurch unermesslichen Schaden erlitten. 250 000 Weinproduzenten und über eine Million Italiener, die direkt und indirekt von diesem wichtigen Wirtschaftszweig leben, sehen düsteren Zeiten entgegen. Der Skandal bedroht ihre Existenz, und auch das vom Staat inzwischen eingeführte «Garantie-Zertifikat» wird Mühe haben, das verlorene Vertrauen wiederherzustellen.

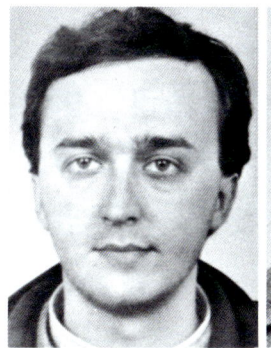

Der Totengeist aus der Flasche

Mit hochgiftigem Methylalkohol gepanschter Wein hat in Italien über 20 Todesopfer gefordert und den Ruf des «vino italiano» ruiniert. Kriminelle Giftmischer haben einen blühenden Wirtschaftszweig lahmgelegt

Sohn und Vater Ciravegna aus Narzole landeten als erste im Gefängnis. Bei ihnen suchten die Carabinieri Frostschutz und fanden Methanol.

Im Laboratorium für öffentliche Hygiene in Asti im Piemont stapelten sich die Weinproben. Die Chemiker wurden bei über 100 Firmen fündig.

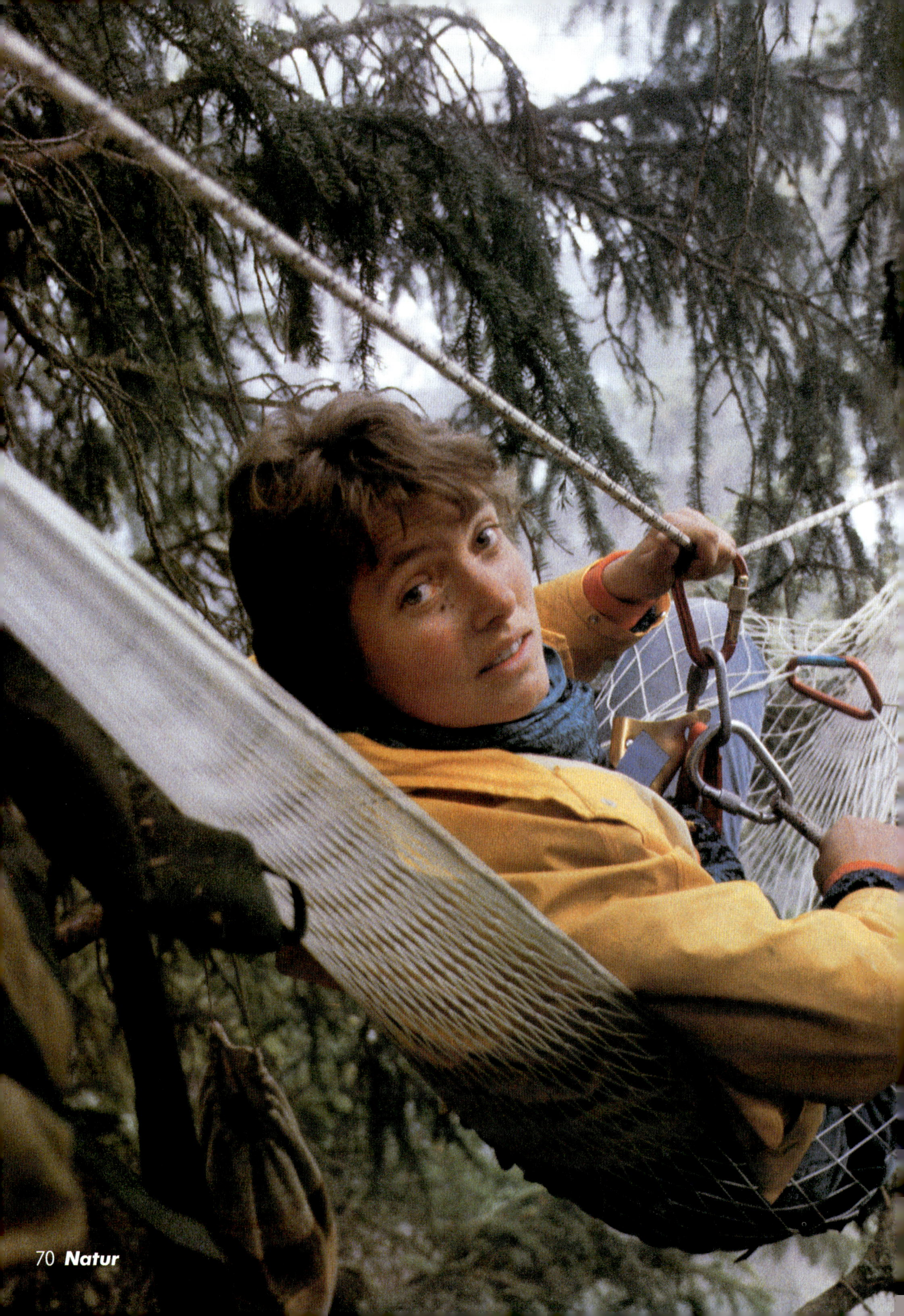

Hier werden 1987 die WM-Abfahrer zu Tal blochen. 5 Hektaren (50 000 Quadratmeter) Schutzwald wurden dafür geopfert.

Protestierende «Greenpeacer» nisteten sich im todgeweihten Schutzwald ein. Umsonst: Der Skandal war legal.

Ein legaler Skandal

Schöne Worte sind eines, Taten etwas anderes. Am 19. März, einen Tag bevor Bundesrat Alphons Egli den «Tag des Waldes» ausrief, bewilligte das Bundesgericht die Rodung von fünf Hektaren Schutzwald oberhalb von Crans-Montana. Die 50 000 Quadratmeter Wald fielen einer Skipiste für die Ski-Weltmeisterschaft 1987 zum Opfer, «ein gewichtiges, das Interesse an der Walderhaltung überwiegendes Bedürfnis», wie das Bundesgericht befand. Aus Protest ketteten sich Mitglieder der Umweltschutzbewegung «Greenpeace» an die Bäume, eine Art «Totenwache», die nach zwei Tagen abgebrochen wurde. Betrunkene Einheimische setzten den Umweltschützern mit massiven Drohungen zu, die Frauen wurden als «Huren» bezeichnet. Gegen den Entscheid des Bundesgerichtes nützte auch die Motion von 27 Nationalräten nichts mehr, unter ihnen der Fotograf und Bergsteiger Herbert Mäder, der den staatlich bewilligten Kahlschlag als «grossen Skandal» bezeichnete. Schon 1972 hatten die Walliser im Hinblick auf eine Kandidatur Sions für die Ski-WM und die Olympiade «vorsorglich» 82 000 Quadratmeter Wald abgeholzt, doch weder die WM noch die Olympiade fanden im Wallis statt. Letztlich, so gab auch der Verkehrsdirektor von Crans freimütig zu, war die WM «nur ein Vorwand. Das wahre Ziel ist, unser Skigebiet modern auszurüsten.»

72 **Natur**

Auf das Schwein gekommen

Die Geschmäcker sind verschieden, und was dem einen der Kanarienvogel, kann dem andern durchaus eine dicke Sau sein. So jedenfalls hält es das amerikanische Ehepaar Raymond und Deborah Sattler in Lumberton, North Carolina. Sie finden ihr Hausschwein so sexy und wohlproportioniert, dass sie ihm den Namen Norma Jean gaben — den wirklichen Namen von Marilyn Monroe. Die heute 300 Kilo schwere Norma Jean kam bereits als kleines Schweinchen ins Haus, als Geschenk von Freunden der Familie, die wussten, dass der Neurochirurg Raymond Sattler für Schweine schwärmte. Norma Jean darf bei den Sattlers alles, was andere verwöhnte Haustiere auch dürfen — auf der Couch liegen, im Swimmingpool baden und mit Raymond Sattlers Frau Deborah herumtollen. Gefüttert wird sie vom Tisch des Hauses mit dem gleichen, was die Sattlers auch essen. Und wenn sie ganz brav ist, kriegt sie nachts vor dem Schlafengehen sogar ein Küsschen. Höhepunkt aber war bisher zweifellos die «coming out party» beim Bürgermeister von Lumberton. Norma Jean wurde als Ehrengast gefeiert und erhielt als Präsent die Schlüssel der Stadt überreicht — aus Schokolade.

Ein eleganter Sprung ins Wasser: Früh übt sich auch im Swimmingpool, was ein attraktives Hausschwein werden will.

Der Beweis: Der Mensch kann nicht nur auf den Hund kommen. Die Sattler mit mit ihrer 300 Kilo schweren Norma Jean.

Moja — der Erste

Im Zürcher Zoo ist am 5. Mai der kleine Moja aus der Art der westlichen Flachlandgorillas zur Welt gekommen. Moja heisst in der Suaheli-Sprache «der Erste», und wenn bei seiner Aufzucht alles rund läuft, wird er der erste in der vom Zürcher Zoo geplanten Aufzucht dieser seltenen und gefährdeten Gorilla-Unterart sein. Seine Mutter Mamitu traf 1979 im Zürcher Zoo ein und stammt selbst aus einer Zoo-Aufzucht. Man befürchtete deshalb, dass sie sich bei der Baby-Pflege nicht richtig verhalten würde. Die ersten zwei Tage nach der Geburt, als sie ihr Kind manchmal Kopf nach unten herumtrug, fürchtete man im Zoo um das Leben von Moja. Aber siehe da, vom dritten Tag an benahm sie sich wie eine «gelernte» Mutter. Aus dem benachbarten Gehege wird sie aufmerksam von den jüngeren Gorillaweibchen Inge und Nache beobachtet, deren Zudringlichkeit dazu führt, dass Mamitu ihren kleinen Sohn sehr stark bemuttert. Der Vater N'Gola, der seinerzeit beim Jersey-Zoo gegen Mamitus Bruder Hobbit ausgetauscht wurde, um Inzucht zu vermeiden, durfte am Anfang noch nicht zu seinem Sohn. Man wollte vermeiden, dass er die unerfahrene Mutter und das Kind allzu sehr stört. Inzwischen ist die Familie komplett, Moja ist «purlimunter» und könnte durchaus zum Stammvater prächtiger Zürcher Flachlandgorilla-Generationen werden.

Obwohl im Zoo aufgewachsen, hat Gorilla mutter Mamitu ihre Pflichten perfekt erfüllt

Das Zürcher Gorilla-Baby Moja könnte zum Stammvater ganzer Generationen werden.

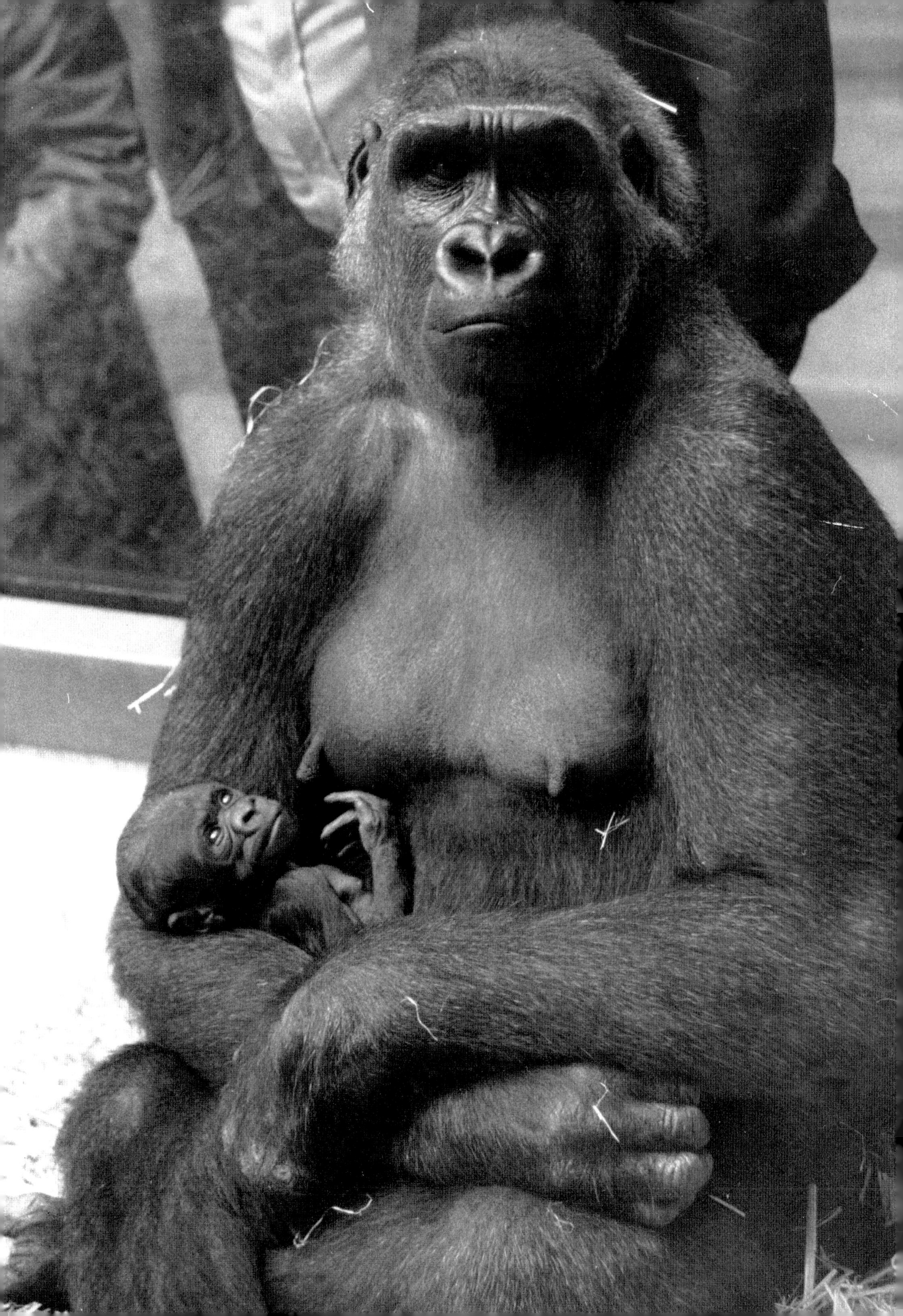

Ein verheerender Millionenhagel

Wie Geschosse knallten hühnereigrosse Hagelkörner auf Kulturen, Autos und wehrlose Kreaturen.

Alle Jahre wieder... Aber nicht immer so dramatisch wie Mitte August in weiten Teilen der Innerschweiz, Süddeutschlands, am Genfersee und in Norditalien. Da fielen die Hagelkörner in Baumnuss- und gar Hühnereigrösse vom Himmel, zerstörten Kulturen, Autos und ganze Häuser. Am schlimmsten war es am 18. August. In einem Drittel des Genfer Rebbaugebietes wurden rund 80 Prozent der Weinernte vernichtet, Gemüsekulturen und Treibhäuser erlitten zum Teil Totalschaden durch die riesigen Hagelbrocken, die vom Himmel fielen. Genfer Karosserie-Garagisten hatten an Tausenden von Autos Schäden in der Höhe von 3000 bis 5000 Franken zu reparieren. Im St. Galler Rheintal erlitten zahlreiche Passanten Prellungen und Platzwunden. Die Schweizer Versicherungen mussten insgesamt für runde 140 Millionen Franken Schäden vergüten. In der Innerschweiz traf es vor allem die Gemeinden Escholzmatt, Schüpfheim und Vitznau. Im Entlebuch, der hagelreichsten Zone der Schweiz, wurden in Escholzmatt rund 80 Wohnhäuser und landwirtschaftliche Bauten zum Teil massiv beschädigt, in Vitznau am Vierwaldstättersee waren es gar rund 170 Gebäude. Beim «heftigsten Gewitter seit Jahrzehnten», wie es von Vitznauern bezeichnet wurde, wurden in der Nidwaldner Bucht des Vierwaldstättersees etwa 200 Enten von den schweren Hagelkörnern erschlagen.

Das schwere Gewitter vo

...st hatte Millionenschäden an Autos, Gebäuden, Gemüse- und Obstkulturen zur Folge.

Ein Schrecken ohne Ende

Wanderheuschrecken-Schwärme von gigantischem Ausmass haben die Länder der Sahel-Zone überfallen und alles kahlgefressen, was der nach langer Trockenheit einsetzende Regen wachsen liess. Die UNO-Ernährungsorganisation FAO bekämpfte die verheerende Plage mit Pestiziden.

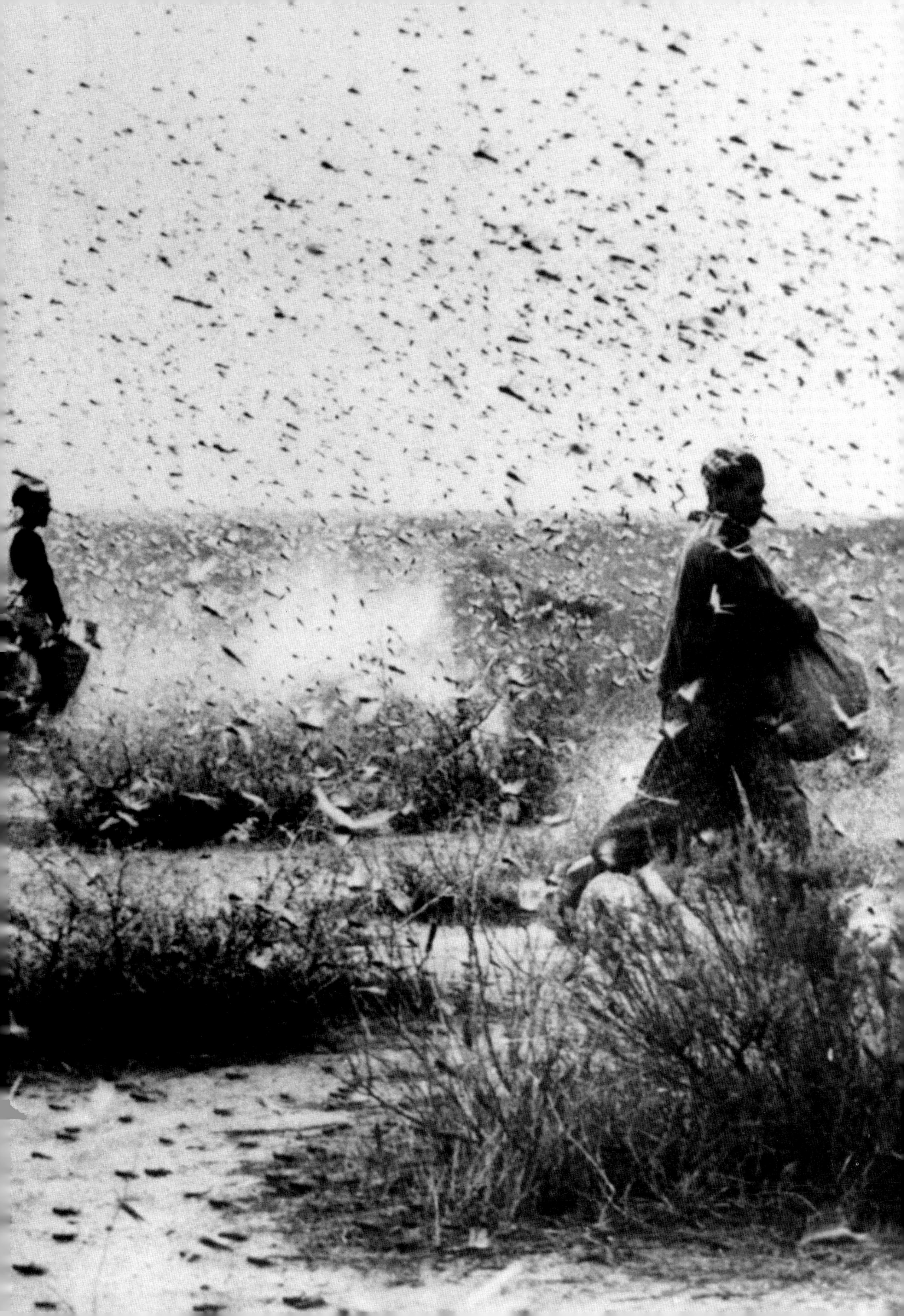

Weshalb sich Dali wieder auf die Socken machte

Als sich die Elefantenkuh Dali aus dem Zoo von Edinburgh weigerte, den neu mit Sand bedeckten Boden des Geheges zu betreten, strickte man ihr Socken. Der Trick funktionierte.

Weshalb man Resli und Mädi an den Kragen wollte

Resli (unten) und Mädi (oben) aus dem Berner Bärengraben konnten verkauft werden. Ursprünglich drohte ihnen die Todesspritze, weil es im Bärengraben zuviel Nachwuchs gibt.

Milliardenschäden

Der sterbende Schweizer Wald wird der Schweizer Wirtschaft Folgeschäden in der Höhe von 44 Milliarden Franken verursachen. Diese gigantische Summe ermittelte ein Ingenieurbüro im Auftrag der Schweizerischen Gesellschaft für Umweltschutz. In den Berggebieten werden mittelfristig etwa 35 000 Arbeitsplätze verloren gehen. In diesen 44 Milliarden Franken Folgeschäden sind dabei die Belastungen im Gesundheitswesen nicht einkalkuliert. Die Studie teilt die Riesensumme in drei «Pakete» ein: Auf 12 Milliarden belaufen sich die Defizite in der Forst- und Holzwirtschaft, 18 Milliarden verschlingen zusätzliche Lawinenverbauungen und andere Schutzmassnahmen, weitere 14 Milliarden sind Zusatzschäden an Personen und Sachen wegen der erhöhten Naturgefahren. Die Arbeitsplätze gehen vor allem im Tourismus verloren und dort in erster Linie in den Berggebieten. Wo der Wald stirbt und seine schützende und klimastabilisierende Funktion verliert, ist es vorbei mit dem Tourismus. Dort, wo er — wie beispielsweise in vielen Orten Graubündens, des Wallis und der Innerschweiz — die wichtigste Einnahmequelle darstellt, wird es zu einem eigentlichen wirtschaftlichen Zusammenbruch kommen. Dieses Katastrophenszenario beruht nicht etwa auf grünen Wahnvorstellungen, sondern auf bisher bekannten Tatsachen und Entwicklungen. So zum Beispiel auf Meldungen der Kantonsförster, dass in der Schweiz bereits 10 000 Hektaren Schutzwald zusammengebrochen sind, dass 65 Prozent aller Buchen in der Nordwestschweiz geschädigt sind, dass beispielsweise im Kanton Uri 46 Prozent aller Bäume krank sind und was der Hiobsbotschaften mehr sind.

Schrumpfungsprozess

In der Schweiz gab es vor wenigen Jahrzehnten noch rund 10 000 Hektaren Hochmoorlandschaften, prächtige Biotope für eine grosse Zahl von Pflanzen und Lebewesen. Ein gesamtschweizerisches Inventar, im Auftrag des WWF und des Schweizerischen Bundes für Naturschutz erstellt, hat nun ergeben, dass es heute nur noch 1450 Hektaren sind. Der Rest ist durch den Abbau von Torf, die Tockenlegung zur Gewinnung von Kulturland und durch verschmutztes Regenwasser, von dem die Moorpflanzen leben, kaputt und vernichtet. Und der Schrumpfungsprozess geht unaufhörlich weiter, sofern nicht auf Gesetzesebene für einen rigorosen Schutz dieser wenigen verbliebenen Urlandschaften der Schweiz gesorgt wird. Eine Möglichkeit dazu wird die sogenannte Rothenthurm-Initiative zum «Schutz der Moore» bieten, die ursprünglich entstand, um den Bau des Waffenplatzes im Hochmoor von Rothenthurm zu verhindern, und die einen generellen Schutz der Moorgebiete fordert. Schrumpfungsprozess droht aber auch an den Seeufern. Nur noch 37 Prozent der Uferlinien von 32 Schweizer Seen befinden sich in einem naturnahen Zustand. Der Rest ist verbaut oder sonstwie verarmt. Insgesamt, so hat eine Studie der Universität Genf ergeben, können nur 10 Prozent der Uferlinien noch als ökologisch wertvoll bezeichnet werden, das heisst als natürliche Biotope, in denen Wasserpflanzen, Vögel und Fische noch ihrer Eigenart entsprechend gedeihen können.

Radikale Seehirten

«Sea Shepherd» — «Seehirte» nennt sich eine militante Umweltschutzgruppe, die seit einiger Zeit dem internationalen Walfang radikal den Kampf angesagt hat. Gründer ist der Kanadier Paul Watson, der seinerzeit die Umweltschutzorganisation «Greenpeace» mitbegründete, aber wegen seiner Gewaltpolitik ausgeschlossen wurde. Anfangs November haben zwei «Seehirten» auf Island zwei Walfangboote versenkt und in der Nähe von Reykjavik eine Walfangstation verwüstet. Die beiden Täter, gegen die ein internationaler Haftbefehl ausgestellt wurde, konnten kurz nach den Anschlägen heimlich das Land verlassen. Gründer Watson bekannte sich zu den Anschlägen und kündigte weitere Gewaltaktionen gegen andere Walfangnationen wie Norwegen, die Sowjetunion, Japan und Südkorea an. Man nimmt an, dass die «Seehirten» einen direkten Draht zur Internationalen Walfangkommission in London haben und von dort detaillierte Angaben über die verschiedenen Aktivitäten der Walfanggesellschaften beziehen können.

Politik
Schweiz

Zwei Rücktritte und zwei Neue im Bundesrat, Grossdemonstration in Gösgen gegen die Atompolitik, die Weinschwemme, das fortschreitende Waldsterben, ein trotziges Nein zur UNO: Auch die Schweizer Politik war 1986 geprägt von scharfen Kontroversen und vom Bewusstsein, dass wir nicht im Glashaus sitzen, sondern mitten in einer hochgradig gefährdeten Welt.

BUCH DES JAHRES 1986

SCHWEIZER ILLUSTRIERTE

20 000 forderten: Weg von der Atomkraft!

100 Organisationen und Gruppierungen unterstützten die Demonstration, und über 20 000 Demonstranten zogen am 21. Juni mit Sack und Pack und Kind und Kegel von Olten nach Gösgen, um mit friedlichen Mitteln die Abkehr von der Atomenergie zu fordern. Nicht mit dabei waren die Politiker.

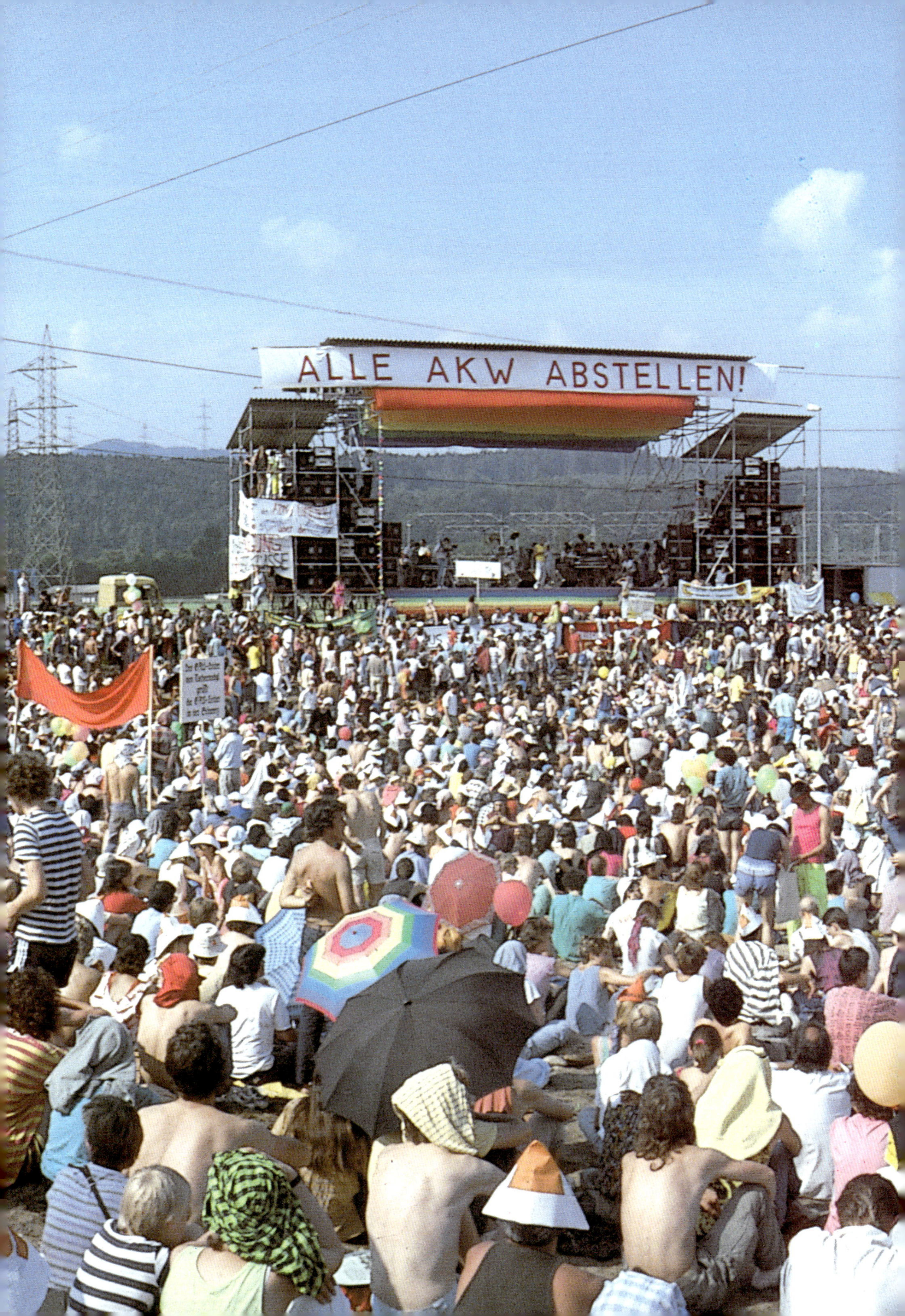
ALLE AKW ABSTELLEN!

86 **Politik Schweiz**

Der Anfang vom Ende der Atomenergie?

Einige Dutzend «Frontkämpfer» versuchten erfolglos, die Grosskundgebung in eine Schlacht zu verwandeln.

Nach bekanntem Ritual griff die Polizei ein, als einige militante Demonstranten beim AKW von Gösgen eine Baracke in Brand setzten.

Was politischer Kampf und Demonstrationen während zwei Jahrzehnten nicht geschafft haben, besorgte die Katastrophe von Tschernobyl: In unzähligen Schweizer Köpfen hat das Umdenken begonnen. Verschiedene Meinungsumfragen belegten nach der Verstrahlung weiter Landstriche durch die radioaktive Wolke aus dem fernen Tschernobyl, dass zwischen 60 und 70 Prozent der Schweizer eine Abkehr von der Atomkraft wünschen. Der Anfang vom Ende der Atomenergie? Über 20 000 friedliche Bürger demonstrierten am 21. Juni gegen die AKW's, aber auch gegen die Politiker, die durch Abwesenheit glänzten. Mit Slogans wie «Wir wollen keine verseuchten Eglis» und «Schlümpfe zurück in die Kinderstube» wurden vor allem jene Landesväter angesprochen, die trotz dem GAU weiterhin für die Atomenergie plädierten. Auch die massive Verseuchung im Südtessin, wo bei Fischen, Schafen und Ziegen sehr hohe Verstrahlungswerte gemessen wurden, vermochte die Interessenvertreter der Atomenergie nicht umzustimmen. Das böse Erwachen könnte dann kommen, wenn die Prognosen zahlreicher Wissenschafter eintreffen: dass nämlich als Folge

Nichts dazu gelernt. Wenn es nach Bundesrat Schlumpf geht, wird Kaiseraugst gebaut.

des Tschernobyl-Unfalls in den nächsten Jahren Zehntausende von Betroffenen an Krebs sterben könnten. Kaum vermehrt haben sich durch die Katastrophe die Aktivisten des «harten Kerns», die einmal mehr mit Pflastersteinen und Brandsätzen der Atomenergie den Garaus machen wollten. Nur einige Dutzend kreuzten in Gösgen auf und lieferten der Polizei nach üblichem Ritual ein Scharmützel.

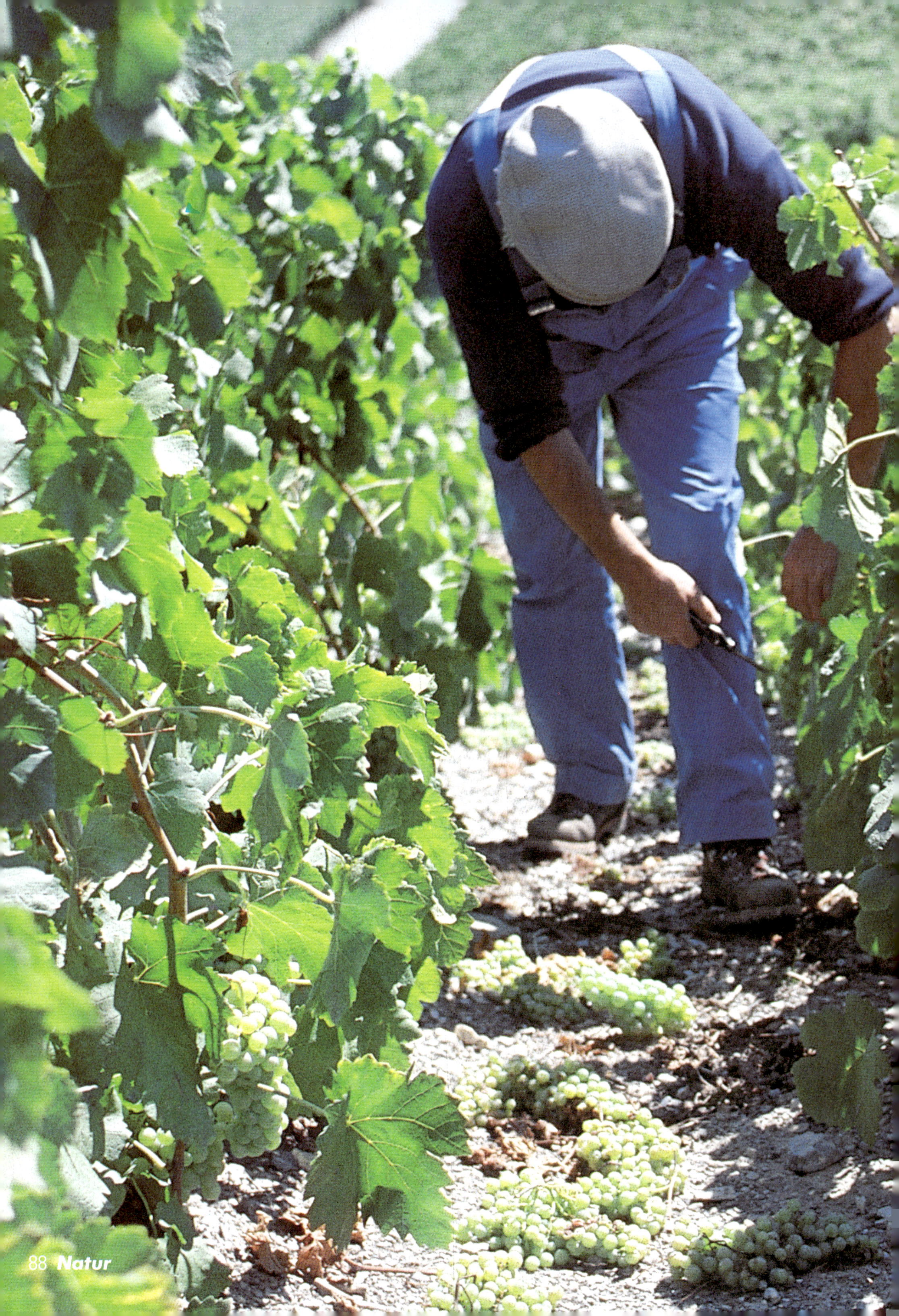

Wie der Weinsegen zum Fluch wurde

Der Walliser Alexis Mermoud schneidet vor der Ernte Trauben ab und lässt sie auf dem Boden verfaulen. Denn die Winzer sind durch Schaden klüger geworden. Sie haben gemerkt, dass man nicht beides haben kann: Quantität und Qualität. Der Weinsegen der letzten Jahre ist zum Fluch geworden: In den Tanks lagern 320 Millionen Liter subventionierter Wein, den niemand will.

Mit Überproduktion in die Pleite

Philip Orsat, einer der Besitzer des Walliser Weinhauses, vor den Tanks, in denen 25 Mio Liter schwerverkäuflichen Weines lagern.

Die Pleite des traditionsreichen Walliser Weinhauses Orsat, beziehungsweise die Übernahme durch eine Bank, war nur eines — wenn auch ein spektakuläres — Krisensymptom für eine traurige Tatsache: Auch in der Sparte Weinbau und Weinhandel der Schweizer Landwirtschaftspolitik steckt der Wurm. Die Ernten der letzten Jahre haben die Tanklager zum Bersten mit Wein gefüllt, der die Konsumenten etwa doppelt soviel kostet wie vergleichbare ausländische Weine. Runde 320 Millionen Liter lagern vor allem in der Westschweiz, Vorräte, die für mehr als drei Jahre reichen. Und der Wein wird dabei nicht besser und auch nicht billiger. Im Gegenteil. Wenn kein Wunder geschieht, wird man ihn für teures Geld zu Essig verarbeiten oder in Traubensaft zurückverwandeln müssen. Die Bauern demonstrieren, die Konsumenten reklamieren und der Staat schüttet Subventionen — in ein Fass ohne Boden.

3000 Weinbauern demonstrierten in Sion und verlangten eine andere Preispolitik.

Winzer in Sion: «Wir haben die Trauben geschnitten. Sucht andere Schuldige.»

Immer voll konzentriert dabei. Beim Sport ebenso wie bei der Politik.

92 Politik Schweiz

Temperamentvoll und gestenreich: K.F. überzeugte, weil er überzeugt war.

Ein Staatsmann nahm den Hut

Nach dem Rücktritt von Bundesrat Alphons Egli, als die Nation schon dachte, jetzt sei der Film gelaufen, landete er seinen Überraschungscoup: Landesvater Kurt Furgler nahm nach 15 Jahren den Hut. Mit ihm trat einer der wenigen Politiker zurück, von denen man sagt, sie seien Staatsmänner.

Im Gegensatz zu vielen, die Bundesrat werden, profilierte sich der St. Galler seinerzeit nicht als grauer «Konsenspolitiker», der keinem auf die Füsse tritt, sondern mit einem Skandal. Als die eidgenössischen Räte ihn am 8. Dezember 1971 in die Landesregierung wählten, wussten sie, dass sie einen brillanten, scharfzüngigen und unbeirrbaren Mann aufs Podest hoben. Sechs Jahre zuvor hatte er nämlich ohne Rücksicht auf Verluste die massiven Kreditüberschreitungen bei der Flugzeugbeschaffung, den sogenannten Mirage-Skandal, ans Licht gezerrt und als Kommissionspräsident dafür gesorgt, dass die versalzene Suppe bis auf den Boden ausgelöffelt wurde. Dies schuf ihm nicht nur Freunde, aber weitherum Respekt. In den 15 Jahren, in denen er in der Regierung sass, wuchs er kraft seiner Dynamik und Schaffenskraft zum «Superman» der Landesregierung heran. Seine Eloquenz, seine Staatsgläubigkeit und der messerscharfe Verstand, mit dem er seine Überzeugungen vortrug, machten aus ihm den «Staatsmann», den die Medien nach seinem Rücktritt verabschiedeten; ein Ausdruck, mit dem man in der Schweiz — und nicht zu Unrecht — eher sparsam umgeht. Als Kämpfernatur, die immer etwas mehr wollte als das Machbare, hat er nebst bedeutenden Siegen auch massive Niederlagen einstecken müssen. Zu den Siegen kann man dabei die Schaffung des Kantons Jura zählen, die Gleichberechtigung von Mann und Frau, die Reform des Familienrechts und weitere Reformen mehr. Misserfolge musste er unter anderem bei der Totalrevision der Bundesverfassung, der Investitionsrisikogarantie und in seinem letzten Amtsjahr noch beim Zuckerbeschluss abbuchen. Ob er siegte oder verlor — Furgler brach weder in Euphorie aus, noch zog er sich in den Schmollwinkel zurück. Er machte das, was er erst 17 Jahre im Nationalrat und dann 15 Jahre im Bundesrat immer getan hat: Mit ungebrochener Energie an die nächste Aufgabe herantreten. Und das wird er wohl — was immer es ist — auch als Pensionierter tun.

Niederlage bei der Riskogarantie für Investitionen (oben), Sieg bei der Jura-Kantonsgründung (unten).

Abtreten nach 15 Jahren Schwerarbeit

Frühaufsteher Kurt Furgler unterwegs ins Bundeshaus. Der politische Schwerarbeiter pflegte oft bis 21 Uhr seinen Pflichten nachzugehen.

94 Politik Schweiz

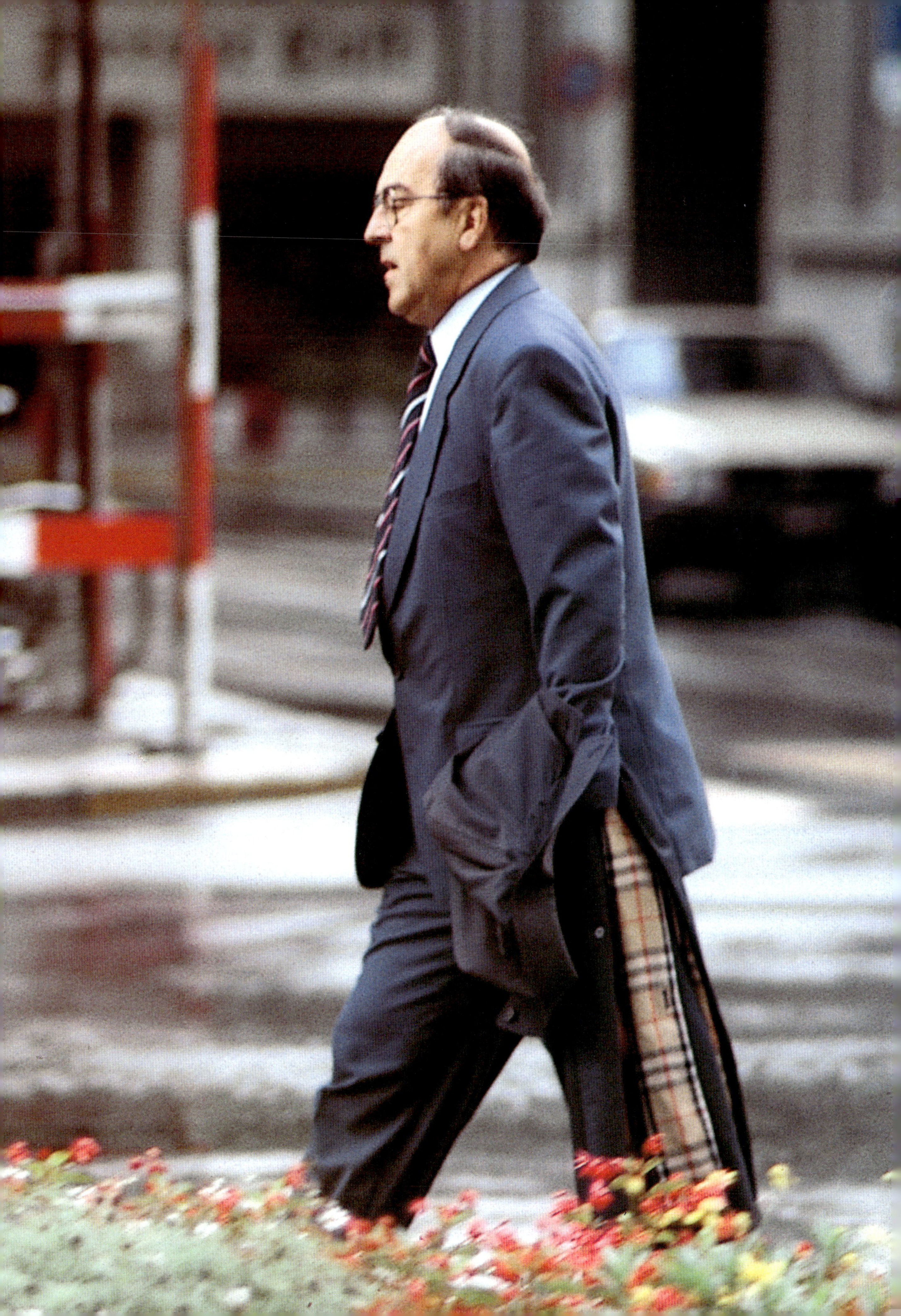

Politik Schweiz

Das Amt hat ihn verbraucht

Mit Schutzhelm an Ort und Stelle liess sich Egli über das Waldsterben orientieren.

Als «Saftwurzel» und munterer Sprücheklopfer war er 1982 angetreten, als nachdenklicher und gesundheitlich angeschlagener Mann zog er sich vier Jahre später zurück. Seine Freunde sagen, das Amt, das er zwar nicht suchte, aber nach der Wahl energisch und verantwortungsbewusst anpackte, habe ihn geschlissen. Da er kein Büroroboter war, der die Aktenberge Tag für Tag und Paket für Paket abtragen konnte, sondern ein Individualist, der die Dinge persönlich nahm, wurde ihm die Bürde des Amtes zu schwer. Man hatte ihm das Departement des Innern zugeteilt, eine Domäne, die mit seiner früheren Tätigkeit als Anwalt wenig bis nichts zu tun hatte. Was ihn nicht hinderte, kräftig in den sauren Apfel zu beissen. Er drückte sich eigenhändig ein Pflichtenheft in die Hand und setzte Prioritäten: Schutz der Gesundheit und der Umwelt sowie Förderung von Bildung, Forschung und Kultur. Da er bald merkte, dass man mit der üblichen Verwaltungspolitik die Probleme nicht in den Griff bekam, stieg er auf die Barrikaden. Das alarmierende Waldsterben versuchte er nicht mit schönen Worten und Pflästerchen zu bekämpfen, sondern legte die Ursachen auf den Tisch des Hauses — die Luftverschmutzung durch Verkehr, Industrie und Ölfeuerung. Als er Tempo 100 forderte, liessen ihn nicht nur jene, die mit «Tempo unbeschränkt» ins Verderben fahren wollen, sondern auch die Politikerkollegen ins Abseits laufen. Auf das Waldsterben folgte Tschernobyl und später Tschernobâle, das Ganze eingepackt in die täglichen Hiobsbotschaften aus der geschändeten Umwelt; alles Dinge, die ihm tief unter die Haut gingen.

Vier Jahre Amtsbürden haben Alphons Egli den Mumm und den Witz abgekauft.

Zu Hause in der guten Stube: Ab 1987 hofft Alphons Egli auf ruhigere Zeiten.

97

Die programmierten Nachfolger

Die Neuwahlen in den Bundesrat brachten für einmal keine Überraschungen. Mit dem 53jährigen Appenzeller Hochschulprofessor Arnold Koller und dem 47jährigen Tessiner Anwalt Flavio Cotti hat die CVP ihre beiden Wunschkandidaten auf Anhieb installieren können. Koller ist der erste Innerrhoder, Cotti der siebente Tessiner Bundesrat aller Zeiten. Die Luzerner Nationalrätin Judith Stamm, die sich gegen den Willen ihrer Partei selbst zur «alternativen» Kandidatin erklärte, fand keine Gnade vor dem Parlament. Ihr Pech war es, gegen den Tessiner Cotti antreten zu müssen, einen Mann, von dem gesagt wird, dass er «Bundesrat studiert» und seine Politkarriere präzis vorprogrammiert hat. Und zwar so genau, dass beim Rasterverfahren für die Wahl von Bundesräten nur noch er übrigbleiben konnte. Koller seinerseits, der «Kronprinz» von Kurt Furgler, musste nichts vorprogrammieren. Das besorgte sein Vorgänger.

Der «studierte Bundesrat» Flavio Cotti (unten) und Furglers «Kronprinz» Arnold Koller (rechts) beim Amtsschwur.

98 **Politik Schweiz**

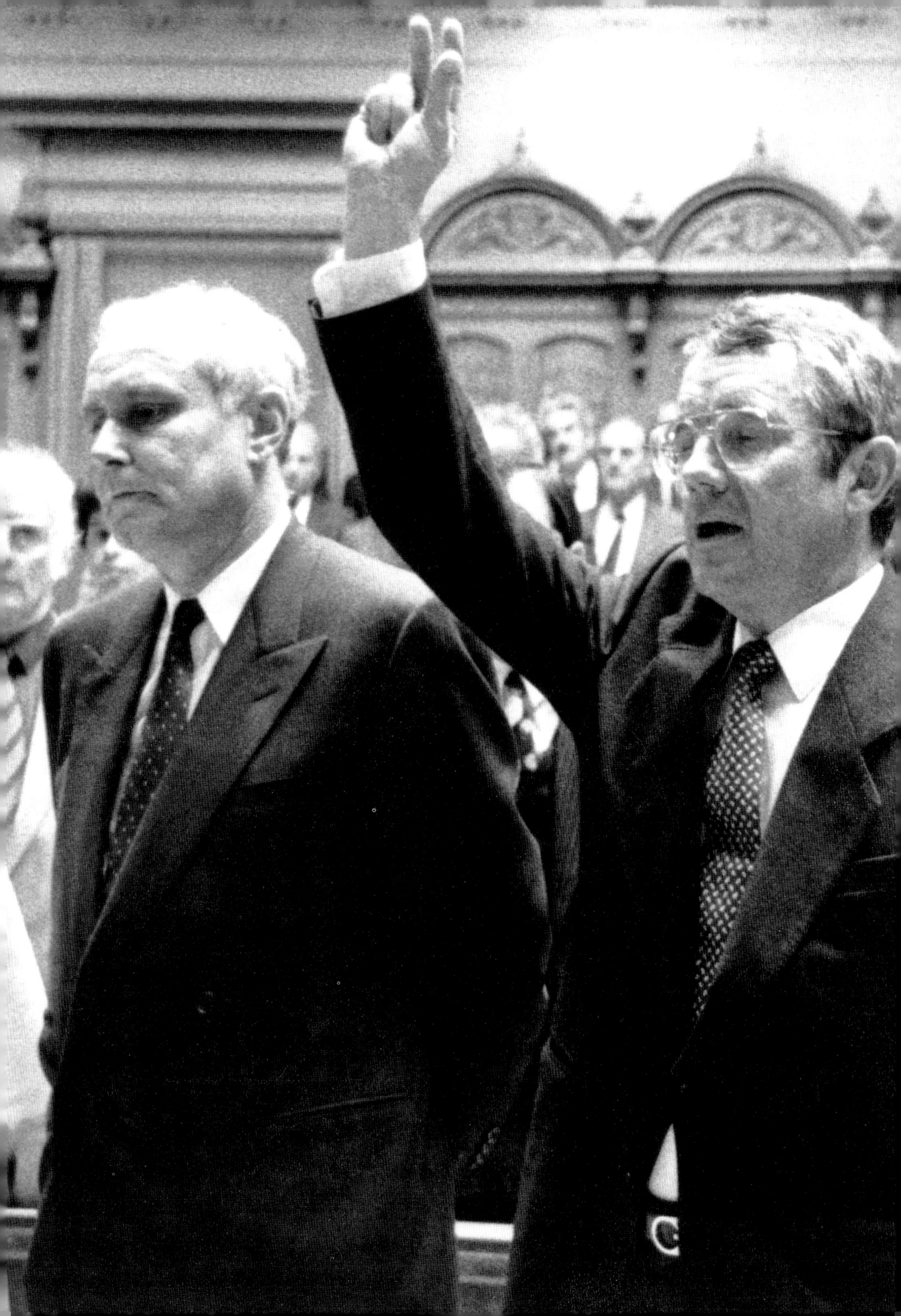

Mit einem brüsken Nein und wenig Argumenten ging die UNO-Vorlage bachab.

3 zu 1 gegen die Völkerfamilie

Die grosse Mehrheit der Schweizer wünscht, dass ihr Land ein «Sonderfall» bleibe. Mit 1,6 Millionen Nein gegen 510 000 Ja — mithin im Verhältnis 3 zu 1 — schickten die Stimmbürger den bundesrätlichen Vorschlag zum UNO-Beitritt bachab. Dies war nicht nur eine Ohrfeige für Aussenminister Aubert, dessen Departement die Vorlage zu vertreten hatte, sondern für den Gesamtbundesrat inklusive die grossen Parteien, die mehrheitlich den UNO-Beitritt befürwortet hatten. Ob Ausländerfeindlichkeit, die Neutralitätsrolle der Schweiz oder das lädierte UNO-Image für dieses überdeutliche Resultat ausschlaggebend waren, lässt sich kaum feststellen. Tatsache bleibt: Das Volk des Landes, das international gern «gute Dienste» und Ratschläge anbietet, will nicht am einzigen Ort dabei sein, an dem sich die Völkerfamilie der Welt trifft und zum Beispiel über so «Kleinigkeiten» wie Krieg oder Frieden entscheidet.

Die Bundesräte Stich und Aubert im — erfolglosen — UNO-Einsatz.

100 **Politik Schweiz**

Als «Schwatzbude» wurde die UNO-Völkerfamilie von den Gegnern diskreditiert.

Das Häufchen des Anstosses

Die Meldung erschien im Juli, mitten in der Sauregurkenzeit. Aber von saurer Gurke keine Spur. Eine «Interessengemeinschaft Saubere Schweiz» ist wild entschlossen, das leidige Problem des Hundedrecks auf öffentlichem Grund ein für allemal zu lösen. Per Volksinitiative will sie die Hundebesitzer durch einen neuen Verfassungsartikel verpflichten, die Häufchen des Anstosses eigenhändig aus dem Weg zu räumen — mit Bussandrohungen von 1000, im Wiederholungsfall von 5000 Franken. Für ganz renitente Besitzer verlangt die Initiative gar Hundeentzug. Ex-Matrose René Trottmann aus Chur, der das Sekretariat der Initianten betreut, hat seither manche unruhige Nacht verbracht. Anonyme Telefonanrufe und massive Drohbriefe beweisen, dass zahlreiche Hündeler statt dem Hundedreck lieber den Initianten zu Leibe rücken möchten. In der Schweiz gibt es rund 440 000 Hunde, die täglich 100 Tonnen Kot produzieren. In zahlreichen Gemeinden werden auf öffentlichen Spazierwegen Plastiksäcke und Behälter aufgestellt, um den Hundekot zu beseitigen. Vielerorts aber riskiert man nach wie vor, einen Schuh voll herauszuziehen.

Die 440 000 «besten Freunde des Menschen» produzieren in der Schweiz 100 Tonnen Kot pro Tag.

Initianten-Sekretär René Trottmann mit einem unmissverständlichen Drohbrief.

Es geht auch anders, wie hier in Küsnacht ZH. In speziellen Behältern wird der Hundekot sauber «entsorgt».

Bis hierher und nicht weiter — hoffte die Knonauer Möglicherweise vergeben

Standesherrlich am Volk vorbei entschieden

«Es müssen wohl tote Vögel vom Himmel fallen, bis sich da etwas ändert.» Mit diesen bitteren Worten kommentierte die Standesdame Esther Bührer aus Schaffhausen den Mehrheitsentscheid des Ständerats, die Autobahn N4 durch das Knonaueramt zu bauen. 94 Hektaren Kulturland sollen diesem Erbstück der Autobahneuphorie aus den 60er Jahren geopfert werden. Mit diesem Entschluss hat sich der Ständerat gegen das Zürcher Volk gestellt, das ein Jahr zuvor in einer Standesinitiative die N4 durch das Knonaueramt abgelehnt hatte. Bei der gleichen Gelegenheit lehnte der Ständerat den Bau des Rawiltunnels vom Simmental ins Wallis ab, beauftragte aber — um die Walliser nicht zu brüskieren — den Bund, eine andere Alpenverbindung ins Wallis zu projektieren. Das Knonaueramt ist eine der letzten grossflächigen Regionen im Umkreis von Zürich, die bisher vom Verkehrsdruck der Agglomeration verschont blieben. Es nützte nichts, dass der keineswegs als grün verschriene Urner Standesherr Franz Muheim die Kolleginnen und Kollegen im Stöckli warnte: Autobahnen bringen nicht nur wünschenswerte Mobilität, sondern auch böse Folgeschäden, wie die geplagten Urner seit dem Bau der Gotthardautobahn erfahren haben. Anfangs Dezember machte auch der Nationalrat rechtsumkehrt und beschloss den Bau der N4 durch das Knonaueramt. Die Variante «Zimmerberg», eine Verbindung zur N3, die «nur» 18 Hektaren Kulturland fressen würde, wurde abgelehnt. Jetzt kann nur noch eine — bereits angekündigte — eidgenössische Volksinitiative das Knonaueramt vor der Betonschlange retten.

Die Gegner der N4 geben nicht auf. Der Kampf geht weiter mit einer Volksinitiative.

104 **Politik Schweiz**

94 Hektaren Kulturland würden für den Endausbau der Knonauer N4 geopfert.

106 **Politik Schweiz**

Wahltag ist Zahltag

Die alte eidgenössische Spruchweisheit, dass der Wahltag ein Zahltag sei, ist bei den Berner Wahlen auf eklatante Weise bestätigt worden. In der zweiten Runde der Regierungsratswahlen siegten die Grünen der «Freien Liste», Leni Robert und Benjamin Hofstetter. Zahlen — und zwar teuer — musste die FDP. Ihre Abgeordneten im Grossen Rat sehen sich erstmals in der völlig ungewohnten Rolle der Opposition. Dabei waren sie zur ersten Runde siegesgewiss gleich mit drei Kandidaten angetreten. Im Grossen Rat schafften sie zwar das Plansoll und stellen einen runden Fünftel aller Mitglieder, aber bei der Regierung ging der Schuss hinten hinaus. Dazu hat, abgesehen vom Finanzskandal, auch die FDP-Kandidatin Geneviève Aubry einiges beigetragen. Die militante Antiseparatistin aus dem Südjura hatte vor der Wahl den 34jährigen Grünen Benjamin Hofstetter arrogant als «Monsieur Nobody» (Herr Niemand) bezeichnet. Die Südjurassier hielten ihr zwar die Stange, aber der «alte Kanton» zog ihr den Tierarzt Hofstetter aus Reconvilier vor. Seither wird Bern von einer rot-grünen Mehrheit regiert — gegen eine bürgerliche Parlamentsmehrheit von 57 Prozent...

Jubelndes Volk vor dem Berner Rathaus. Leni Robert (50) und Benjamin Hofstetter (34), die ersten grünen Regierungsräte des Kantons Bern.

108 **Politik Schweiz**

Oehens fünfte politische Heimat

Der permanente Hauskrach in der «Nationalen Aktion für Volk und Heimat» (früher hiess sie noch «Nationale Aktion gegen die Überfremdung von Volk und Heimat») hat 1986 zum Eklat geführt. Die Rechten, betreut vom Ehrenpräsidenten Valentin Oehen, und die Ganzrechten im Fahrwasser von Markus Ruf gerieten sich massiv in die Haare. Nach grossem Hickhack, und als die Partei beschloss, den Oehen-Gegner Markus Ruf doch nicht auszuschliessen, nahmen Landwirt Valentin Oehen und seine Getreuen den Hut. Der im Tessin bauernde ETH-Agronom Oehen hielt den parteilosen Zustand allerdings nicht lange aus. Kurz nach dem Austritt gründete er die «Ökologische Freiheitliche Partei der Schweiz» (ÖFPS), seine fünfte politische Heimat, nachdem er weder bei der BGB (heute SVP) und der CVP, noch beim «Jungen Bern» und auch bei der NA das Glück nicht gefunden hatte. Die ÖFPS versteht sich als Sammelbecken der bürgerlichen Grünen, die eine Art «Nationalökologismus» vertreten. Im Gegensatz zu den gesellschaftskritischeren, eher nach links tendierenden übrigen grünen Formationen, will seine Partei die Marktwirtschaft verteidigen und die durch «ausländische Wirtschaftsaggression» bedrohte Schweizer Wirtschaft schützen. Ob die Partei mehr sein wird als ein Verein zur Wiederwahl Oehens in den Nationalrat, wird sie noch beweisen müssen.

In Sessa, im Südtessin, bewirtschaftet Parteigründer Valentin Oehen einen Pachthof.

Parteigründung in Bern: ÖFPS-Tagespräsident Hertel (stehend) und Gründer Oehen (vorne).

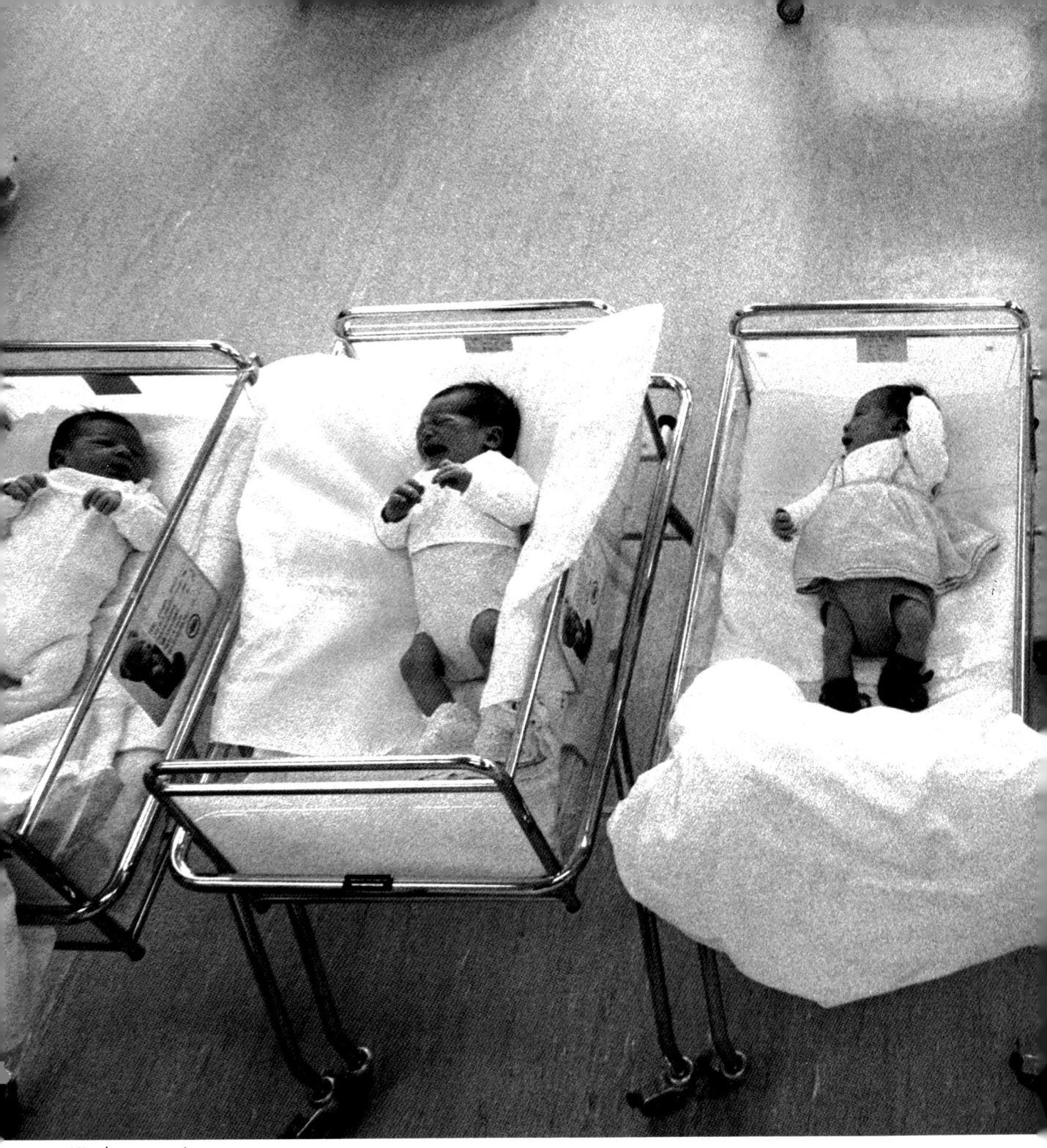

Kindersegen in Pruntrut: Wenn es nach dem Willen der Regierung geht, gibt es pro Baby 500 Franken.

500 Franken Nachwuchsprämie pro Baby

Politik Schweiz

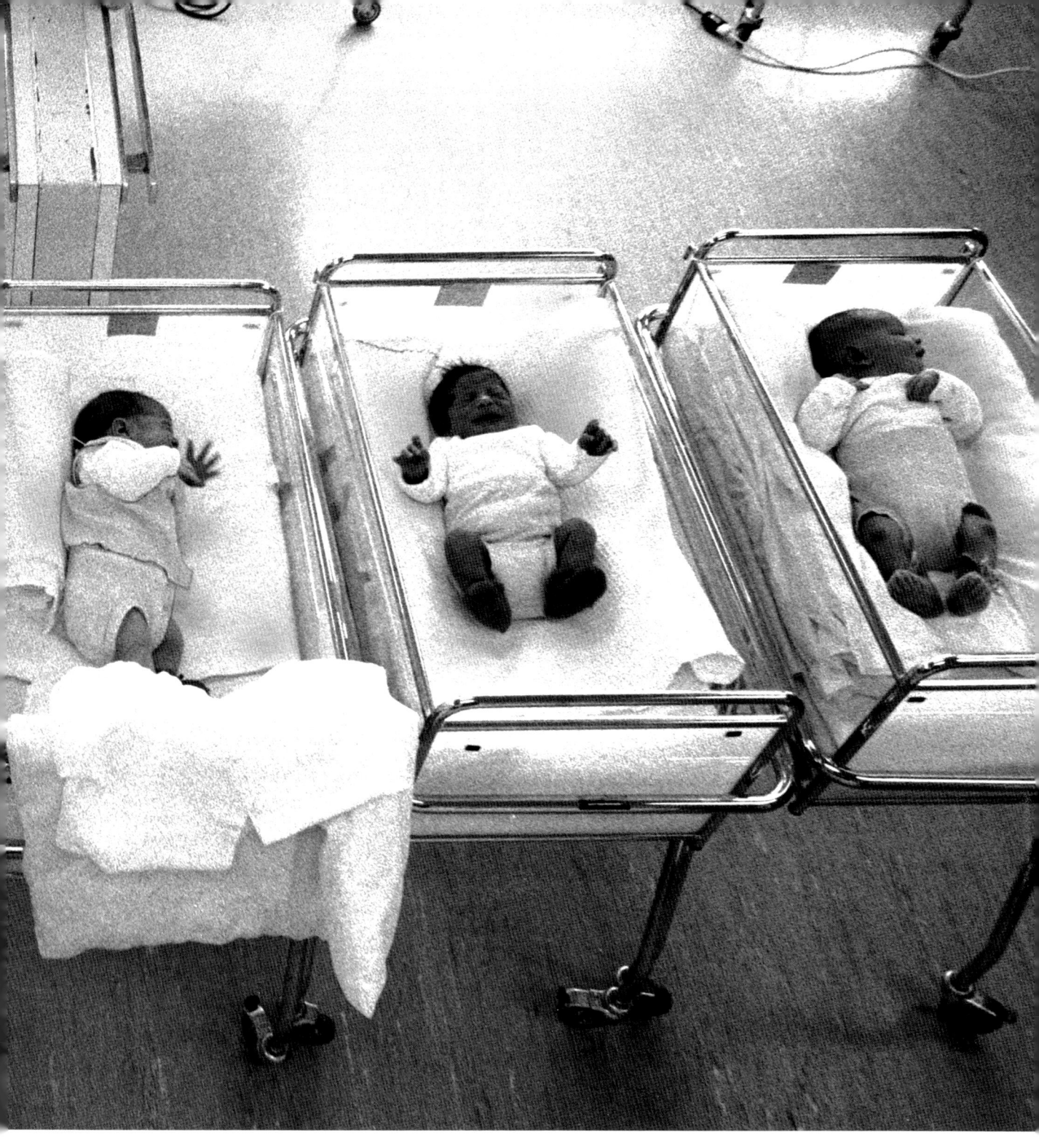

Nachwuchsmangel in den reichen Industriestaaten — Bevölkerungsexplosion in den Hungerländern der Dritten Welt. Diese explosive Konstellation treibt mitunter seltsame Blüten. So hat der jurassische Regierungsrat Pierre Boillat Volk und Parlament ein Familienförderungs-Paket vorgeschlagen, das für jurassische Familien unter anderem eine Geburtenprämie vorsieht. Die Geburt eines jurassischen Babys soll inskünftig mit einem symbolischen Beitrag von 500 Franken honoriert werden. Dies — so betont der Regierungsrat — nicht, um einen «Baby-Boom» zu lancieren, sondern um den Kanton Jura zu einem familienfreundlichen Staatsgebilde zu machen. Das jurassische Familien-Paket sieht neben dem «Nachwuchshonorar» weitere Massnahmen wie die Gleichstellung alleinerziehender Mütter oder Väter, Steuererleichterungen und höhere Familienzulagen vor.

Des einen Freud...

Immer mehr Schweizer, so ergab eine Studie des Bundesamtes für Raumplanung, leisten sich den Luxus eines Ferienhäuschens oder einer Ferienwohnung. Allein zwischen 1970 und 1980 hat die Zahl der sogenannten Zweitwohnungen um über 100 000 auf 240 000 zugenommen — am stärksten im Wallis, in Graubünden, in Obwalden und im Tessin. Während im Durchschnitt jede zehnte Wohnung eine Zweitwohnung ist, ist es beispielsweise im Tessin jede vierte. Heute nehmen die Zweitwohnungen inklusive dazugehörendem Umschwung bereits die Fläche von 10 000 Hektaren — etwa die Grösse der Stadt Zürich — ein. Doch auch hier ist des einen Freud des andern Leid. Besonders in den stark betroffenen Kantonen wird immer mehr Kritik laut, denn Zweitwohnungen fressen nicht nur Bauland und bringen hohe Infrastrukturkosten, sondern stören vielfach auch das soziale Gefüge von Gemeinden in extremer Weise. Während Einheimische die geforderten Preise für Bauland, Häuser und Wohnungen nicht mehr bezahlen können und ausziehen müssen, stehen in ihren Gemeinden ein Grossteil der Wohnungen während Monaten leer. In zahlreichen Tessiner Gemeinden hat man deshalb angefangen, den Verkauf und die Vermietung von nicht ganzjährig bewohnten Wohnungen und Häusern zu verbieten. In andern wurde der Bau von Häusern, die nur Zweitwohnungen enthalten, untersagt. Der Zweitwohnungstourismus, so hat man längst herausgefunden, nützt nur einigen wenigen, die ansässige Bevölkerung spürt in der Regel nur die Nachteile.

Frau Oberstbrigadier

Mit einem saftigen Werbebatzen von 750 000 Franken hat die Armee 1986 für den neuen Militärischen Frauendienst (MFD) mobil gemacht. Geworben wurde dabei nicht nur für einen neuen Namen, sondern für eine andere Art des Frauendienstes in der Armee. Vom 1. Januar an wurden die Damen mit den gleichen Rangabzeichen und der gleichen Benennung der Männer ausgestattet, beziehen den gleichen Sold und können es bis zum Oberstbrigadier (nicht etwa zur Oberstbrigadierin) bringen. Erspart bleibt ihnen dabei die Waffen- und Kampfausbildung. Zudem dauert die Rekrutenschule nicht 17, sondern lediglich vier Wochen. Freiwillig ist beim «Militärischen Frauendienst» nur der Eintritt. Wer einmal dabei ist, steht unter Befehl wie die Männer, und eine Befreiung vom Dienst ist lediglich aus gesundheitlichen Gründen oder im Fall einer Mutterschaft möglich. Mit dem neuen «Image» möchte die Armee die grossen Bestandeslücken füllen, die seit 1956 in dieser Sparte klaffen. Zu einem Grossandrang ist es trotz der Werbetausender nicht gekommen, aber, sagt Frau Oberst Uhllmann, «wir sind langsam bescheiden geworden.»

Ein betrübliches Kapitel

Die himmeltraurige Geschichte war schon seit Jahren bekannt, aber ins Bewustsein einer breiten Öffentlichkeit drang sie erst 1986: Im fanatischen Glauben, man könnte das «Vagantentum» aus der sauberen, bürgerlichen Gesellschaft der Schweiz ausrotten, hat die Pro Juventute in den Jahren 1926 bis 1973 Hunderte von jenischen Familien verfolgt und auseinandergerissen, Eltern ihre Kinder geraubt und diese in Heime gesteckt. Erwachsene wurden ins Gefängnis gesperrt oder zwangspsychiatrisiert und mit zweifelhaften gesetzlichen Grundlagen entmündigt. Es ging dabei um eine «Endlösung der Zigeunerfrage», auch wenn dieses schreckliche Wort aus dem Nazivokabular nicht verwendet wurde. Das Ganze lief unter dem Titel Hilfswerk für die «Kinder der Landstrasse». Der langjährige Leiter und Chefideologe des Hilfswerks, Dr. Alfred Siegfried, äusserte öffentlich die Hoffnung, dass dank dieser Massnahmen die Fahrenden endgültig aussterben oder sesshaft würden. Die in der ganzen Schweiz verstreut lebenden Opfer dieses Wahns haben sich seit der Auflösung des Hilfswerkes zur «Radgenossenschaft der Landstrasse» zusammengeschlossen und fordern Wiedergutmachung. Den Vorschlag von Pro Juventute, einen Teilbetrag aus dem Erlös der Spezialmarken dafür auszurichten, sahen sie allerdings lediglich als peinlichen Versuch, den ins Stocken geratenen Briefmarkenverkauf anzukurbeln, beziehungsweise das Image der schwer angeschlagenen Institution zu retten. Bundespräsident Alphons Egli entschuldigte sich öffentlich für dieses «betrübliche Kapitel» in der Geschichte des Jugendhilfswerkes.

Politik
Ausland

Amerikanischer Blitzkrieg gegen Libyen. US-Waffen für Khomeini und illegale Waffengelder für die antisandinistischen Contras. Diktatorensturz in Haiti und auf den Philippinen. Verschärfung des Bürgerkriegs in Südafrika. Eine Gipfelpleite in Reykjavik. Der Golfkrieg und kein Ende. Attentat auf Pinochet und Staatsterror in Chile. Studentenaufruhr in Frankreich.

BUCH DES JAHRES 1986

SCHWEIZER ILLUSTRIERTE

Der 12-Minuten-Krieg gegen Libyen

Zu Wasser, zu Land und aus der Luft, aber auch mit Psychokrieg und gezielter Desinformation, wollte Präsident Reagan den zum internationalen Buhmann aufgebauten libyschen Potentaten Kathafi liquidieren. Der «kürzeste Krieg der US-Geschichte» dauerte 12 Minuten. Kathafi hat überlebt, die arabischen Völker rückten sich näher, und die Rolle der USA als «Weltpolizist» stand einmal mehr im schiefen Licht.

Von den Flugzeugträgern «Coral Sea» (Bild) und «America» sowie von britischen Stützpunkten aus griffen «Tomcat»-Jagdbomber (rechts) und Bomber vom Typ F-111 Libyens Städte Tripolis und Bengasi an. Insgesamt warfen die 160 im Einsatz stehenden Flugzeuge über 60 Tonnen Bomben ab.

«Ein tollwütiger Hund» sei Libyens Präsident Muammar El Kathafi, befand US-Präsident Ronald Reagan. Es gelte, diesen «Drahtzieher des Weltterrorismus» ein für allemal unschädlich zu machen. Als unmittelbarer Vorwand für den Raid gegen Libyen diente Reagan und seinen Ratgebern ein Anschlag auf eine Ami-Disco in Berlin, von dem man auch Monate später nicht wusste, wer ihn wirklich verübt hat. Der Jubel der Amerikaner für diesen «Vergeltungsschlag» dauerte allerdings nicht lange. Die US-Bomber hatten nicht nur zahlreiche militärische Ziele verfehlt und stattdessen Wohnquartiere bombardiert, auch das Hauptziel — die Eliminierung des Scharfmachers Kathafi — wurde nicht erreicht. In Europa stiess die für den Weltfrieden brandgefährliche Aktion nur gerade bei der «Eisernen Lady» Margareth Thatcher auf Sympathien und Solidarität. Die übrigen Verbündeten der USA fanden es falsch, mit Terror gegen den Terror anzutreten, und fanden es unvernünftig zu glauben, ein bedrohliches Phänomen wie der Terrorismus sei mit der Eliminierung einer Person oder eines Regimes in den Griff zu bekommen. Und erst noch unglaubwürdig, denn der gleiche Präsident macht sich für die Contras stark, die mit ihren Anschlägen in Nicaragua die Zivilbevölkerung terrorisieren. Spätestens im August merkte auch die amerikanische Öffentlichkeit, dass in Washington etwas falsch lief. Die amerikanische Zeitung «Washington Post» enthüllte Dokumente, die bewiesen, dass die CIA im Auftrag der Regierung mit gezielten Falschinformationen an die Weltpresse und einem «Netz von Lügen» versuchte, Kathafi erneut als «Agressor» aufzubauen.

Mit Bombenterror gegen den Terrorismus

Grün verdunkelte Autolampen (oben links), begeisterte Milizsoldaten (oben rechts), Durchhaltegeste vor einem zerbombten Haus und ausgebrannte US-Bomben (unten): Zeugen des «12-Minuten-Krieges», der Kathafis Position in Libyen eher stärkte.

117

Corazon Aquino und ihr Mitstreiter Laurel Salvador in Siegespose vor dem Grabmonument des gestürzten philippinischen Diktators Ferdinand Marcos.

118 **Politik Ausland**

Das Herzchen, das den Popanz stürzte

Erst wurde ihr Mann erschossen, dann wurde sie um den Wahlsieg betrogen. Doch schliesslich triumphierte Cory (das «Herzchen») Aquino über den philippinischen Autokraten Marcos. Er musste fliehen, und einige seiner vielen Dollarmillionen wurden auf Schweizer Banken blockiert.

Während 20 Jahren haben Ferdinand Marcos und seine Frau Imelda die Philippinen ausgeplündert.

Getragen von der Sympathie des Volkes, mit Hilfe der reichen Oberschicht und der mächtigen katholischen Kirche hat es Corazon Aquino geschafft: Am 25. Februar packten der ehemalige Kriegsheld und spätere Despot Ferdinand Marcos und seine raffgierige Frau Imelda die Koffer und flohen. Mit Knüppeln und Kruzifixen bewaffnet, bejubelten Millionen Philippinos die Nachricht von der Flucht des Diktators. Das Ende hatte sich abgezeichnet, als Teile der Armee gegen den wieder zum Präsidenten ausgerufenen Potentaten rebellierten. Ein Grossteil der Oberschicht beeilte sich, den Zug zu wechseln. Dass es mit wenig, ja fast ohne Blutvergiessen abging, hat viel damit zu tun, dass die Mächtigen auf den Philippinen von der beliebten «Cory» kaum etwas zu befürchten hatten. Die Mitbesitzerin einer der grössten Zuckerplantagen der Welt stammt aus einem der reichsten Familienclans der Philippinen. Das war sozusagen die Garantie dafür, dass aus dem Sturz des Diktators nicht eine marxistische Revolution wurde. Andererseits aber auch die Garantie dafür, dass die tausend Probleme des Inselreiches noch lange einer Lösung harren werden. Eine Revolte des von Marcos seinerzeit zum Vizepräsidenten bestimmten Tolentino scheiterte im Juli. Aber es dürfte wohl kaum der einzige Versuch bleiben, dem «Herzchen» Aquino die Macht wieder zu entreissen.

Politik Ausland

Zwei Milliarden Dollars zusammengerafft

Während Imelda ihre Luxusgüter, wie zum Beispiel 6000 Paar Schuhe und ein protziges Schlafzimmer, zurücklassen musste, nahmen die beiden 8 Millionen Dollars «Taschengeld» in bar mit und hoffen, Hand an zwei Milliarden Dollars legen zu können, die sie im Ausland gehortet haben.

Den Kopf und die Millionen gerettet

Den Amerikanern verdankt Baby Doc, Haitis blutrünstiger Tyrann, nicht nur seinen Kopf, sondern auch Millionen Dollars, die er ins Ausland schaffen konnte. Die USA «empfahlen» ihm das Exil und verhinderten dadurch einen revolutionären Umsturz.

Jean Claude Duvalier (Baby Doc) und seine Frau Michèle wenige Tage vor der Flucht aus Haiti.

Beschützt von der Armee, beraten von seiner Mutter (links), hielt Baby Doc sein Terrorregime aufrecht.

122 **Politik Ausland**

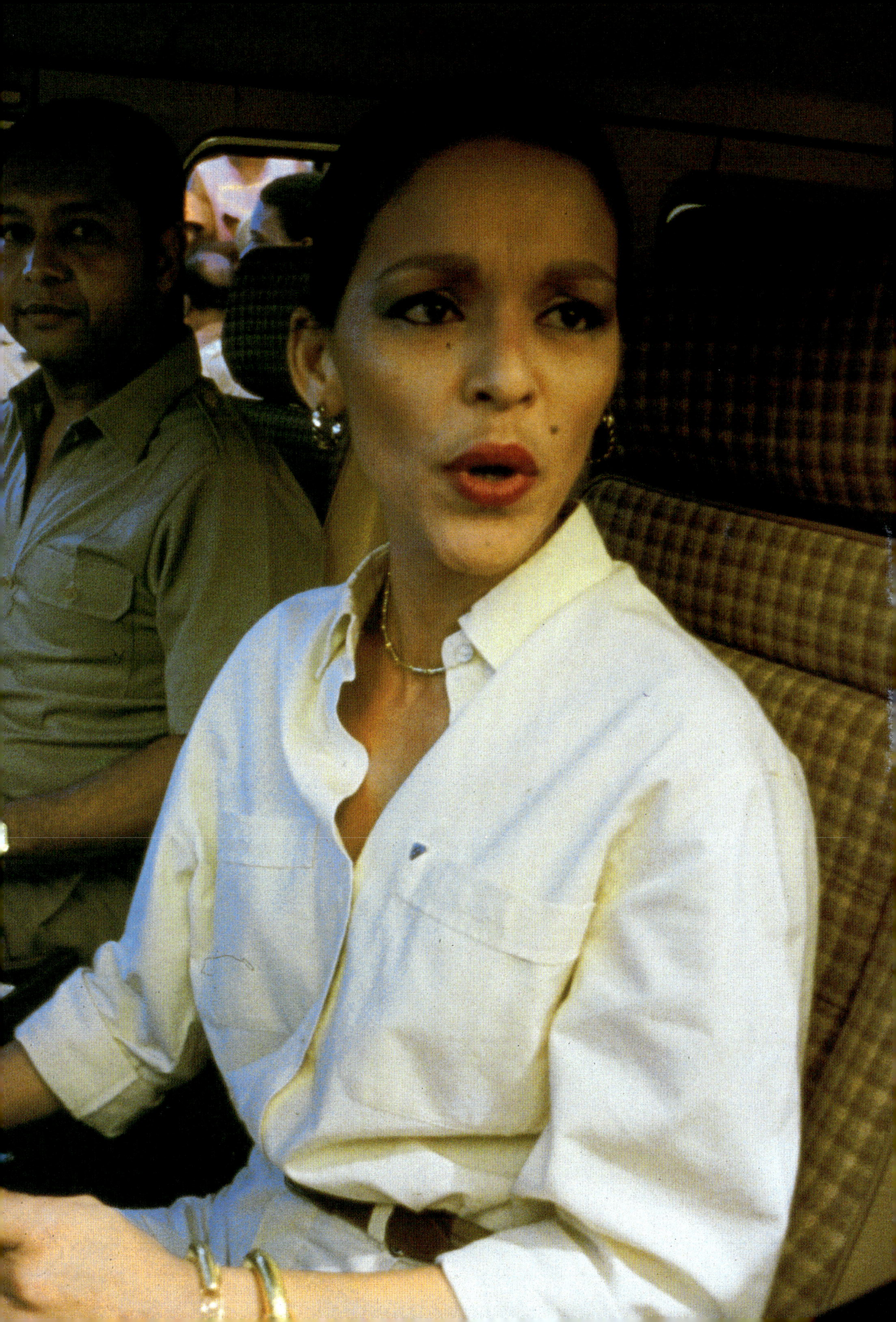

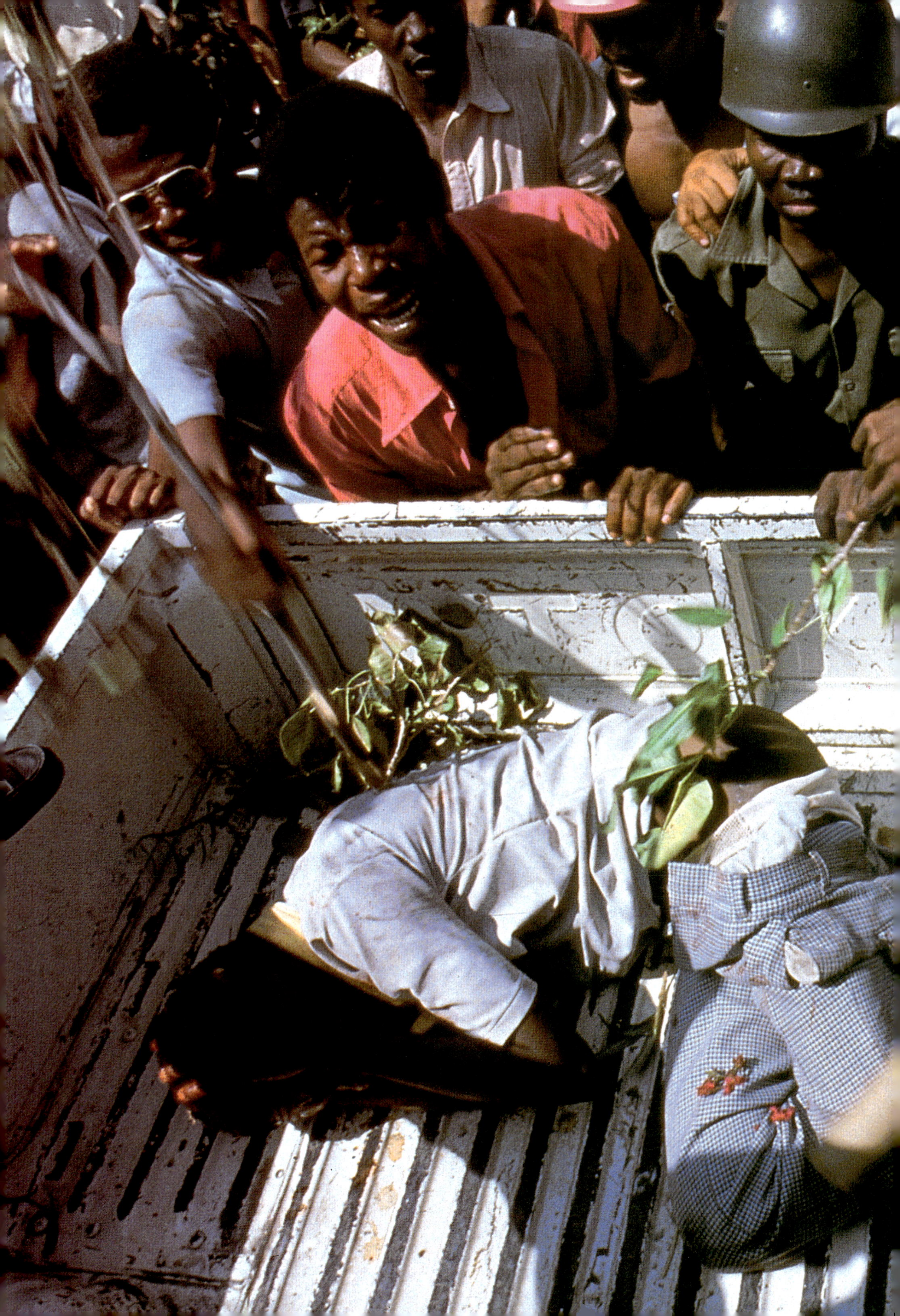

Prügel für die Folterer

Aufgebrachtes Volk verprügelt nach der Flucht des Diktators ein Mitglied der «Tonton Macoute», Duvaliers Foltertruppe.

Zum ersten Mal konnte das Volk offen sagen, was es von Diktator Baby Doc gehalten hat: «Jean Claude — dickes Schwein».

Der Anfang vom Ende des blutigen Duvalier-Regimes auf Haiti begann mit einer peinlichen Panne. Am 30. Januar erklärte US-Regierungssprecher Larry Speaks, Haitis Diktator Jean-Claude Duvalier sei gestürzt worden und ins Exil geflüchtet. Aus der Hauptstadt Port-au-Prince liess kurz darauf Baby Doc verlauten, er sei keineswegs gestürzt und seine Macht sei nach wie vor «fest wie ein Affenschwanz». Eine gute Woche später aber machte der Affenschwanz schlapp. Baby Doc und sein Gefolge wurde mit einem amerikanischen Militärflugzeug nach Frankreich verfrachtet. Auf Haiti übernahmen Militärs die Geschäfte; das Terrorregime der Duvaliers, begonnen von Jean Claudes Vater «Papa Doc» und weitergeführt von seinem kokainschnupfenden Sohn, nahm ein Ende. Wie sich herausstellte, hatte der Diktator durch Liegenschaftsbesitz und satte Bankkonten im Ausland seinen Abgang wirtschaftlich bestens vorbereitet. Das ärmste Land der Welt blieb in seinem Elend zurück. Vorübergehend kam es auf dem Inselstaat zu Aufruhr. Einigen «Tonton Macoute», wie Duvaliers Folterknechte genannt wurden, ging es dabei an den Kragen. Die neue Regierung verpflichtete sich, reguläre Neuwahlen durchzuführen. Die im Ausland lebende haitianische Opposition verspricht sich allerdings wenig davon, denn an die Macht kamen weitgehend Leute, die schon unter Baby Doc mitregierten.

Politik Ausland

Sterben für Nicaragua

In diesem Sarg liegt die Leiche des Waadtländers Ivan Leyvraz. Er war Entwicklungshelfer in Nicaragua und fiel zusammen mit vier Kameraden einem Terrorangriff der Contra-Rebellen zum Opfer.

Ein Agent namens Hasenfus

Sandinistische Soldaten nehmen CIA-Agenten Eugene Hasenfus gefangen, der Waffen für die Contra-Rebellen nach Nicaragua geflogen hatte.

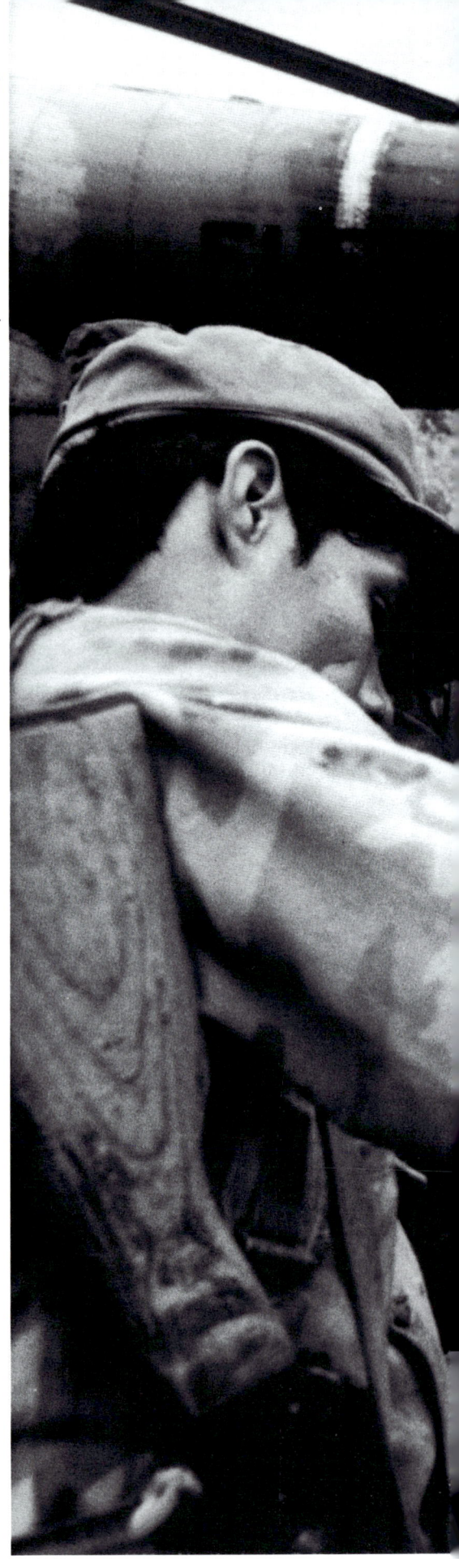

Sieben Jahre ist es her, seit Nicaragua in einem Volksaufstand die blutige Diktatur der Familie Somoza beseitigte. Sieben Jahre, in denen das Land versuchte, aus eigener Kraft dem Teufelskreis von Armut und Ignoranz zu entrinnen und eine bessere Zukunft aufzubauen. Doch was es heisst, eine «Bananenrepublik» zu sein und im «Hinterhof der USA» sein eigenes Schicksal in die Hand zu nehmen, kriegt die kleine Nation von 3,5 Millionen Einwohnern täglich auf schmerzliche Art zu spüren. Die Weltmacht USA fühlt sich nach Angaben ihres Präsidenten von der linksgerichteten sandinistischen Regierung der Minirepublik «bedroht». Deshalb unterstützen die USA die Contra-Rebellen mit Millionen-Krediten, aus illegalen Waffengeschäften mit dem Iran, wie sich herausstellte. Die Contras greifen sandinistische Truppen, aber auch ganze Dörfer und deren Zivilbevölkerung an. Opfer sind auch Entwicklungshelfer. So wurde im Februar der Schweizer Maurice Demierre, Ende Juli der Waadtländer Ivan Leyvraz bei Überfällen der Contras ermordet. Dass der US-Geheimdienst CIA trotz offiziellen Dementis und einem Verbot des amerikanischen Kongresses den Contras die Waffen liefert, erfuhr die Öffentlichkeit, als im Oktober ein Waffentransportflugzeug abgeschossen wurde. Der einzige Überlebende, der Amerikaner Eugene Hasenfus, erklärte öffentlich, für die CIA unterwegs zu sein.

Das blieb nach einem Contra-Überfall von der kleinen Atlantikinsel Rama Cay zurück.

Politik Ausland

129

Für Allah und Khomeini

Am 22. September 1986 ist der Golfkrieg zwischen Iran und Irak ins siebente Jahr getreten. Rund 400 000 Tote sind zu beklagen, und ein Ende des Konfliktes ist nicht abzusehen. Nachdem es dem Irak gelang, eine Grossoffensive der Iraner abzuwehren, rüstet der Ayatollah erneut zur grossen «Endschlacht» gegen den «gottlosen» Irak. Waffendealer aus Ost und West machen dabei das grosse Geschäft, und im Iran werden inzwischen auch Frauenbrigaden für den Fronteinsatz gedrillt. Unter dem Schah hatte Khomeini noch den Militärdienst für Frauen als «Schande und Gotteslästerung» angeprangert. Jetzt aber werden die angehenden «Märtyrerinnen» mit Waffen ausgerüstet. Wie die Minderjährigen, die der Ayatollah in den Krieg schickt, erhalten auch sie ein «Zertifikat für den Eintritt ins Paradies» — für den sehr wahrscheinlichen Fall, dass sie ihr Leben lassen müssen.

Politik Ausland

Jetzt ziehen für Allah und Khomeini auch Frauen an die Front. In Täbris üben Iranerinnen im Tschador das Pistolenschiessen auf «gottlose» Pappkameraden.

Der Anfang vom Ende

Konfliktherd Südafrika 1986: Der Anfang vom Ende des Rassistenregimes dauert an. Trotz bürgerkriegsähnlichen Zuständen sitzen die «hässlichen Weissen» fest im Sattel. Mit Massenverhaftungen und einem Maulkorb für die Medien halten sie sich an der Macht.

Strassenschlachten prägten trotz Verboten den 10. Jahrestag des Aufstandes von Soweto.

Angriffe auf die Nachbarstaaten Botswana, Sambia und Simbabwe, Massenverhaftungen von Tausenden von Menschen, neue Sicherheitsgesetze, permanenter Ausnahmezustand, Berichterstattungsverbot für Zeitungen, Radio und Fernsehen — die Hiobsbotschaften aus dem weissen Herrenstaat Südafrika, wo über 20 Millionen Farbige und Schwarze als Bürger zweiter und dritter Klasse behandelt werden, rissen auch 1986 nicht ab. Aber trotz weltweiter Ächtung des Rassistenregimes, trotz wirtschaftlicher Boykottmassnahmen zahlreicher westlicher Industrienationen und trotz riesiger Überschuldung des Staates, sass und sitzt das unmenschliche Apartheid-Regime nach wie vor fest im Sattel. Die angekündigten «Reformen» erwiesen sich als rethorische Kosmetik für die Weltpresse, und der allenthalben prophezeite Umsturz liess sich nicht herbeireden. Ob schliesslich die in den USA von Kongress und Senat — gegen ein Veto von Präsident Reagan — beschlossenen Wirtschaftssanktionen eine Wende bringen, ist mehr als zweifelhaft. Die Mehrheit der Weissen und ihre Regierung sind nach wie vor entschlossen, die Macht nicht aus der Hand zu geben.

Öffentliche Trauerfeiern sind für Schwarze verboten. Das Regime befürchtet Aufruhr.

Drei Millionen Weisse leben auf Kosten der geknechteten Schwarzen ein Herrenleben.

Schwarze Wut und Ohnmacht

Bei Aufständen und Proteste der Schwarzen wird von der Polizei gezielt in die Menge geschossen. Ausnahmegesetze machen es möglich.

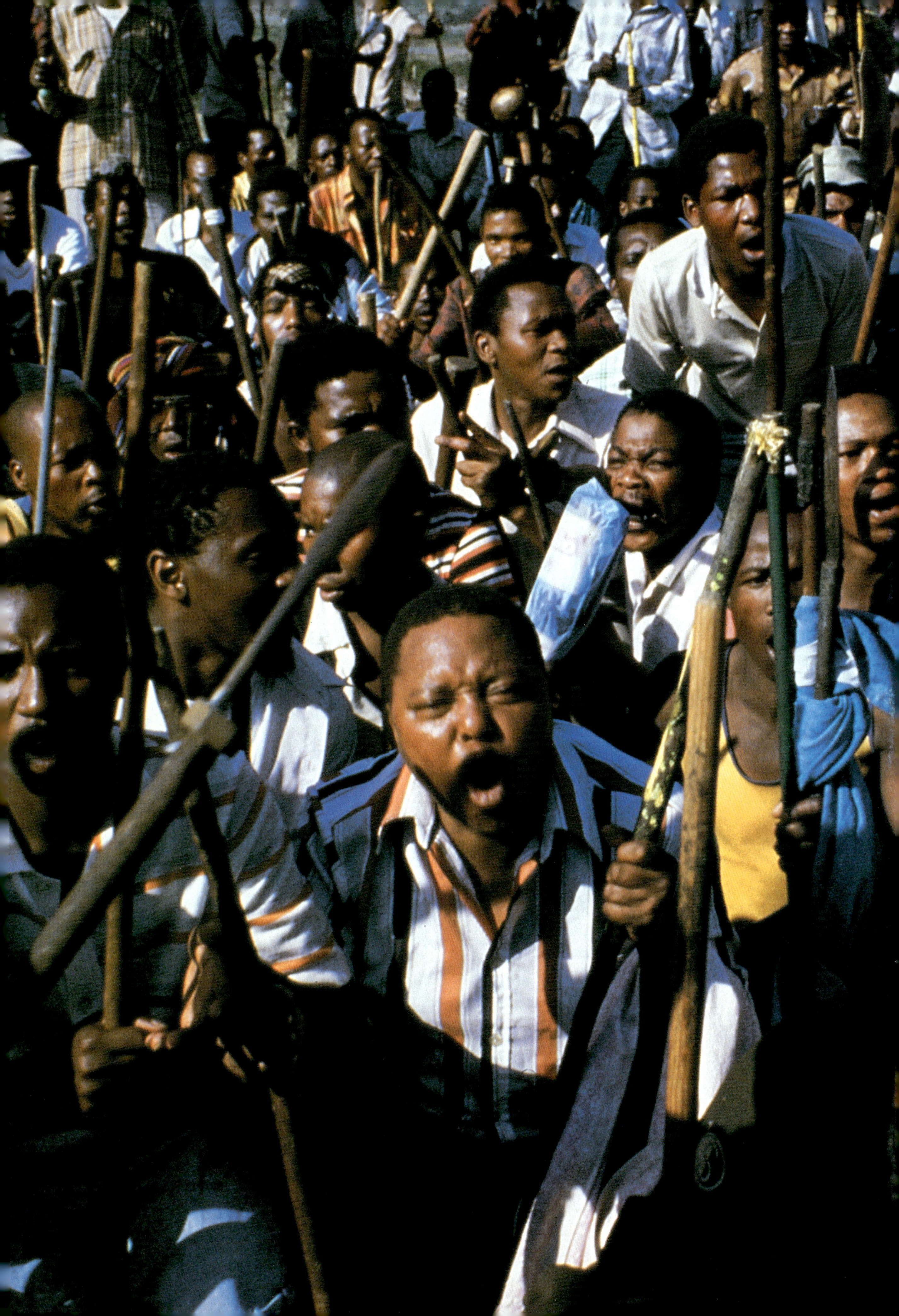

Wo immer das Volk demonstriert, fahren Pinochets Schergen mit dem Knüppel drein.

Razzia in einem Armenviertel von Santiago. Viele verschwinden — für immer.

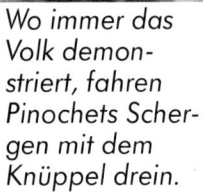

General Augusto Pinochet zeigt nach dem Attentat seinen verletzten Arm.

Politik Ausland

Staatsterror in Chile

13 Jahre nach der Ermordung des demokratisch gewählten chilenischen Präsidenten Salvador Allende, hätte es dem Diktator Augusto Pinochet (links) an den Kragen gehen sollen. Auf der Rückkehr von seinem Landsitz nach Santiago griff ein Kommando der «Patriotischen Front Manuel Rodriguez» den Konvoi an. Sechs Angehörige der Eskorte kamen dabei ums Leben, doch der Diktator selbst entging in seinem gepanzerten Wagen dem Anschlag mit einer leichten Armverletzung. Noch am gleichen Tag verhängte die Militärjunta den Belagerungszustand und verhaftete oppositionelle Politiker, Journalisten und Gewerkschafter in grosser Zahl. Mit zwei Schüssen in den Nacken wurde José Carrasco Tapia, Redaktor der Zeitschrift «Analisis», erschossen, weitere Intellektuelle verschwanden spurlos. Mit einem neuen «Antiterrorgesetz» wurde der Staatsterror der Militärs institutionalisiert.

*Reagan und Gorbatschow in Reykjavik:
Gelächelt wurde auch am «Vor-Gipfel»,
aber das Resultat war eine Pleite.*

Politik Ausland

Die Gipfel-Pleite

Noch nie sei man sich in Fragen der atomaren Abrüstung so nahe gekommen wie am «Vor-Gipfel» in Reykjavik, versicherten beide Seiten. Noch selten zuvor aber wurden auch die Erwartungen so sehr enttäuscht. Aus der Desinformationskampagne, die dem Reagan-Gorbatschow-Treffen folgte, liess sich immerhin eines herausdividieren: Fast hätten sich die USA und die Sowjetunion geeinigt, bis 1996 ihre gesamten Atomarsenale zu liquidieren. Es stellte sich dann heraus, dass Reagan in seinen Konzessionen viel weiter gegangen war, als ihm seine Militärberater aufgetragen hatten. Weshalb es wohl gelegen kam, dass die Sowjetunion an die Reduzierung der Mittelstrecken-Raketen die Bedingung knüpfte, dass die USA auf Reagans Weltraum-Abwehrsystem SDI verzichten. Zurück blieb weltweit das mulmige Gefühl, nicht einem Abrüstungs-Gipfel, sondern einer doppelbödigen Propagandashow aufgesessen zu sein.

Gorbatschow traf per Schiff ein.

Die «Gipfel-Villa» von Reykjavik.

Werbung und viel Optimismus am isländischen Vor-Gipfel.

Die Blutspur aus dem Nahen Osten

Zwei Wochen lang wurde aus Paris, der vielbesungenen Lichterstadt an der Seine, ein blutiges Inferno. Fünf Bombenanschläge im Herzen der Stadt foderten acht Menschenleben und über 200 Verletzte. Als der französische Premier Jacques Chirac mit einem umfangreichen Abwehrdispositiv inklusive Visumszwang und Einsatz der Armee gegen die Terrorwelle mobilisierte, folgte die Antwort unverzüglich: Anschlag auf das Polizei-Hauptquartier, ein Toter und 51 Verletzte. Zwei Tage später in der Rue de Rennes auf Montparnass eine weitere Bombe: fünf Tote und 17 Schwerverletzte. Die Spuren führten regelmässig zur gleichen «Adresse», nämlich zum «Unterstützungskomitee für die arabischen politischen Gefangenen», beziehungsweise zu der von Syrien unterstützten «Libanesischen Revolutionären Armee Fraktion» von Georges Habash. Chef der FARL ist Georges Ibrahim Abdallah, Oberhaupt eines Familienclans aus dem maronitischen Dorf Koubayat im Nordosten Libanons. Er wurde in Frankreich zu vier Jahren Gefängnis verurteilt, und seither — so die französische Regierung — versuchen Mitglieder des Familienclans, ihn freizubomben.

Rue de Rennes in Montparnasse nach dem Bombenanschlag vom 17. September.

Massaker im Herzen von Paris. Bilanz: Fünf Todesopfer und 17 Schwerverletzte.

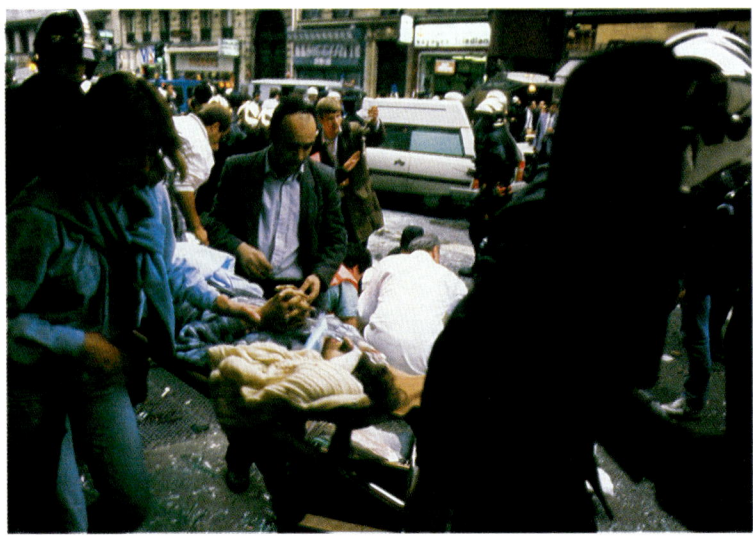

140 **Politik Ausland**

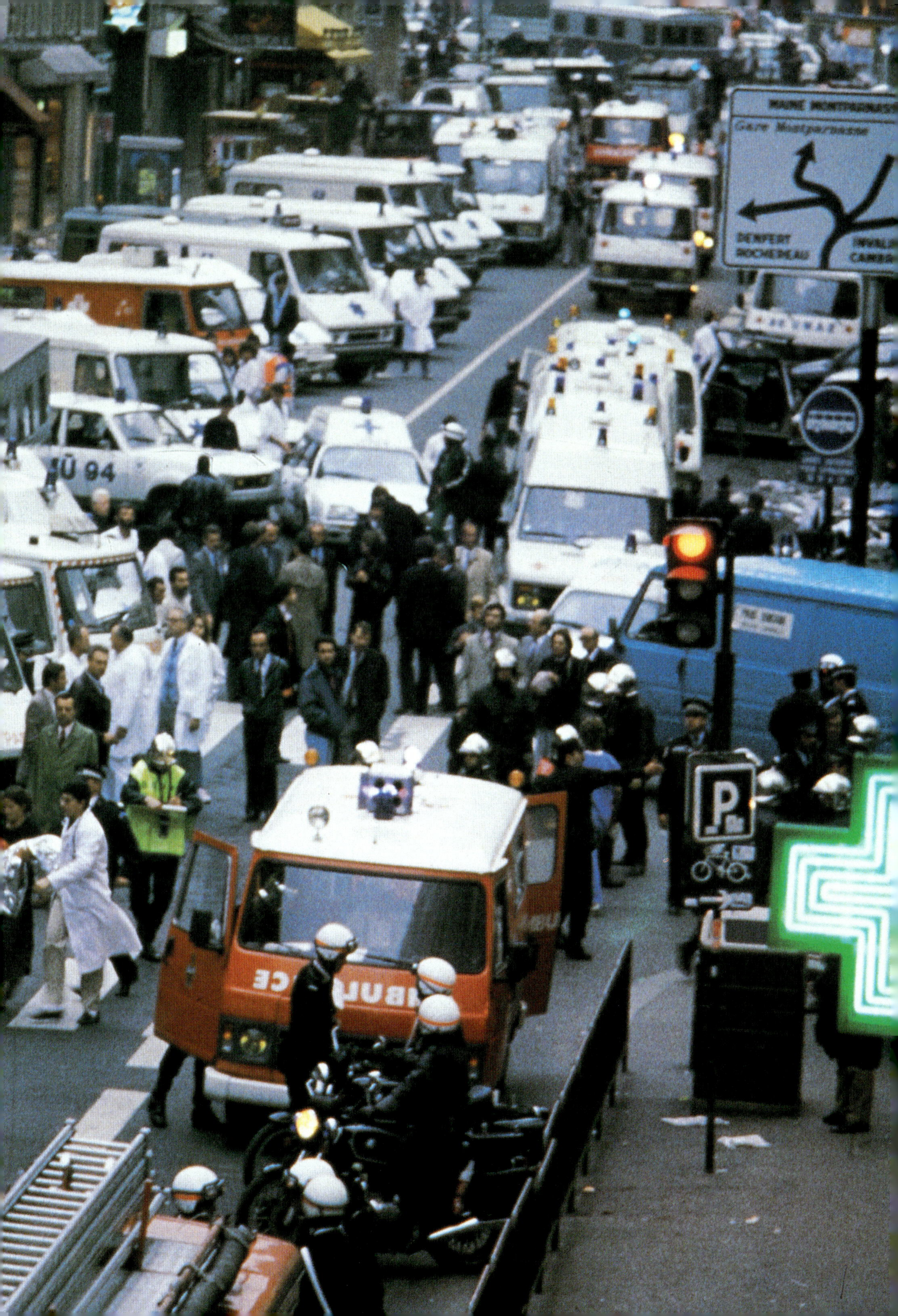
Gare Montparnasse
DENFERT
ROCHEREAU
P

Wenn der Linke mit dem Rechten...

Öffentlich geben sich Staatspräsident Mitterrand (l.) und Premier Chirac keine Blössen. Hinter den Kulissen aber wird hart gefochten um die Vorherrschaft.

Für Solidarität und Chancengleichheit gingen Hunderttausende von Studentinnen und Studenten auf die Strasse. Der Premier musste die Reform abblasen.

Bei öffentlichen Anlässen geben sich beide höflich und respektvoll und beteuern, sie hätten nur das Wohl und den Ruhm Frankreichs im Sinn. Hinter den Kulissen aber sind sich Staatspräsident François Mitterrand und Premier Jacques Chirac alles andere als grün. Die «cohabitation», das durch den Wahlsieg der Rechten notwendig gewordene Zusammenleben zwischen dem linken Präsidenten und dem rechten Premier, steuert seither unablässig in Richtung Kampfscheidung. Die «seltsamen Bettgenossen» liessen keine Gelegenheit aus, ihren jeweiligen Herr-im-Hause-Standpunkt zu proklamieren. Aus dem anfänglichen Waffenstillstand wurde schnell einmal ein kalter Krieg, der im Dezember mit dem Studentenprotest gegen die Hochschulreform in die heisse Phase trat. Nachdem Polizisten den 22jährigen Studenten Malik Oussekine zu Tode geprügelt hatten, musste Chirac die ganze Reform abblasen. Im Gegensatz zur Studentenrevolte von 1968 wurde die Schlacht aber 1986 nicht mit ideologischer Munition, sondern mit pragmatischen Forderungen geschlagen. Es ging vorwiegend darum, im Hochschulwesen geplante elitäre Selektionsprinzipien zu verhindern.

Wahlsieger Jacques Chirac, der Bürgermeister von Paris, in Siegerpose. Seine Regierung hat die Mehrheit im Parlament, muss aber die Rechnung mit dem linken Staatspräsidenten machen.

Politik Ausland

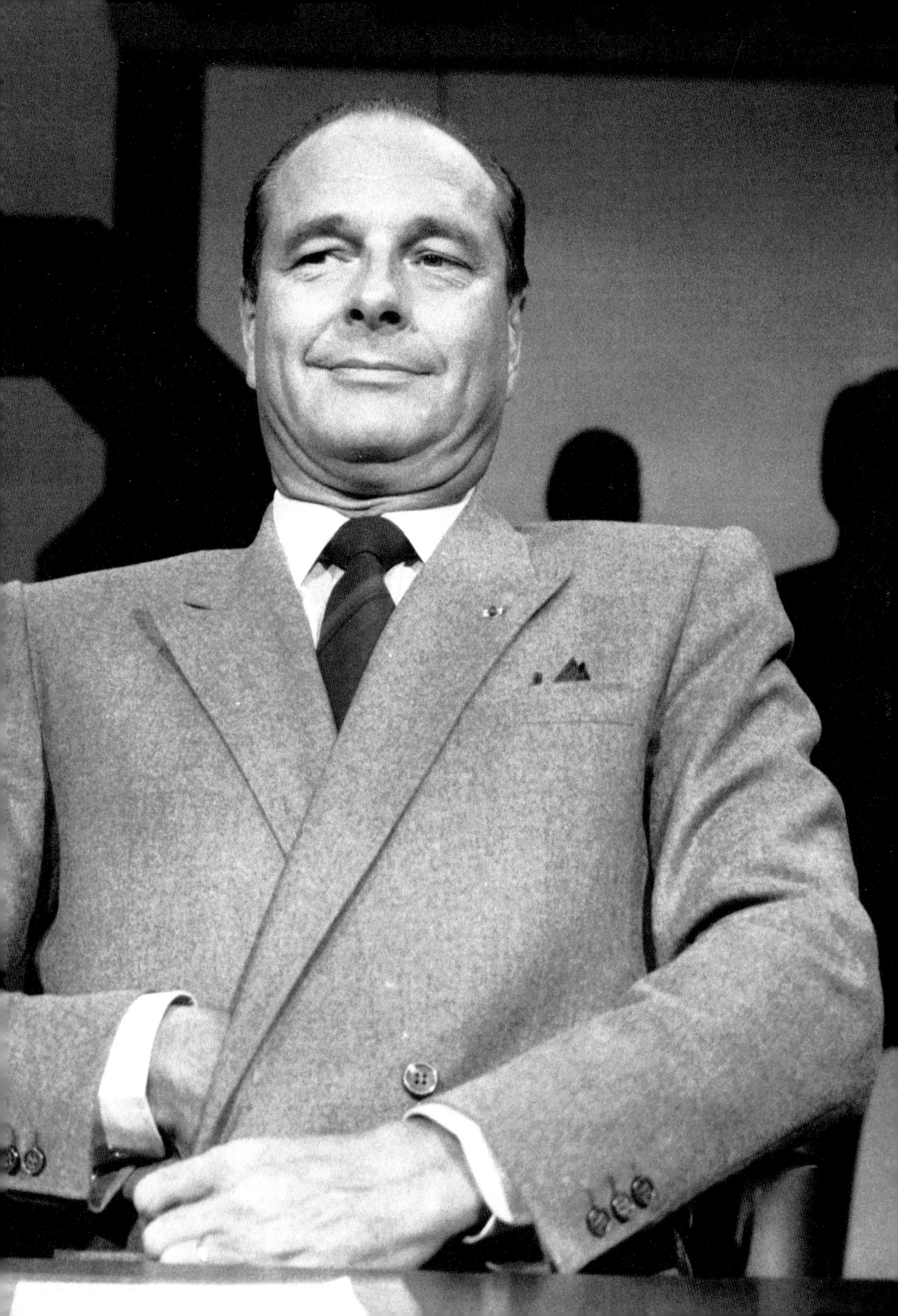

Waffen für Khomeini

So hässlich wie am Ende des Jahres 1986 hat der seit Franklin Roosevelt in den USA populärste amerikanische Präsident, Ronald Reagan, noch nie ausgesehen. Der grosse Moralist, Strahlemann und Kämpfer gegen den Terrorismus stand plötzlich mit abgesägten Hosen in der politischen Landschaft. Erst tropfenweise und dann immer heftiger und schliesslich hageldick kam der grösste politische Skandal seiner bisher sechsjährigen Amtszeit ans Tageslicht. Um dem kriegslüsternen Ayatollah Khomeini Geiseln abzukaufen, lieferten seine Getreuen Waffen in den Iran. Den Erlös verwendeten Reagans Sicherheitsberater, um — gegen das Verbot des US-Kongresses — die Aktivitäten antisandinistischer Contras in Honduras und Nicaragua zu unterstützen. Mit den gleichen Mitteln wurden auch Wahlkampagnen von Contra-freundlichen Abgeordneten und Kandidaten finanziert. Die Gelder, und angeblich auch ein Teil der Waffen, wurden via Schweiz verschoben. Und wie bei Nixons «Watergate»-Skandal, wollte der Präsident erst gar nichts gewusst haben. Punkt für Punkt aber zerrten die Medien den Skandal in seinem ganzen Ausmass ans Tageslicht — ein politisches Dreckgeschäft, wie es die Amerikaner zwar vielen andern Politikern der Welt zutrauten, nicht aber ihrem kalifornischen «Superstar». Bei Umfragen stürzte Regans Beliebtheit tief in den Keller, und wie immer das endgültige Urteil in der Affäre aussehen wird — als Moralprediger für den Rest der Welt hat er ausgedient.

Todesstoss für Moçambique

Vielleicht werden wir nie erfahren, ob Moçambiques Staatspräsident Samora Machel am 19. Oktober bei einem «normalen» Flugzeugunglück starb, ob der Kurzstreckenjet kurz vor der Landung in Maputo auf südafrikanischem Gebiet abgeschossen wurde oder ob im Flugzeuginnern eine Bombe explodierte. Tatsache ist, dass Machels Tod die Krise im Süden Afrikas weiterhin verstärkt hat und Moçambique buchstäblich zu verhungern und zu verbluten droht. Zusammen mit Samora Machel ist sein engster Beraterstab ums Leben gekommen, jene wenigen Leute, die als einzige noch in der Lage waren, das ausgehungerte Land über Wasser zu halten. Bauernsohn Samora Machel war ein Weggefährte von Eduardo Mondlane, dem Gründer der «Frelimo» (Front zur Befreiung Moçambiques), die von Tansania aus für die Befreiung der portugiesischen Kolonie kämpfte. Als Machel nach dem Zusammenbruch der portugiesischen Kolonialherrschaft zum Staatschef wurde, «erbte» er ein Land, das sich in einem pitoyablen Zustand befand. Nach wie vor musste Moçambique Jahr für Jahr Zehntausende von kräftigen jungen Männern nach Südafrika in die Goldminen schicken, um mit den so erwirtschafteten Devisen überhaupt überleben zu können. Südafrika seinerseits stützte und stützt mit Waffen und Geld die MNR, eine Rebellenbewegung, die mit Terroranschlägen versucht, die Macht zu übernehmen.

Atommacht Israel

Was einige wussten und viele vermuteten, ist seit 1986 Gewissheit: Israel ist eine Atommacht und verfügt über ein Arsenal von mindestens 100 Atomsprengköpfen, mit denen sich im Nahen Osten weite Gebiete in Schutt und Asche bomben liessen. Seit 20 Jahren schon produziere das Land in Dimona in der Neegev-Wüste Kernwaffen und sei auch in der Lage, Wasserstoffbomben herzustellen. Die Beweise mit Lageplänen, Dokumenten und Fotografien lieferte der ehemalige Dimona-Atomtechniker Mordechai Vanunu der britischen Zeitung «Sunday Times». Kurz nach diesen Enthüllungen war Vanunu spurlos verschwunden, bis Israel mit der lakonischen Erklärung herausrückte, Vanunu befinde sich in Israel in Haft. Dies bestätigte, was alle vermutet hatten: Mordechai Vanunu war aus England entführt und nach Israel zurückgebracht worden. Die Spekulationen um den Atomtechniker erhielten dadurch neuen Auftrieb. War die ganze Enthüllungsaffäre ein geplanter Coup des Geheimdienstes, um die arabischen Staaten einzuschüchtern und dem israelischen Volk neues Vertrauen in die Regierung einzuimpfen? Die Antwort kam wenig später: Gegen Mordechai Vanunu wurde ein Hochverratsprozess in die Wege geleitet.

Technik

Ein Schweizer und ein Deutscher erhielten zusammen den Nobelpreis für Physik, die zweite WM der Solarmobile wurde ein strahlender Erfolg, eine steinerne Schweizer Uhr eroberte die Märkte. Den guten Nachrichten standen die Hiobsbotschaften gegenüber. Die Katastrophe beim Challenger-Start steht für die Tatsache, dass hochentwickelte Technik auch gewaltige Gefahren birgt.

BUCH
DES JAHRES
1986

SCHWEIZER
ILLUSTRIERTE

146 **Technik**

Der explodierte Traum

Ein Traum sollte wahr werden: Mit der Lehrerin Christa McAuliff startete am 28. Januar die erste Zivilperson zusammen mit sechs Astronauten ins All. Jubel beim Start, und Sekunden später der Schock. Die Zusatzraketen driften ab, die Raumfähre explodiert und aus dem Traum wurde ein Trauma, die schwerste Katastrophe in der bemannten Raumschiffahrt.

73 Sekunden nach dem Start (oben): Die Zusatzraketen zischen davon (links), die Fähre explodiert.

Munter und zuversichtlich stellten sich die zwei Frauen und fünf Männer vor dem tödlichen Höhenflug der Presse.

Der Start ins Verderben

73 Sekunden nach dem Start, 16 Kilometer über Cape Canaveral, bei einer Geschwindigkeit von 3180 km/h, fing die Fähre Feuer und explodierte.

Zweimal war der Start bereits verschoben worden, doch beim dritten Mal — Dienstag, der 28. Januar war's — schien es zu klappen. Mit zweistündiger Verspätung, um Punkt 11.38 Ortszeit, hob sich die Raumfähre Challenger in den tiefblauen Himmel von Florida. Sekunden später kippte der Jubel der Zuschauer in Entsetzen um. Mit einem gigantischen Feuerblitz explodierte die Fähre, und die Zusatzraketen machten sich selbständig. Für die sechs Astronauten, fünf Männer und eine Frau, sowie für die erste Zivilperson im All, die 37jährige Lehrerin Christa McAuliff, bestand keine Hoffnung mehr. Unter den Zuschauern befanden sich auch ihre Eltern und ihre jüngere Schwester sowie die Schulklasse der Lehrerin aus Concord in New Hampshire. Der stolze Challenger (der Herausforderer) wurde zum Sarg, und Amerikas Öffentlichkeit reagierte erst mit Trauer und dann mit Betroffenheit und Ernüchterung. Präsident Ronald Reagan allerdings markierte den Durchhalte-Führer: «Nichts sollte Amerika daran hindern, den eingeschlagenen Weg fortzusetzen.» Er änderte seine Meinung auch nicht, als die Rogers-Kommission Schlamperei, Leichtsinn und Kompetenzstreitigkeiten für die Katastrophe verantwortlich machte. Zu verschiedenen Malen hatten Techniker der Nasa ihre Vorgesetzten gewarnt: An den Verbindungsstellen von Segmenten der Feststoffraketen würden Dichtungsringe verwendet, die möglicherweise der Belastung nicht standhielten. Die Warnungen wurden in den Wind geschlagen oder verschwanden in den Schubladen. Dass zahlreiche Shuttle-Flüge zuvor ohne nennenswerte Probleme glückten, erscheint auf Grund der Mängelliste im Nachhinein geradezu als Wunder. Trotzdem applaudierte das Volk seinem Präsidenten, als er bekannt gab, der Challenger werde bis 1991 ersetzt, und auch das 8-Milliarden-Dollar Projekt für eine

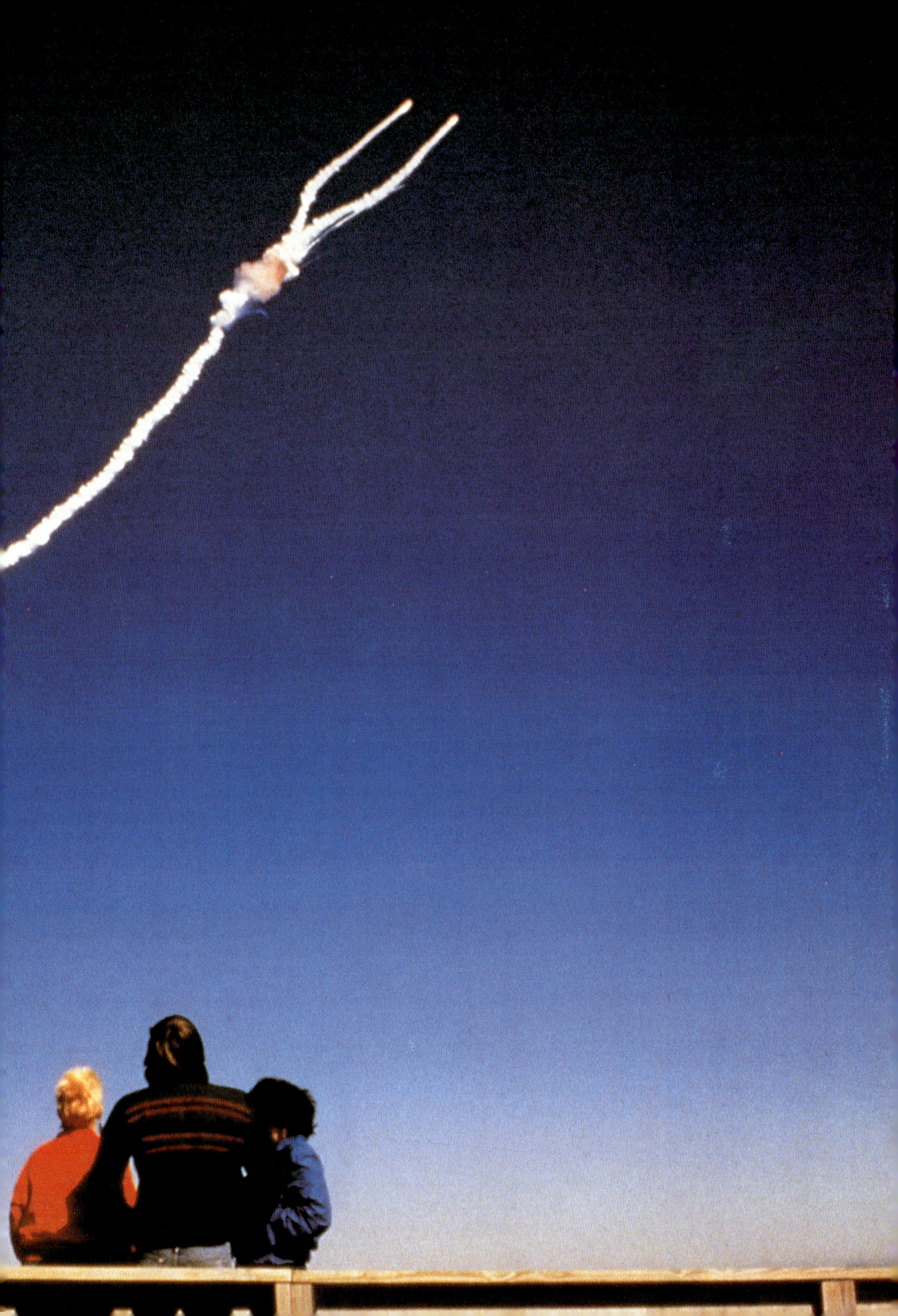

Geschockt sehen Eltern und Schwester McAuliff, wie die Raumfähre am Himmelszelt explodiert.

Raumstation bis 1994 werde durchgezogen. Für die Bergung der Wrackteile aus dem Meer wurde eine der grössten Bergungsaktionen aller Zeiten organisiert. Während sieben Monaten suchten Tausende von Bergungsleuten mit 31 Schiffen, 52 Flugzeugen und vier U-Booten insgesamt über 1000 Quadratkilometer Meeresboden ab und bargen rund 110 000 Kilo Überreste der Raumfähre und der Raketen. Die Untersuchung ergab unter anderem, dass die Kabine der Raumfähre mit den sieben Astronauten nicht bei der Explosion, sondern erst beim Aufprall auf das Meer zerstört wurde. Trotzdem nimmt man an, dass die Astronauten kaum realisiert haben, was vorging. Die Auswertung des Flugrecorders ergab, dass die interne Kommunikation im Raumschiff bis zur Explosion regulär und ohne Zwischenfälle verlief. Die letzten Worte des Piloten auf dem Flugrecorder: «Oh, oh...»

150 **Technik**

Entsetzen, Trauer und Trotz

Ronald Reagan kondoliert bei der Trauerfeier in Houston den Angehörigen der toten Astronauten. Trotz allem aber will er das amerikanische Raumfahrtprogramm weiter verfolgen und auch den Challenger bis 1991 ersetzen.

Ein Schweizer in der Stratosphäre

350 000 Kubikmeter Helium muss dieser Polyäthylen-Ballon tanken, bevor er die 500 Kilo schwere «navette suisse» mit Messinstrumenten in die Stratosphäre auf 40 Kilometer Höhe transportiert. Schweizer Ballontechnik dient Forschungsprojekten in ganz Europa

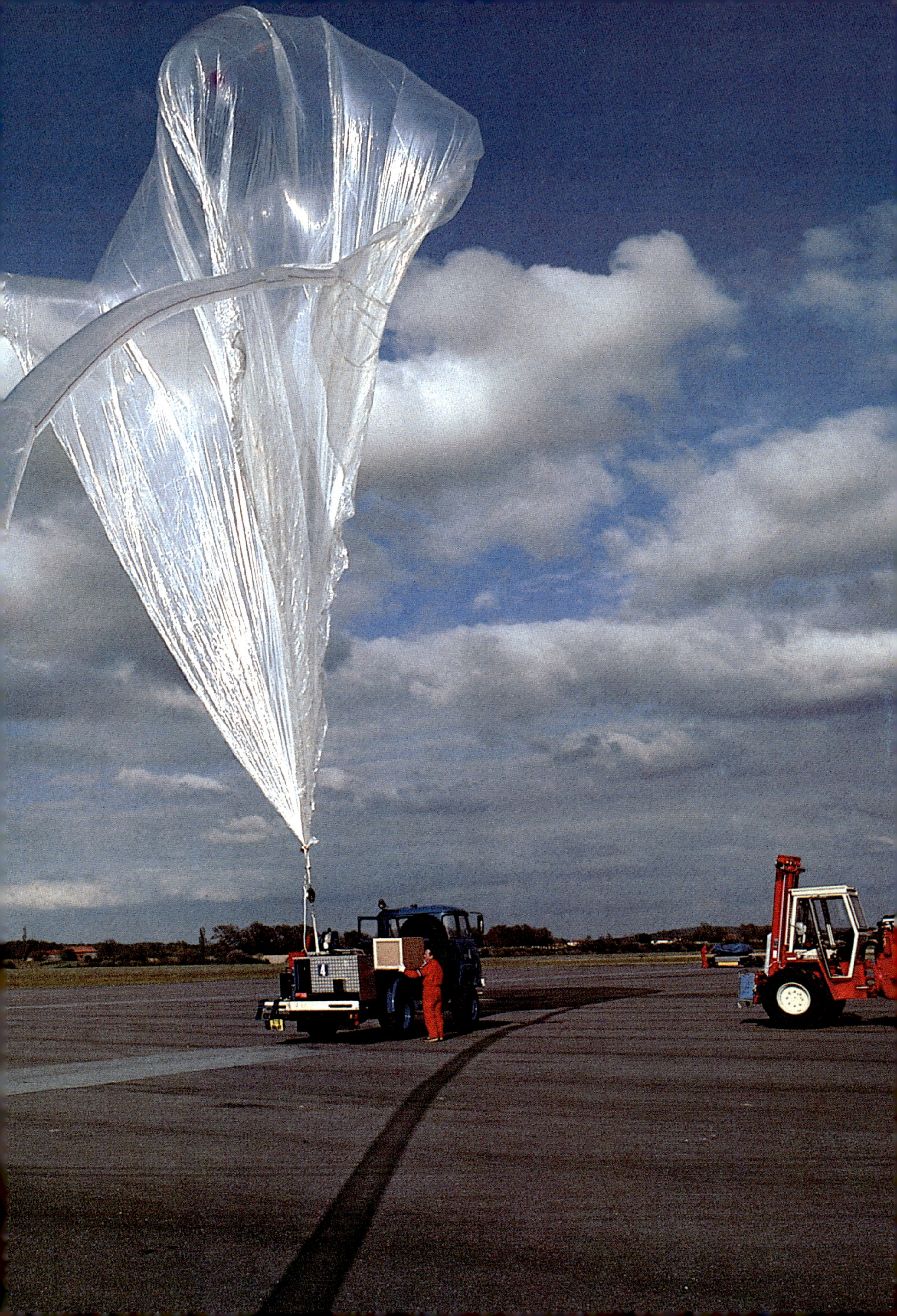

Ein technischer Gigant

100 Meter hoch und 100 Meter im Durchmesser: Das sind die Ausmasse des Heliumballons, den die Schweizer Ballonspezialisten mit der «navette suisse» in die Stratosphäre entsenden.

Ausgebreitet nimmt der Ballon eine Fläche von 2,5 Hektaren ein. Die Füllung kostet 70 000 Franken.

Immer mehr europäische Forschergruppen wenden sich an die Schweiz, wenn es darum geht, empfindliche Messinstrumente in die Stratosphäre zu entsenden. Unter der Leitung von Professor Daniel Huguenin vom Observatorium Genf wurde eine «Dienstleistung» aufgebaut, die in Europa ihresgleichen sucht. Auf dem Flugplatz von Aire-sur-Adour bei Biarritz starten die Schweizer mit einem gigantischen Stratosphärenballon einen rund 500 Kilo schweren Behälter, vollgepackt mit empfindlichen Instrumenten. Der Ballon wird mit Helium «geladen», in die Stratosophäre entlassen und von einer Kommandozentrale aus gesteuert. Die Messungen beginnen in der Regel erst auf dem «Rückflug», wenn der Ballon in 40 Kilometer Höhe abgesprengt wird und die «navette» per Fallschirm langsam auf die Erde zurückschwebt. Inzwischen bedienen sich französische, deutsche, schweizerische und auch amerikanische Forscher dieser exklusiven Dienstleistung.

350 000 Kubikmeter Helium müssen angeschleppt werden, um den Stratosphärenballon zu füllen.

156 **Technik**

Scharf schiessen am Polarkreis

Was die Schweizer Kampfflieger in der Heimat nicht dürfen, durften sie in Lappland: scharf schiessen mit Kriegsmunition. Mit zwei Tigern, zwei Mirages und zwei Huntern übten sie am Polarkreis während drei Monaten den sogenannten Ernstfall. Kostenpunkt: 17,5 Mio. Franken.

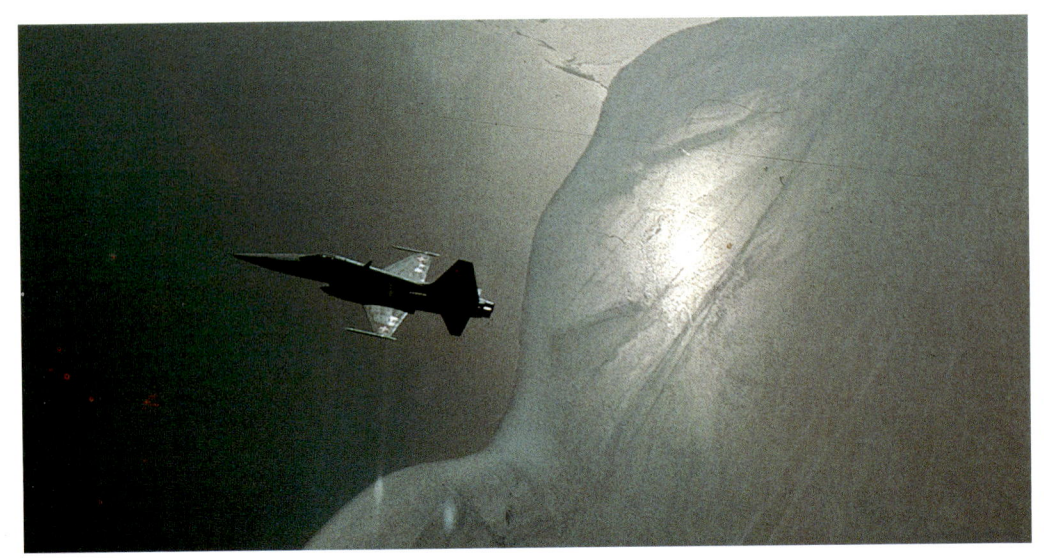

Ein «Tiger» jagt übers Packeis. Rund 250 Einsätze flogen die Schweizer Piloten in Lappland.

Hoch im Norden, auf dem Testgelände von Vidsel, warten zwei Mirages auf den Einsatz.

Ein Jahr zuvor hatten sie in Sardinien den Luftkampf in niedrigen Flughöhen trainiert, 1986 wichen die Schweizer Kampfflieger nach Schweden aus, um das zu üben, was sie in der Schweiz nicht dürfen: scharf schiessen mit Kriegsmunition. Hoch im Norden Schwedens, wo sich Elch und Rentier gute Nacht sagen, ballerten sie in Überschallgeschwindigkeit 100 000 Franken teure Luft-Lenkwaffen auf unbemannte Überschall-Drohnen der schwedischen Luftwaffe. Zum Einsatz kamen auch Luft-Boden-Lenkwaffen, Bordkanonen und weiteres Schiessgerät. Die Schweden stellten für diese dreimonatige «Verlegung» einer 50köpfigen Delegation die ganze Infrastruktur sowie das Bodenpersonal der Testbasis von Vidsel zur Verfügung, das einzige Versuchsgelände für Lenkwaffen auf dem westeuropäischen Festland. Zu den Einrichtungen gehören nebst Hangars, Werkstätten und Unterkünften auch ein ultramodernes Datenverarbeitungssystem mit Führungs-, Überwachungs- und Speichersystemen. Jeder einzelne der teuren Schüsse konnte so voll ausgewertet werden. Die Überreste der Lenkwaffen mussten die Piloten selbst bergen, nicht zuletzt deshalb, weil die Schweizer die amerikanischen Sidewinder-Lenkraketen mit einem selbstkonstruierten — und verbesserten — Zünder ausgestattet haben, den vorderhand niemand anders sehen darf.

Der Rest vor 100 000 Franken

Nein, das ist kein schwedischer Holzfäller, sondern Kampfflieger Ka Heinzelmann, der die Überrest «seiner» Sidewinder-Lenkwaff geborgen ha

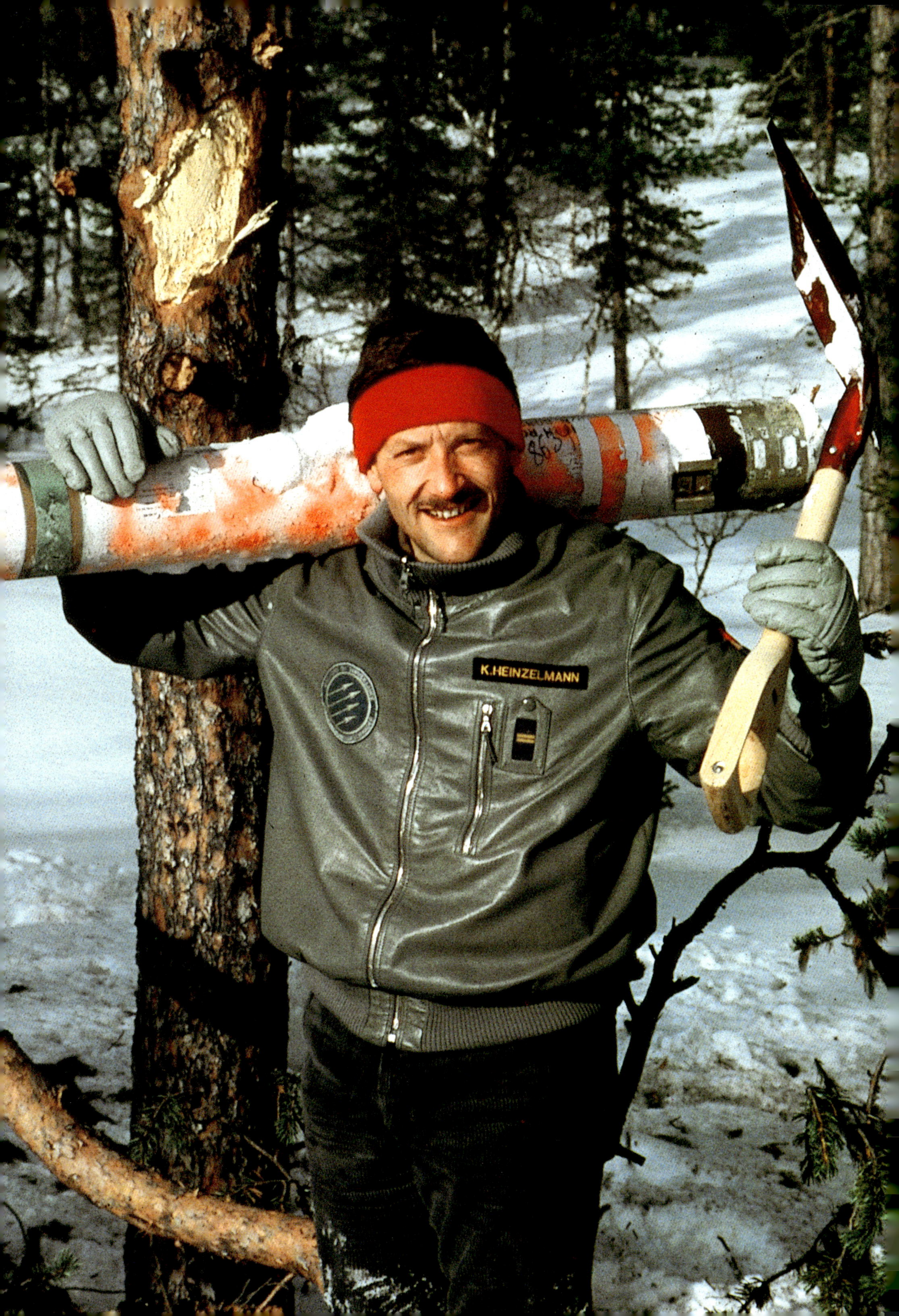
K.HEINZELMANN

Vor dem «Horu» hisst ein Helikopter die «grösste Kamera der Welt» zum «schönsten Berg der Welt» hinauf.

160 **Technik**

Werbegag mit Abbruch

Zuerst lief alles reibungslos: Die Firma Nikon Schweiz beschloss, ihren 25. Geburtstag mit einer «Erstbesteigung» zu feiern. Auf dem Gipfel des Matterhorns sollte die «grösste Kamera der Welt» installiert werden, von der sich jeder Gipfelstürmer automatisch und erst noch gratis fotografieren lassen konnte. Die einschlägigen Zermatter Behörden wie Kurverein, Burgergemeinde und Bergführervereinigung waren einverstanden. Die Kamera — aus wasserdichtem Sperrholz und mit beheiztem Panzerglas sturm- und winterfest ausgestattet — wurde konstruiert, dem Werbehöhenflug stand nichts mehr im Weg. Doch dann rebellierte eine Fraktion der Bergführer, und ein Kompromiss wurde geschlossen. Statt auf dem Gipfel auf 4478 m wurde die Notunterkunft der Solveyhütte auf 4000 m gewählt. Aber damit nicht genug. Kaum installiert, geriet die Monsterkamera in das Schussfeld der Medien. Als Bier- und Schnapsidee wurde der Werbegag abqualifiziert, als schamlose Vermarkter ihres Hausbergs kamen die Zermatter Behörden von Bergsteigerseite unter Beschuss. Und so fand sich denn das Türchen, durch das man wieder zurückkrebsen konnte: Die Werber hätten es verpasst, bei der Munizipalgemeinde eine schriftliche Bewilligung einzuholen. Und deshalb müsse die Kamera des Anstosses wieder zurück in die Niederungen der Werbebüros. Was genau acht Tage nach der Installation auch geschah.

Obwohl die Kamera nur wenige Tage bei der Hütte stand, wurde sie rege benützt.

Die Monsterkamera aus Sperrholz vor dem Abtransport mit dem Helikopter.

Das Tempo, das vom Himmel kommt

Tankstelle Bern Bundesplatz während der zweiten «Tour de Sol», der Weltmeisterschaft der Solarmobile. Im optimalen Winkel zur Sonne laden die Teilnehmer ihre «Boliden» wieder auf. Ideales Wetter begleitete die Sonnenrennfahrer über rund 400 Kilometer.

Sulky Solar
Vita Mobil
Dienstag + Samstag
Zentrale
Parkuhr
60 min
53
Renner
VCS

Profis und Pioniere

Klein und flach, aber unverdrossen hielt dieser Solarflitzer (oben) im Verkehr mit. Die «Supernova» aus Australien hatte beim Bremsen etwas Mühe (rechts).

Zeigen, was in den Solarmobilen steckt.» Das war das erklärte Ziel der Tour de Sol 1986. Die von der Schweizer Illustrierten gesponserte und mitorganisierte zweite Weltmeisterschaft für Sonnenfahrzeuge hat denn auch über 380 Kilometer hinweg gezeigt, dass innerhalb eines Jahres grosse technische Fortschritte realisiert wurden. Ein Hauch von Pioniergeist wehte zwar den Rennfahrern immer noch um die Ohren, doch das hinderte weder Publikum noch Medien, grosses Interesse für diese umweltfreundliche Art der Fortbewegung zu zeigen. Bei der Kategorie I, den Rennsolarmobilen ohne Zusatzantrieb, siegte das Fahrzeug der Ingenieurschule Biel, bei der Kategorie III, den Seriensolarmobilen, das Team «MEV I», deren Fahrzeug es auf 45 km/h Durchschnittstempo und 100 km/h Spitzengeschwindigkeit bringt. Von 87 gestarteten «Sonnenboliden» schafften deren 70 die sechs Etappen bis zum Ziel.

164 **Sport**

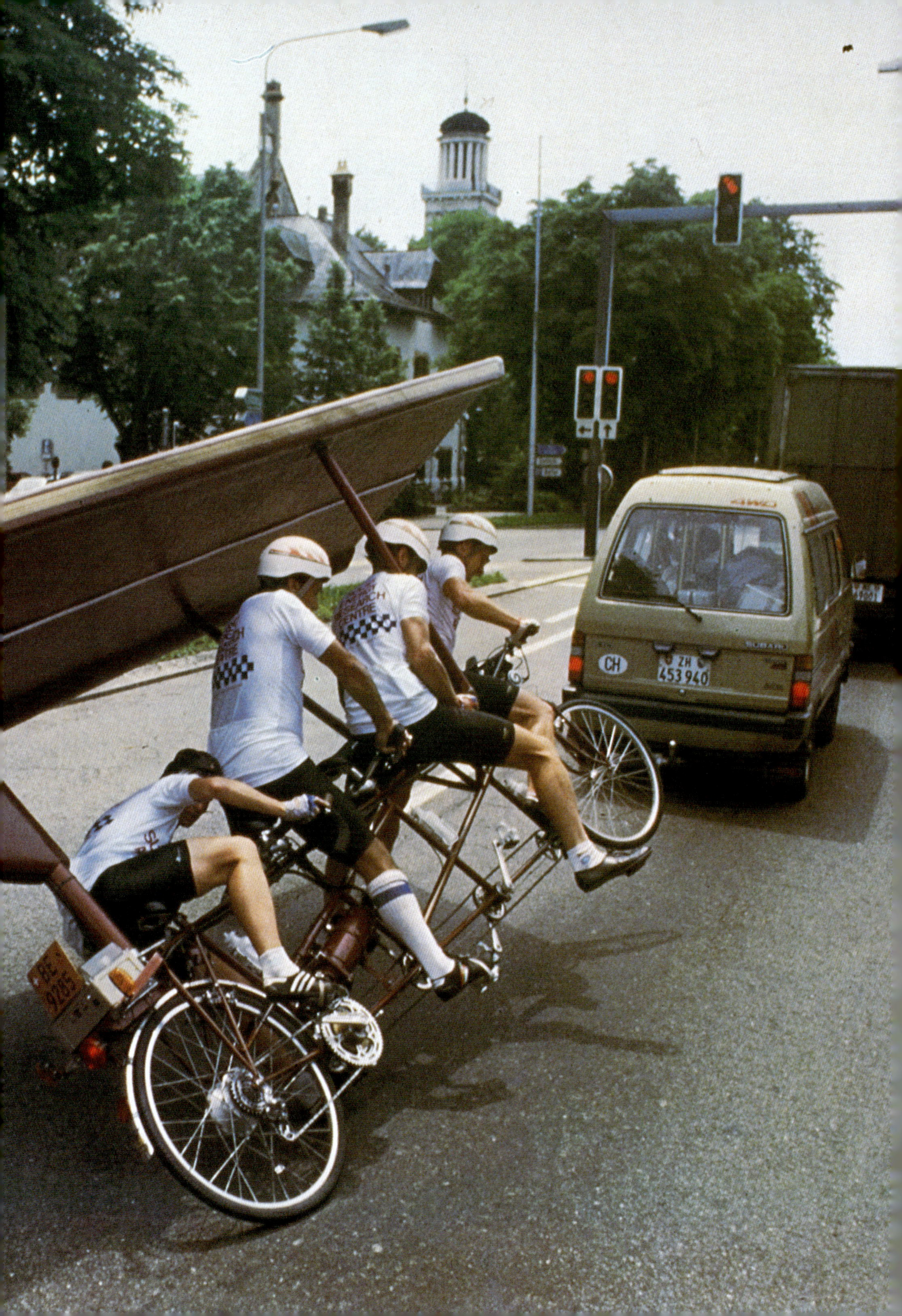
CH
ZH 453 940

Werden sich die Japaner am Schweizer Fels die Zähne ausbeissen?

Vorwärts in die Steinzeit

Sie hängt am Arm, macht «ticktack» — und wenn die Uhr zu Boden fällt, ist sie noch lange nicht kaputt. Nach der weltweit bejubelten Plastik-Swatch hat auch die Rock Watch des SMH-Konzerns (Schweizerische Gesellschaft für Mikroelektronik und Uhrenindustrie) eingeschlagen. Der neueste Gag aus «Schweizer Urgestein» kostet mit rund 300 Franken allerdings etwa sechsmal mehr als die Swatch, ermöglicht es aber, zu jeder Zeit und überall ein Stück echten Schweizer Bodens am Arm zu tragen. Die Schweizer Uhrenindustrie, die in den letzten Jahrzehnten etwa 50 000 Arbeitsplätze verlor, ist damit zwar noch keineswegs auf der Höhe früherer Zeiten, aber zweifellos mit ihren modischen Spässen dem Zeitgeist hart auf der Spur. Der von Tissot hergestellte steinerne Zeitmesser wird in Nidau gefertigt, wo nach einem streng gehüteten Werkgeheimnis der harte Fels mit einer Diamantfräse zu Uhrengehäusen verarbeitet wird.

166 **Technik**

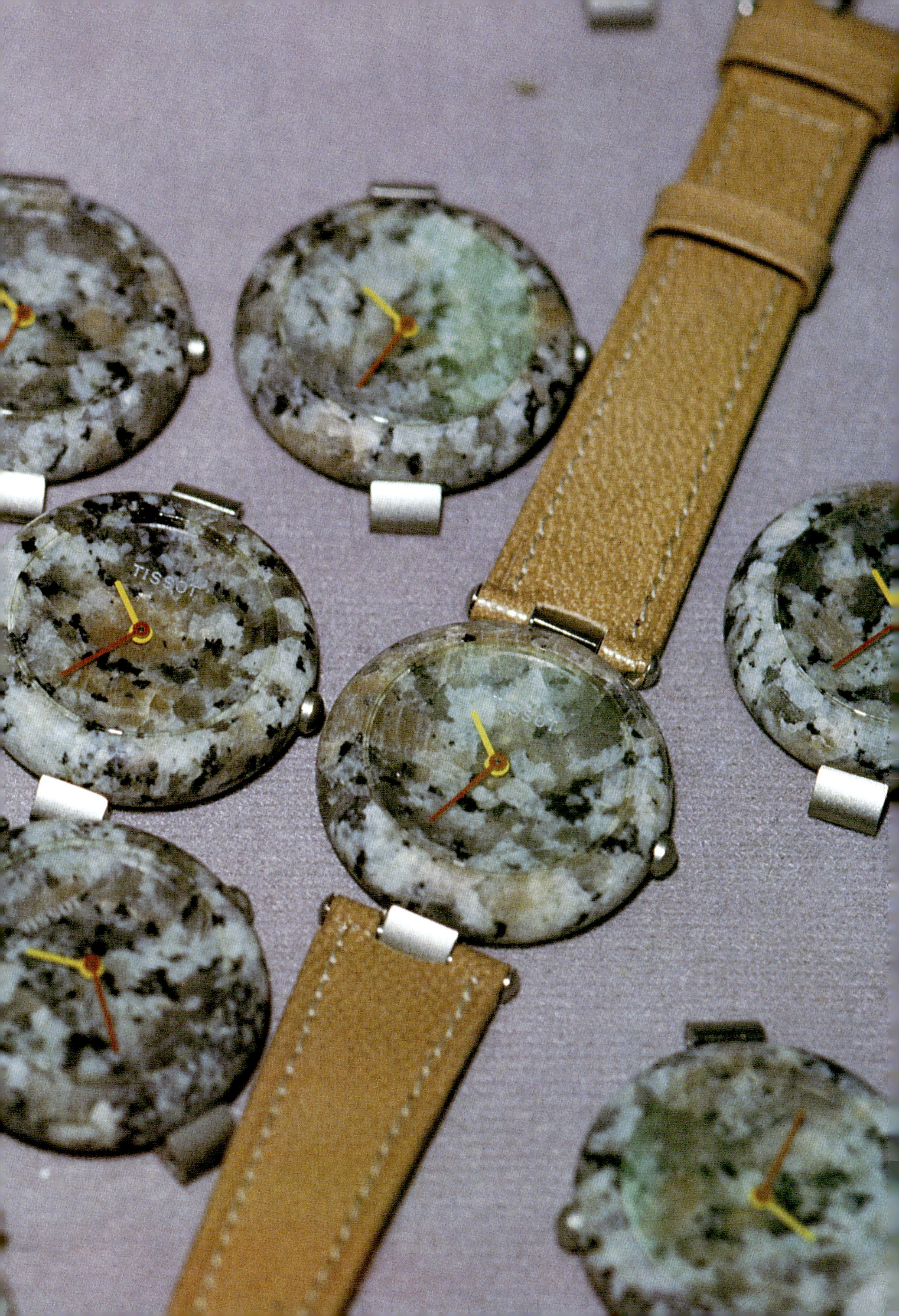
TISSOT
TISSOT

Die 15-Milliarden-Röhre

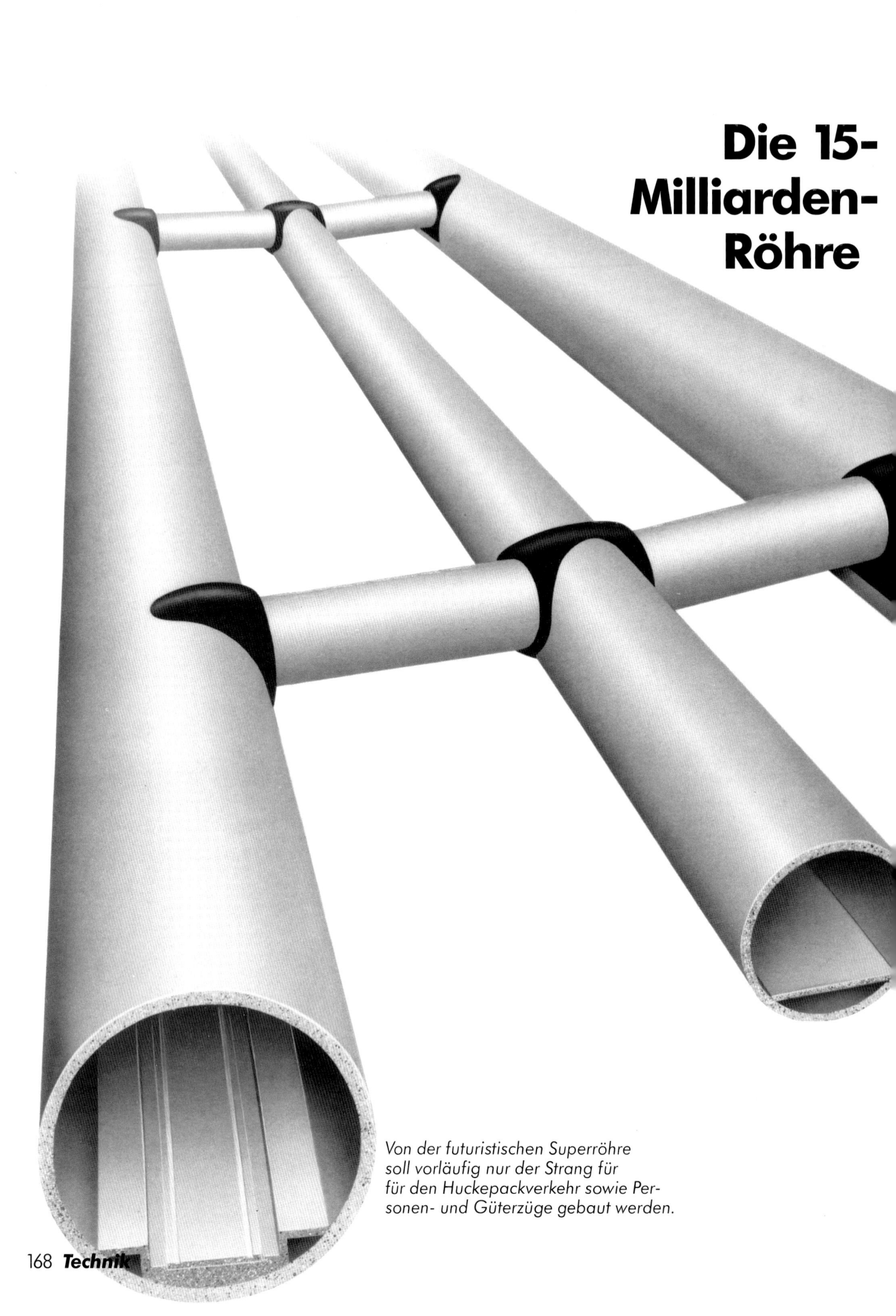

Von der futuristischen Superröhre soll vorläufig nur der Strang für für den Huckepackverkehr sowie Personen- und Güterzüge gebaut werden.

Ganz so futuristisch, wie sich der Zeichner die Superröhre unter dem Ärmelkanal vorgestellt hat (siehe Grafik), wird sie vorläufig nicht gebaut. Im Januar gaben der französische Staatspräsident Mitterrand und die britische Premierministerin Thatcher ihren Entscheid bekannt: Gebaut wird vorläufig ein Eisenbahntunnel für den Huckepackverkehr (auf der Grafik rechts). In 30 Minuten sollen die Züge durch den «Channel Tunnel» die britischen Inseln mit dem Kontinent verbinden. Das Unternehmen soll 6,2 Milliarden Pfund (zirka 15 Milliarden Franken) kosten. Mit Hilfe einer öffentlichen Emission will das Konsortium eine runde Milliarde Pfund Eigenkapital einschiessen, den Rest würden 40 Banken als Fremdkapital zur Verfügung stellen.

Frankreichs Mitterrand und Britanniens Thatcher geben ihr Ja zum Supertunnel bekannt.

Das Modell des Raster-Tunnel-Mikroskops von Rohrer und Binnig (oben) und die Atomlagen einer Silizium-Oberfläche in zwei Farbvarianten (rechts).

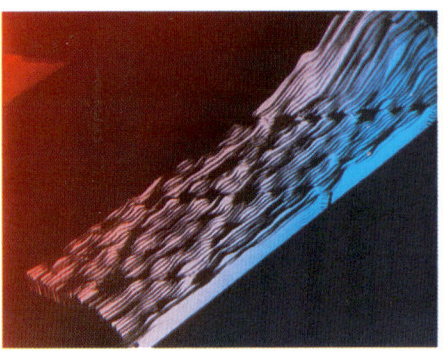

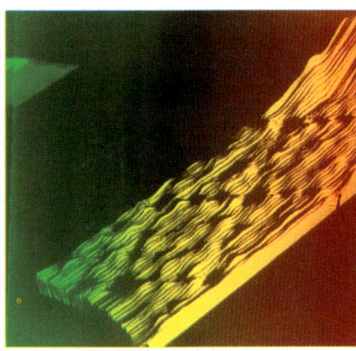

170 **Technik**

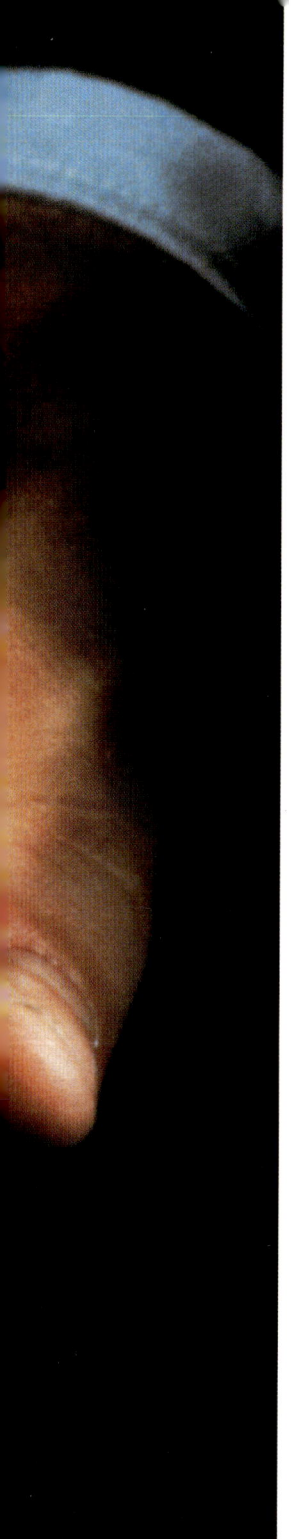

Atome sichtbar machen

Es war der 16. März 1981 um Mitternacht. Im Forschungslabor der IBM in Rüschlikon strahlten sich zwei Männer an — der Schweizer Physiker Heinrich Rohrer und sein Kollege Gerd Binnig. Sie hatten etwas erfunden, was die Wissenschaft bisher als unmöglich betrachtet hatte — das Raster-Tunnel-Mikroskop. In einer Reportage darüber stufte die «Schweizer Illustrierte» seinerzeit die Erfindung als «nobelpreisverdächtig» ein. Der Verdacht wurde 1986 Wirklichkeit. Rohrer und Binnig erhielten zusammen mit dem 80jährigen Deutschen Physiker Ernst Ruska, der 1933 das Elektronenmikroskop erfunden hatte, den Nobelpreis für Physik. Das Raster-Tunnel-Mikroskop ist das stärkste Mikroskop der Welt. Es macht sich den sogenannten Tunneleffekt der Quantendynamik zunutze, der dazu führt, dass ausserhalb der Atomhülle einer Materie weitere einzelne Elektronen vorhanden sind. Im Raster-Tunnel-Mikroskop von Rohrer und Binnig wird mit einer Nadelspitze aus Wolfram mit einer Genauigkeit von einem hundertmillionstel Millimeter eine Oberfläche sozusagen Atom für Atom abgetastet und der Strom gemessen, der zwischen Spitze und Oberfläche fliesst. Die elektrischen Signale werden dann in optische Signale umgewandelt, die Atome sichtbar gemacht. In der Computertechnik dient die Erfindung vor allem zur Herstellung von Halbleitern und integrierten Schaltungen, das Mikroskop findet aber auch in zahlreichen anderen wissenschaftlichen Gebieten, wie zum Beispiel in der Chemie und Biologie, Anwendung. Der Schweizer Heinrich Rohrer, Bürger von Buchs SG, ist der 18. Schweizer Nobelpreisträger. Vor ihm hat lediglich ein Schweizer — Charles Edouard Guillaume im Jahre 1920 — den Nobelpreis für Physik erhalten. Zur Frage, was er mit den 115 000 Nobelpreis-Franken tun werde, meinte Rohrer: «...vielleicht in den Weinkeller investieren.»

Champagner für Nobelpreisgewinner Heinrich Rohrer (rechts) und Gerd Binnig (ganz links).

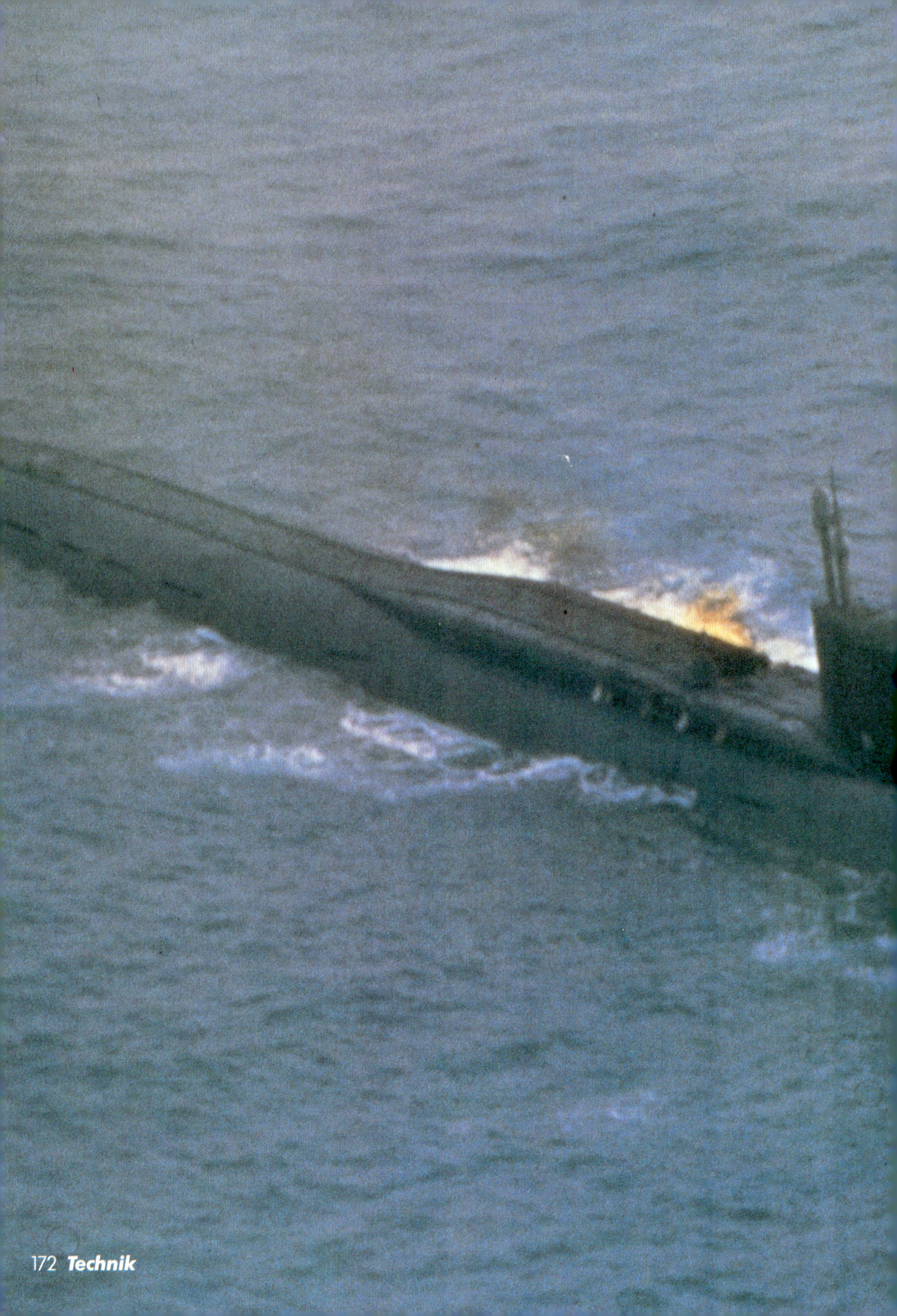

Zeitbombe auf dem Meeresgrund

Am 3. Oktober fing ein sowjetisches Atom-U-Boot nördlich der Bermuda-Inseln Feuer und sank. Es nahm zwei Atomreaktoren sowie 12 Raketen mit in die Tiefe — eine nukleare Zeitbombe.

Die Milliarden-kanone

Die Zürcher Waffenschmiede der Oerlikon-Bührle-Gruppe klagten zwar 1986 wie andere Schweizer Exportfirmen auch über Dollarzerfall und andere wirtschaftliche Kalamitäten. Das ändert aber nichts daran, dass sie in diesem Jahr den bisher fettesten Fisch der ganzen Firmengeschichte an Land gezogen haben. Die kanadische Regierung beschloss, für eine runde Milliarde kanadischer Dollars bei den Oerlikonern das Lenkwaffensystem

174 **Technik**

Aus dem Bauch eines US-Schützenpanzers (unten) wird die lasergelenkte ADATS-Rakete abgefeuert (links) und findet selbst das Ziel.

Das Lenkwaffensystem ADATS kann auf einer Hubplattform montiert und bewegt werden.

«ADATS» (Air Defense and Anti Tank System) zu kaufen. Dieses auf Tiefflieger-Abwehr spezialisierte System hat eine zehnjährige Entwicklungsgeschichte hinter sich. Bestellt wurden drei Dutzend Systeme, deren Endmontage in Montreal vorgesehen ist. Das System reagiert auf Wärmeabstrahlung eines Flugkörpers. Die zwei Meter lange Lenkwaffe erreicht nach drei Sekunden 3700 km/h und wird per Laserstrahl ins Ziel gesteuert.

Umstrittenes Kunstherz

Der 54jährige William J. Schröder, der zweite Mensch, der mit einem künstlichen Herz aus Metall und Kunststoff lebte, starb im August. In den 620 Tagen, die er mit dem Kunstherz überlebte, erlitt er drei Schlaganfälle. Zweimal konnte er während kurzer Zeit in einer speziell für ihn eingerichteten Wohnung in der Nähe des Spitals mit seiner Familie leben. Der Leidensweg und der Tod von William Schröder haben weltweit einmal mehr die Frage aufgeworfen, ob Wissenschafter und Ärzte wirklich auch alles machen sollen, was sie können. Schröder und seine Familie haben die Einpflanzung eines Kunstherzens nicht als Experiment angesehen, sondern als echte Chance einer Heilung. Die meisten Fachleute aber sind nach wie vor der Ansicht, dass ein Kunstherz lediglich zur Überbrückung einer Wartezeit, das heisst bis zur Verfügbarkeit eines Spenderherzens eingesetzt werden sollte. Dr. DeVries, der Herzchirurg, der William Schröder das Kunstherz einsetzte, hat die behördliche Bewilligung, drei weiteren Patienten ein Kunstherz einzupflanzen.

Elektronisch zahlen

Als erstes europäisches Land ist Norwegen auf dem Weg, den Zahlungsverkehr landesweit zu elektronisieren. Und zwar so, dass die Norweger nicht nur ihre Bankgeschäfte elektronisch abwickeln, sondern beispielsweise auch am Kiosk oder im Tante-Emma-Laden ihr Einkäufe per Plastikkarte abwickeln können. Die Zahlkarte mit dem Namen «Smart» geht dabei weit über das hinaus, was bisher das «Plastikgeld», beziehungsweise eine gewöhnliche Kreditkarte leistete. Die bisherigen Kreditkartensysteme erfordern bei der Benützung immer noch einen kleinen bis mittleren Papierkrieg. Bei der «Smart»-Zahlkarte entfällt dies. Sie ist mit einem Mikroprozessor versehen, auf dem das Guthaben des Besitzers gespeichert ist. Pro Karte können bis zu 200 Transaktionen abgewickelt werden. Wo immer die rund 20 000 Terminals installiert sind, kann der Kunde ohne Ausweis und Unterschrift die Karte als Zahlungsmittel benützen. Der Terminal übermittelt automatisch die Daten an die Bank, wo sie elektronisch verbucht werden. Der Kunde kann sich zudem bei seiner Bank mit der Karte die Kontobuchhaltung ausdrucken lassen, aber auch an jedem Terminal den Stand seines Guthabens einsehen.

Teuer und gefährlich

Wenige Wochen vor der AKW-Katastrophe von Tschernobyl hat Frankreich in Creys-Malville, praktisch vor den Toren der Stadt Genf, seinen «Superphénix» ans Stromnetz angeschlossen. Es handelt sich um den grössten Schnellen Brüter der Welt mit einer Leistung von 1200 Megawatt. Die Technik der Schnellen Brüter wurde vor allem entwickelt, um mit der Zeit Uranium-unabhängig zu werden. Das beim Brutprozess entstehende, immer wieder spaltbare Material (in erster Linie hochgiftiges Plutonium), ermöglicht theoretisch die «Verewigung» der Stromproduktion. Die Katastrophe von Tschernobyl hat die Euphorie der französischen Techniker dabei keineswegs eingedämmt. Die federführende Electricité de France will die Technik trotz allen Gefahren weiterentwickeln und weitere Schnelle Brüter bauen. Die enge Verfilzung der Atomlobby mit den militärischen Instanzen der Atomstreitkraft Frankreich sowie die Abwesenheit einer starken Antiatomkraftbewegung sorgen dafür, dass weder von der Regierung noch von der Öffentlichkeit allzu grosse Hindernisse in den Weg gestellt werden. Das einzige, was die mächtige französische Atomlobby zurzeit bremsen könnte, ist die gewaltige Kostenexplosion. Der Superphénix hat 24 Milliarden Francs verschlungen. Nur bei maximaler Auslastung produzieren die französischen AKWs billigeren Strom als die traditionellen Kohle- und Ölkraftwerke des Landes.

Gewalt

Das Attentat baskischer Separatisten in Madrid. Die Kämpfe zwischen bewaffneten Atomkraftgegnern und brutaler Polizei in Deutschland. Der mörderische Überfall auf die Synagoge in Istanbul. Der ungeklärte Mord am schwedischen Premierminister Olof Palme. Der Amoklauf des Günther Tschanun in Zürich. Die Flugzeugkaperung in Karachi. Das Gefängnismassaker in Peru.

BUCH DES JAHRES 1986

SCHWEIZER ILLUSTRIERTE

Während 30 Jahren wirkte der Schwede Olof Palme weltweit für Frieden und Abrüstung.

Der Mord an Olof Palme

Es war Freitag, der 28. Februar, nachts um halb zwölf. Der schwedische Ministerpräsident Olof Palme kam zusammen mit seiner Frau aus dem Kino und war auf dem Weg nach Hause, als ein Unbekannter ihn mit einer Pistole niederschoss. Eine Stunde später war Palme tot. Der 59jährige Sozialdemokrat, der seit dreissig Jahren in der schwedischen Politik mitgewirkt und sich weltweit für Fragen der Abrüstung, des Friedens und der Dritten Welt engagiert hatte, war 1982 zum zweiten Mal in seiner Laufbahn zum Ministerpräsidenten gewählt worden. Die Schweden und die ganze Welt waren konsterniert über diesen Mord, und die Presse stürzte sich auf die Geschichte des 32jährigen Victor Gunnarson, eines Rechtsextremisten, der als mutmasslicher Mörder verhaftet worden war. Doch die Indizienkette hielt den Tatsachen nicht stand; der von der Polizei und den Medien «vorverurteilte» Gunnarson wurde entlassen.

Schock in Stockholm: Trauernde Bürger brachten Blumen an den Ort der blutigen Tat.

BRUNKEBERGSTUNNELN
TILL
BIRGER JARLSGATAN
ÖPPEN 6.00–22.00

Das Blutbad in der Synagoge

Es geschah am 6. September, ein Tag nach der blutigen Flugzeug-Kaperung in Karachi. Zwei als «israelische Fotografen» auftretende Terroristen drangen in die neu renovierte «Newe Schalom»-Synagoge im europäischen Teil von Istanbul und richteten ein Blutbad an. Sie schossen auf die Gläubigen und sprengten sich darauf selbst in die Luft. 23 Menschen, darunter sieben Rabbiner und die beiden Terroristen, starben bei diesem «schlimmsten Fall seit dem Holocaust», wie sich Israels Aussenminister Jizchak Schamir ausdrückte. Sowohl die gemässigten PLO-Führer wie auch Libyens Kathafi distanzierten sich vom Anschlag. Was Israel nicht hinderte, als Vergeltung im Südlibanon palästinensische Flüchtlingslager zu bombardieren. Israels Geheimdienst ist überzeugt, dass einmal mehr der vermutlich von Syrien aus operierende radikale PLO-Dissident Abu Nidal («Vater des Kampfes») hinter dem Anschlag steckte.

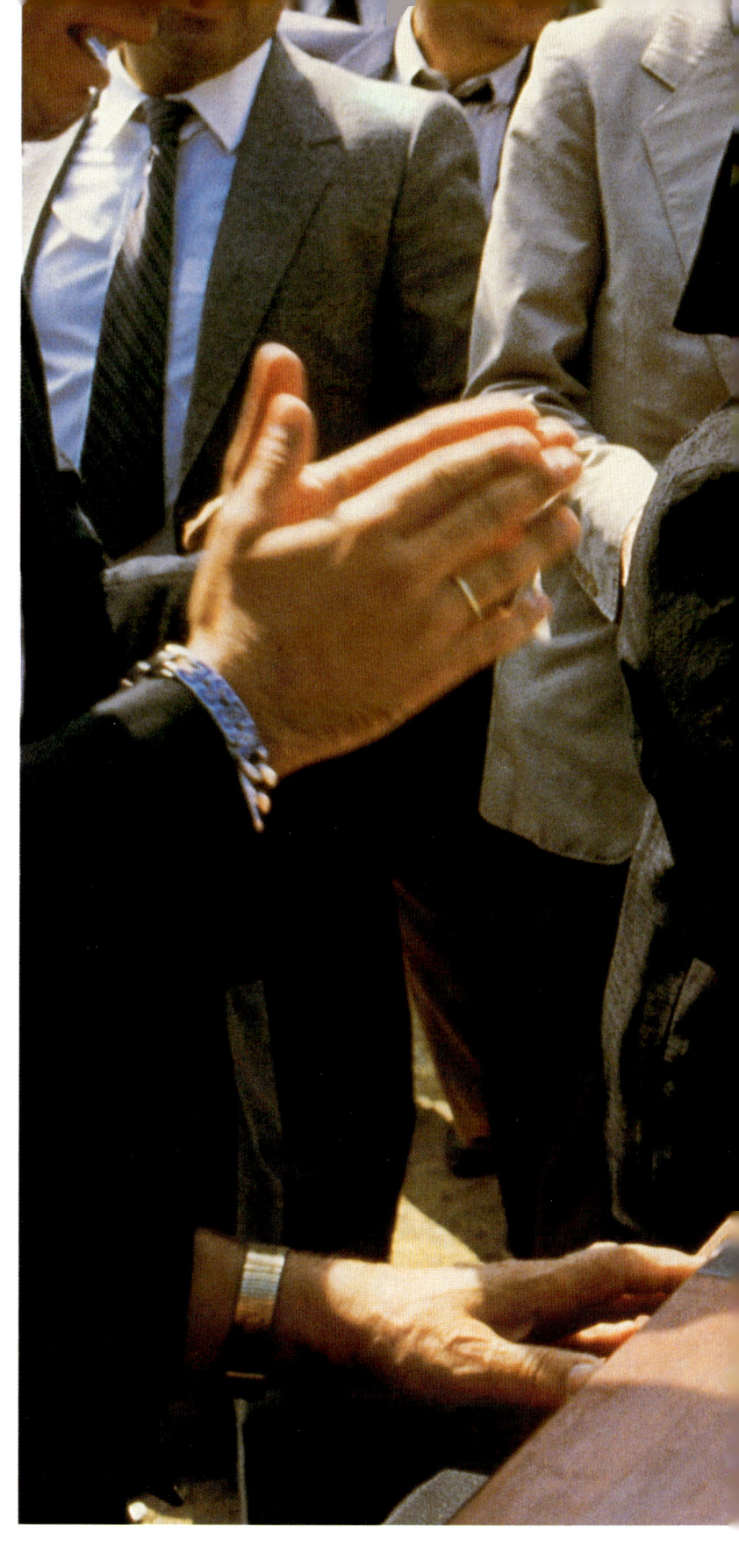

Das Innere der frisch renovierten «Newe-Schalom»-Synagoge in Istanbul bot nach dem mörderischen Anschlag ein Bild der Verwüstung.

Gewalt

Angehörige der Terroropfer trauern um ihre Lieben. 21 Gläubige und zwei Terroristen kamen beim Massaker von Istanbul ums Leben.

182 **Gewalt**

Der Krieg gegen die Kernkraft

Radikale Demonstranten mit Präzisions-Steinschleudern und Brandflaschen, Polizisten mit Wasserkanonen und Gasgranaten: Seit der AKW-Katastrophe von Tschernobyl hat der Kampf gegen die Kernkraft in der Bundesrepublik Deutschland bürgerkriegsähnliche Formen angenommen.

Die Eskalation der Gewaltmittel

Die Polizei als «Stahlhelmfraktion» auf der einen, die «Stahlkugelfraktion» der radikalen AKW-Gegner auf der andern Seite: Die programmierte Eskalation der Gewalt.

Der bayrische Ministerpräsident Franz Josef Strauss sprach von «anarchistischen Gewaltverbrechern» und «wandernden Bürgerkiegsarmeen», die Demonstranten von den Polizisten als «SS-Bullen», «Mörder» und «Faschisten». Die verbalen Kraftmeiereien signalisierten die Stimmung, die nach der AKW-Katastrophe von Tschernobyl in der Bundesrepublik Deutschland vorherrschte. In Brokdorf bei Hamburg und bei der atomaren Wiederaufbereitungsanlage im bayrischen Wackersdorf kam es zu erbitterten Schlachten zwischen radikalen Demonstranten und nicht minder agressiven Polizeikräften. Mit Schlachtrufen wie «Sabotieren statt Demonstrieren» und «Alle Tage Sabotage» hatten die «Autonomen» zum Grosseinsatz gegen die nach Tschernobyl definitiv in Verruf geratene Atomenergie mobilisiert. Ausgerüstet mit Steinen, Molotow-Cocktails und Präzisionsschleudern für Stahlkugeln traten sie gegen eine Polizei an, die mit Hochdruck-Wasserkanonen, Gasgranaten und sogar Helikoptern auf die Demonstranten losging. Dabei wurden auch viele friedliche Demonstranten in Mitleidenschaft gezogen. Politische Beobachter mutmassten nach der «Schlacht von Brokdorf» gar, die Landesregierung habe kurz vor den niedersächsischen Landtagswahlen bewusst eine «Gewaltfalle» aufgebaut, um den «Chaotenschreck» als Wahlkampfmunition einzusetzen. Zu diesem Zweck, so berichteten zahlreiche Zeitungen, seien auch Polizisten als Scharfmacher und Provokateure eingesetzt worden. Die neue Dimension der Auseinandersetzung zeigte sich auf beiden Seiten in einer erschrekkenden Eskalation der Kampfmittel.

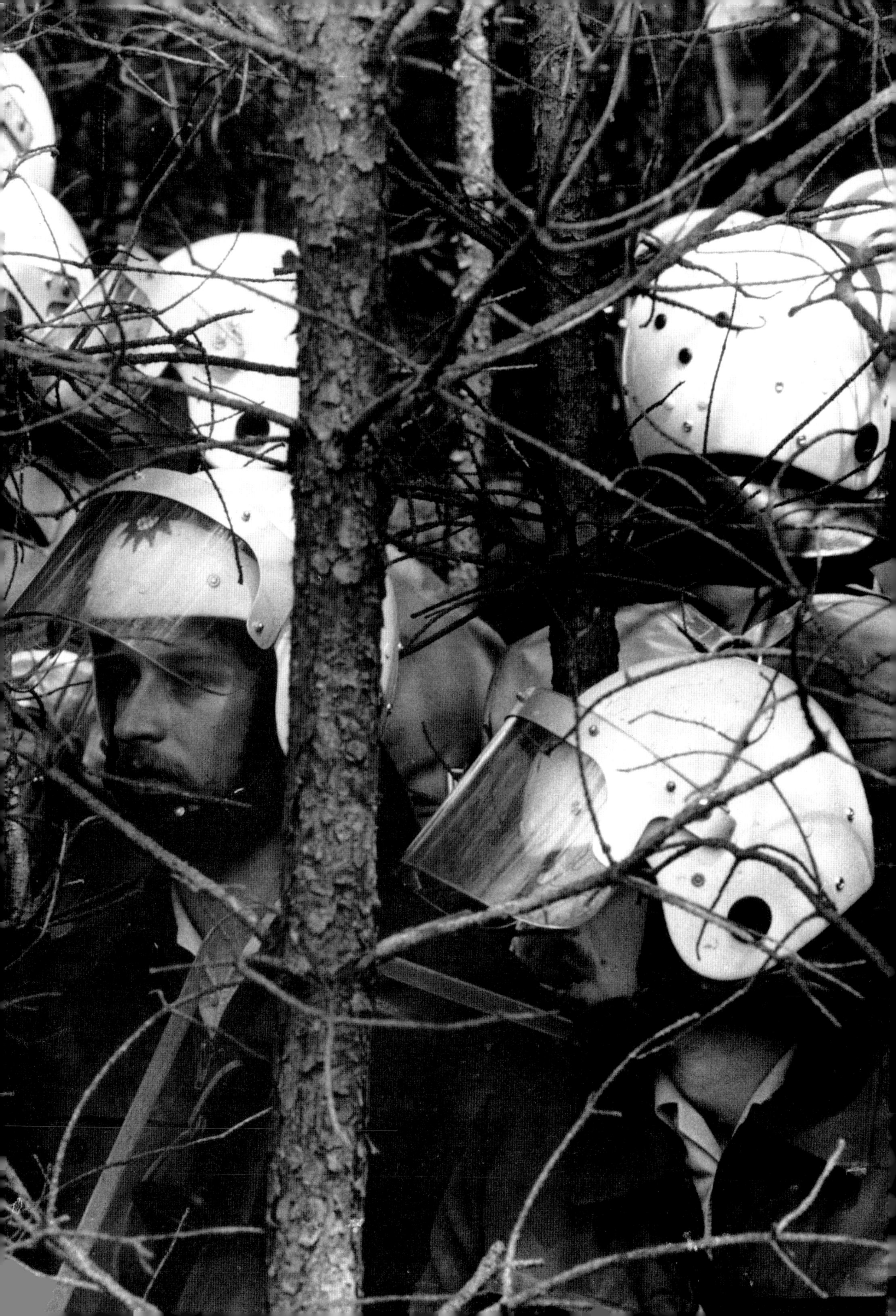

Beckurts Siemens-Dienstwagen war nicht gepanzert. Die Bombe mit einer Sprengkraft von zehn Kilo fegte den Wagen von der Strasse. Beckurts und sein Chauffeur waren auf der Stelle tot.

Die Bombe aus dem Hinterhalt

Professor Karl-Heinz Beckurts war Kernphysiker, Vorstandsmitglied bei Siemens und ein Verfechter der Atomenergie. Am frühen Morgen des 9. Juli war er mit seinem Chauffeur Eckhard Groppler von seinem Wohnort Strasslach bei München unterwegs ins Büro. Als das Auto am Ortsausgang von Strasslach an einem Baum vorbeifuhr, explodierte eine ferngezündete Bombe und schleuderte das Fahrzeug an den Waldrand. Beckurts und sein Fahrer waren auf der Stelle tot. In einem Bekennerbrief der Roten Armee Fraktion (RAF) hiess es, Beckurts «repräsentierte den Kurs des internationalen Kapitals in der akutellen Phase der politischen, ökonomischen und miltärischen Strategie des imperialistischen Gesamtsystems». Im Oktober wurde, ebenfalls von einem RAF-Kommando, der 51jährige Gerold von Braunmühl erschossen. Er war Ost-West-Spezialist und ein enger Mitarbeiter von Aussenminister Genscher.

RAF-Opfer Professor Karl-Heinz-Beckurts, Atomphysiker und Siemens-Manager, war 56jährig.

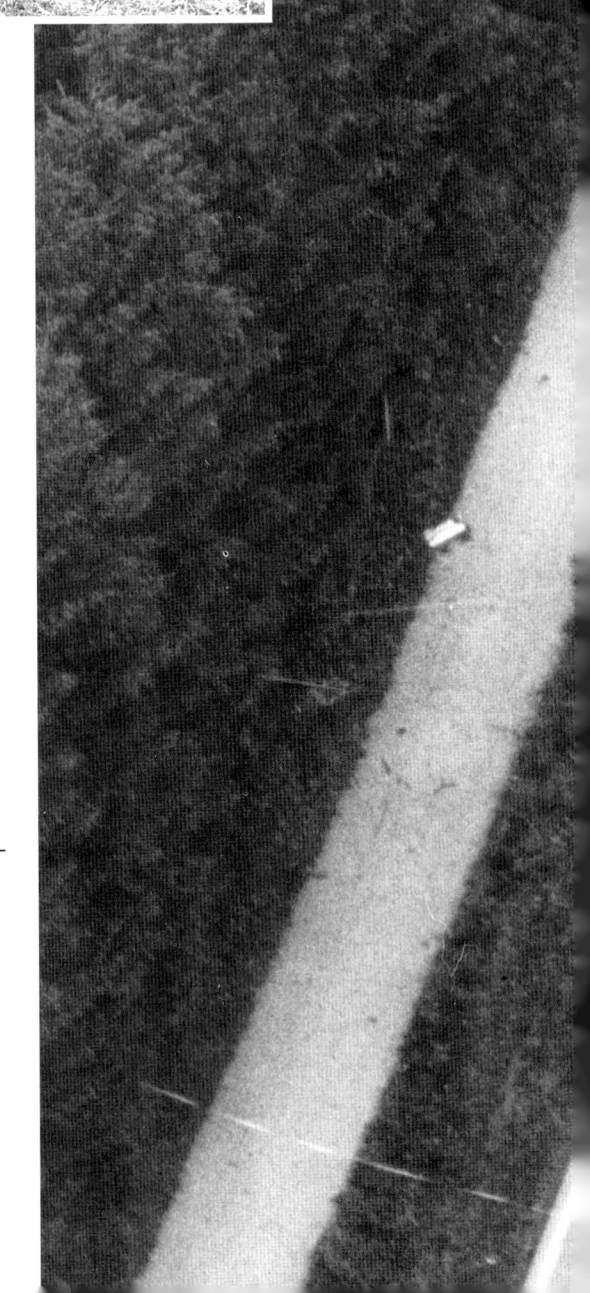

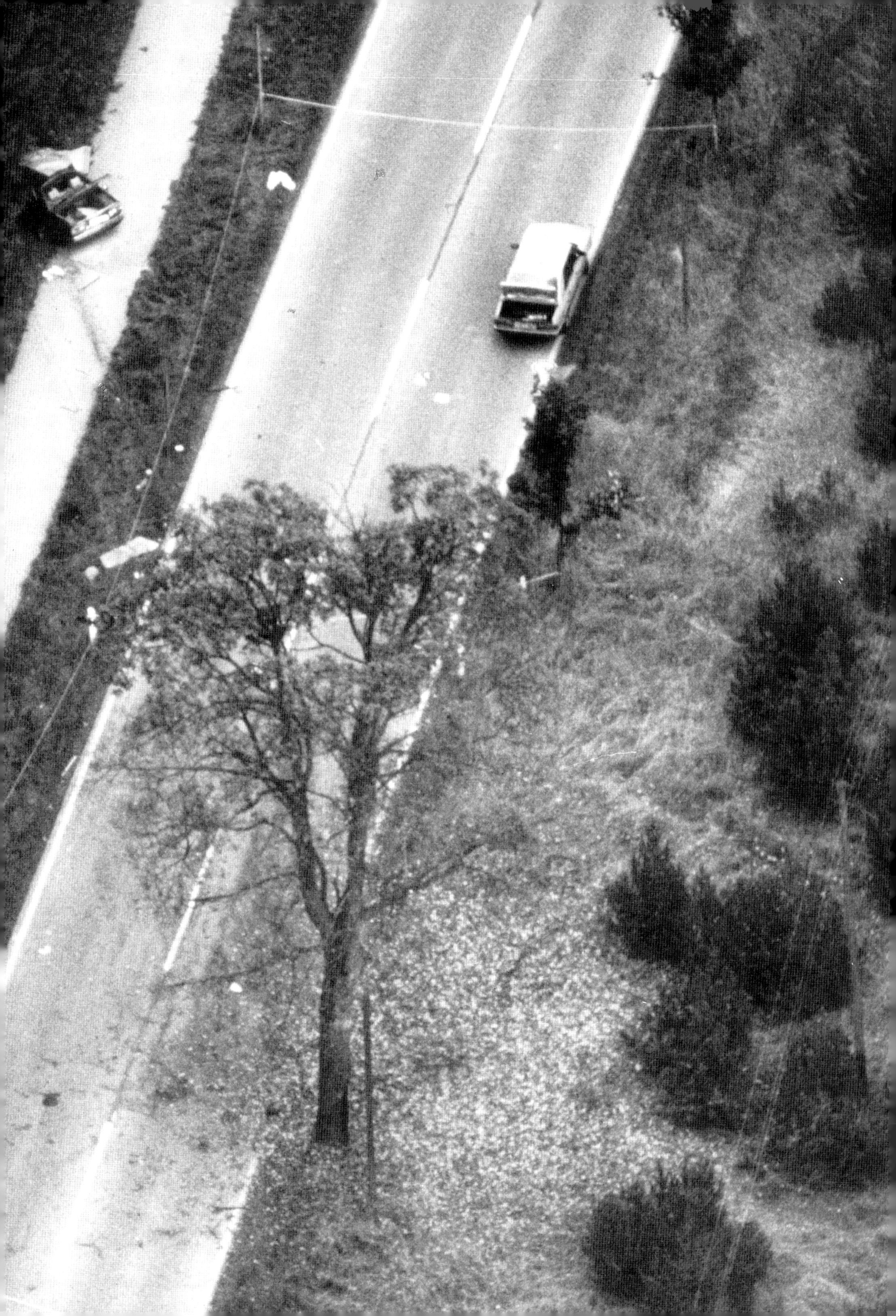

Vier Tote im Amtshaus IV

Was sonst eher in Kriminalfilmen und -romanen vorkommt, passierte in Zürich am 16. April im Amtshaus IV: Günther Tschanun, 45 Jahre alt, Chef der Zürcher Baupolizei, ein zwar umstrittener, aber als korrekt bekannter Beamter, läuft Amok. Er erschiesst vier Kollegen, die Kreisarchitekten Max Fischer und Herbert Neck sowie die Adjunkte Stefan Gabi und Karl-Mathias Toggweiler. Der Abteilungsleiter Beat Nann wird lebensgefährlich verletzt. Dann flieht Tschanun, wie sich später herausstellt, nach Frankreich, wo er am 7. Mai in Saint-Loup-de-la-Salle verhaftet und dann an die Schweiz ausgeliefert wird. «Ich drehte durch — mein Leben ist zerstört» schrieb Tschanun aus dem Bezirksgefängnis. Bürointrigen und ein gezielter Pressebericht, der seine Qualifikation in Zweifel stellte, hatten seine Belastbarkeit untergraben. Die ganzen Hintergründe aber werden wohl erst der Prozess und die psychiatrischen Gutachten ausleuchten.

16. April: Die Leichen der erschossenen Beamten werden weggeführt (rechts.) Zwei Wochen nach der Bluttat leitete die Polizei eine Grossfahndung (oben) ein.

GESUCHT wegen vierfacher Tötung und Tötungsversuch

Tschanun Günther
geb. 13. September 1941, Bürger von Worb/BE, Architekt und Chef der Baupolizei.

Signalement: 183 – 185 cm gross, mittlere Statur, graumelierte Haare, Brillenträger, spricht schweizerdeutsch mit österreichischem Akzent.

Der Gesuchte erschoss am 16. April 1986 an seinem Arbeitsort im Hochbauamt der Stadt Zürich vier seiner Mitarbeiter und verletzte einen fünften schwer.

VORSICHT: Günther Tschanun ist mit einem Revolver bewaffnet.

BELOHNUNG: Fr. 10 000.—
für Hinweise, die zur Festnahme des Gesuchten führen.

Hinweise sind zu richten an den nächsten Polizeiposten oder an die Stadtpolizei Zürich/Kriminalpolizei Tel. 01/216 71 11.

Stadtpolizei Zürich Kriminalpolizei

An der Seite eines Kriminalbeamten verlässt Tschanun das Polizeigebäude von Dijon.

Geiseldrama in Karachi

16 Stunden Nervenkrieg und dann das Massaker: Als am 5. September im PanAm-Jumbo Flug Nummer 73 auf dem Flughafen von Karachi das Licht ausging, begannen die Terroristen wahllos auf die Passagiere zu schiessen. Sie glaubten, das Flugzeug werde gestürmt. In Wiklichkeit aber war das Kerosin ausgegangen, das den Generator für die Stromversorgung betrieb. Erst als die Geiselnehmer ihre Munition verschossen hatten, griffen die pakistanischen Sicherheitsbeamten ein. Der Cockpit-Besatzung war es bereits bei der Kaperung gelungen, sich aus der Pilotenkabine abzuseilen. Ein Verhalten, das von den einen gelobt, von andern scharf kritisiert wurde. Insgesamt starben 17 Passagiere und zwei Terroristen bei diesem Terroranschlag. Die Amerikaner liessen den Flugzeugträger «Forrestal» aus dem Hafen von Neapel auslaufen und Reagan-Sprecher Larry Speakes sprach von «harter Bestrafung». Im Visier standen Libyen und sein Revolutionsführer Kathafi, doch alle Anzeichen deuteten darauf hin, dass die Entführer zu irgendeiner Splittergruppe gehören, von denen es im Politdschungel des Nahen Ostens nur so wimmelt.

Zusammen mit den Passagieren versuchte auch dieser Terrorist zu fliehen.

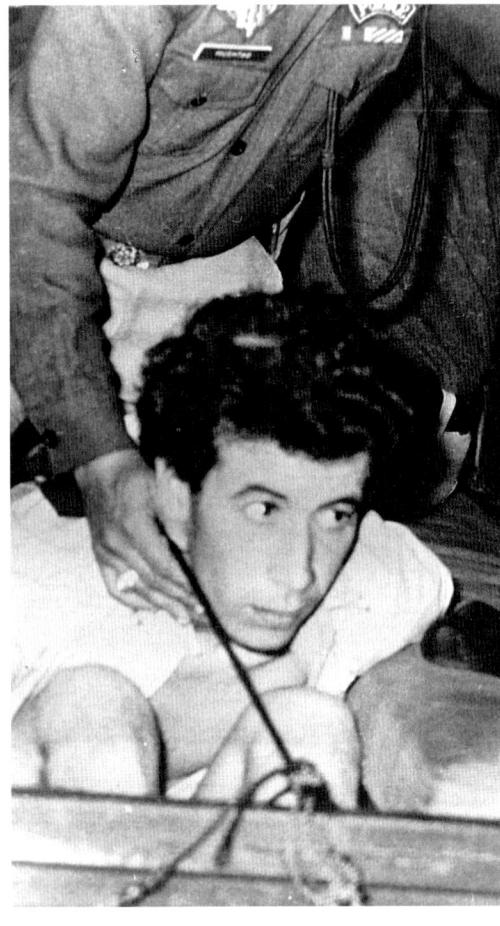

Gleich bei der Kaperung wurde der Amerikaner Rahesh Kumar erschossen.

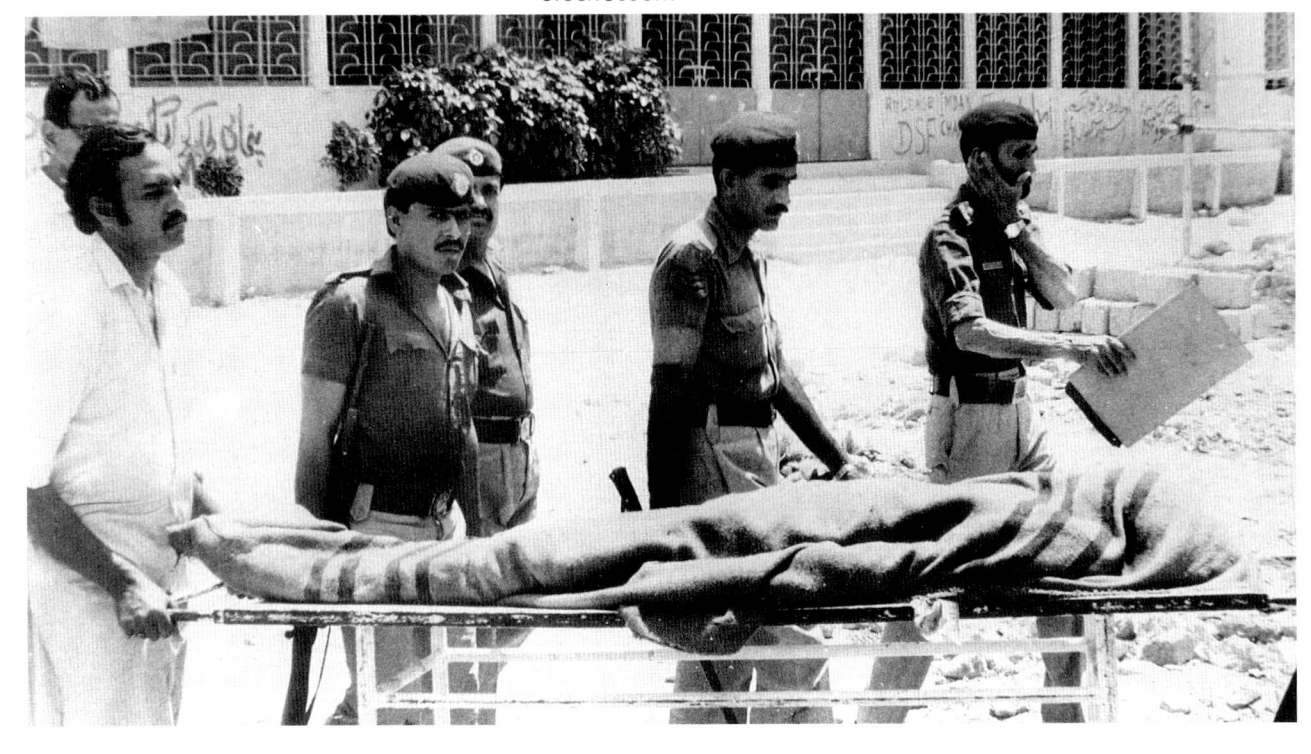

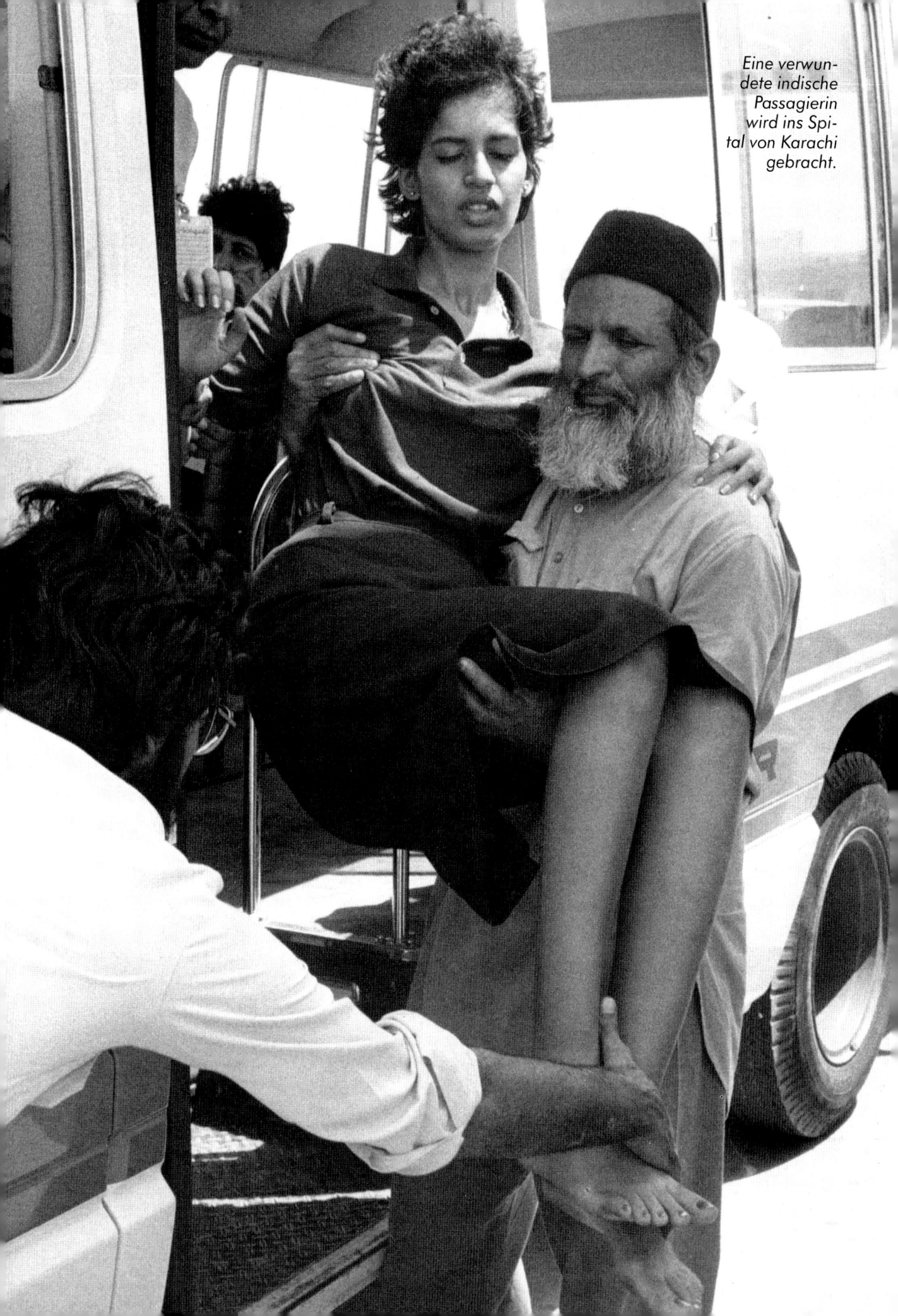

Eine verwundete indische Passagierin wird ins Spital von Karachi gebracht.

192 **Gewalt**

Das Massaker von El Frontón

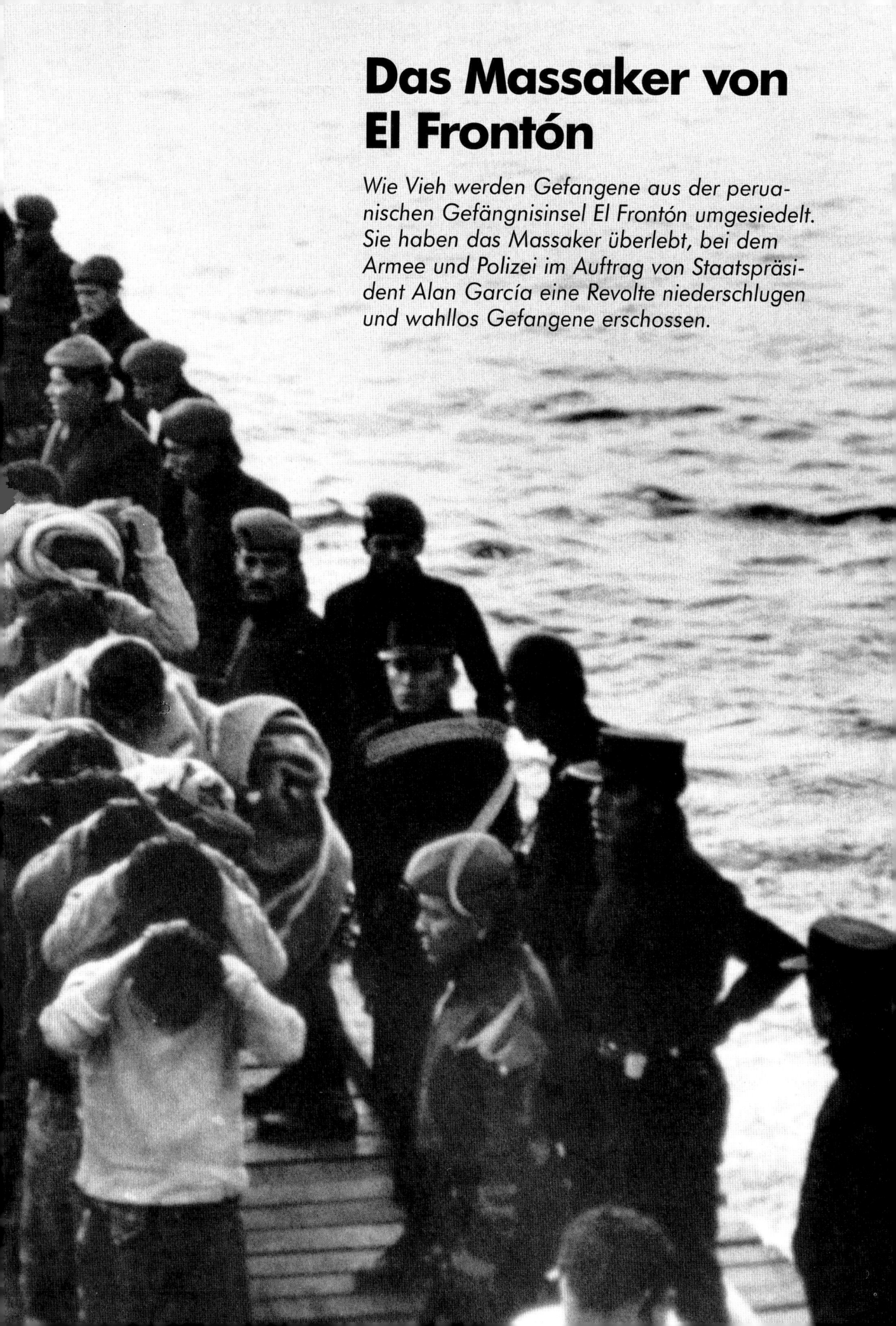

Wie Vieh werden Gefangene aus der peruanischen Gefängnisinsel El Frontón umgesiedelt. Sie haben das Massaker überlebt, bei dem Armee und Polizei im Auftrag von Staatspräsident Alan García eine Revolte niederschlugen und wahllos Gefangene erschossen.

Das End〈 de〈 Revolt〈

Massaker〈
El Frontó〈
Gefange〈
wurden erscho〈
sen, das Gefän〈
nis in Trü〈
mer bombo〈
diert (unte〈

Der junge peruanische Staatspräsident Alan García war angetreten, um Demokratie und soziale Gerechtigkeit einzuführen. Doch am 19. Juni, am Tag vor der Eröffnung des Kongresses der Sozialistischen Internationale in der Hauptstadt Lima, liess er Armee und Polizei in drei Gefängnissen eine von politischen Häftlingen der maoistischen Guerillaorganisation «Sendero Luminoso» (Leuchtender Pfad) begonnene Revolte niederschlagen. Mindestens 300 Tote forderte der Einsatz, denn Armee und Republikanergarde benutzten den Einsatzbefehl, um ein Massaker anzurichten. Das Inselgefängnis von El Frontón wurde dabei dem Erdboden gleichgemacht. Rund hundert Gefangene wurden erschossen, obwohl sie sich längst ergeben hatten. García entliess darauf 1700 Polizisten und drei hohe Heeresoffiziere, aber sein Ruf als «Friedenspräsident» war verscherzt.

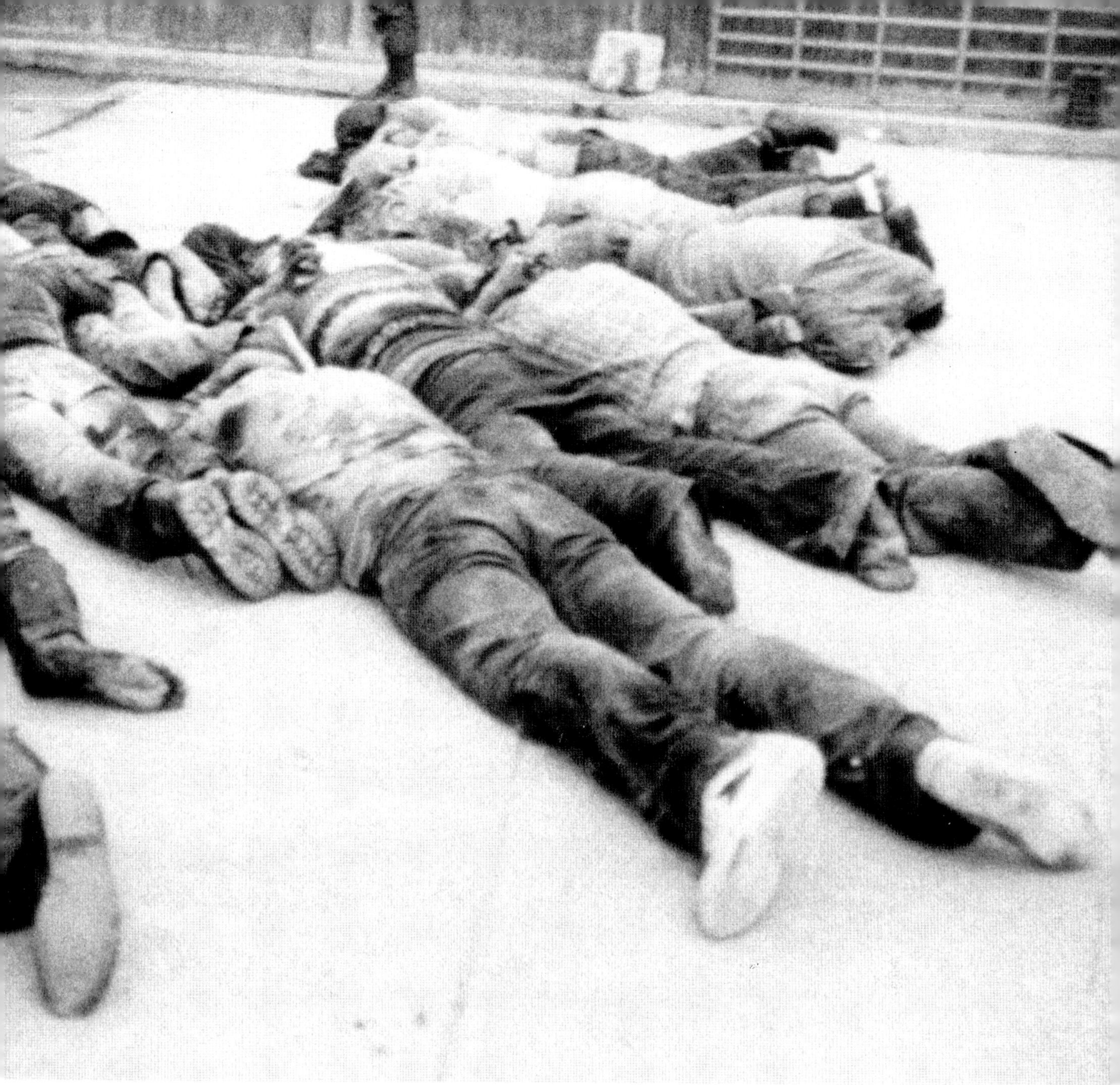

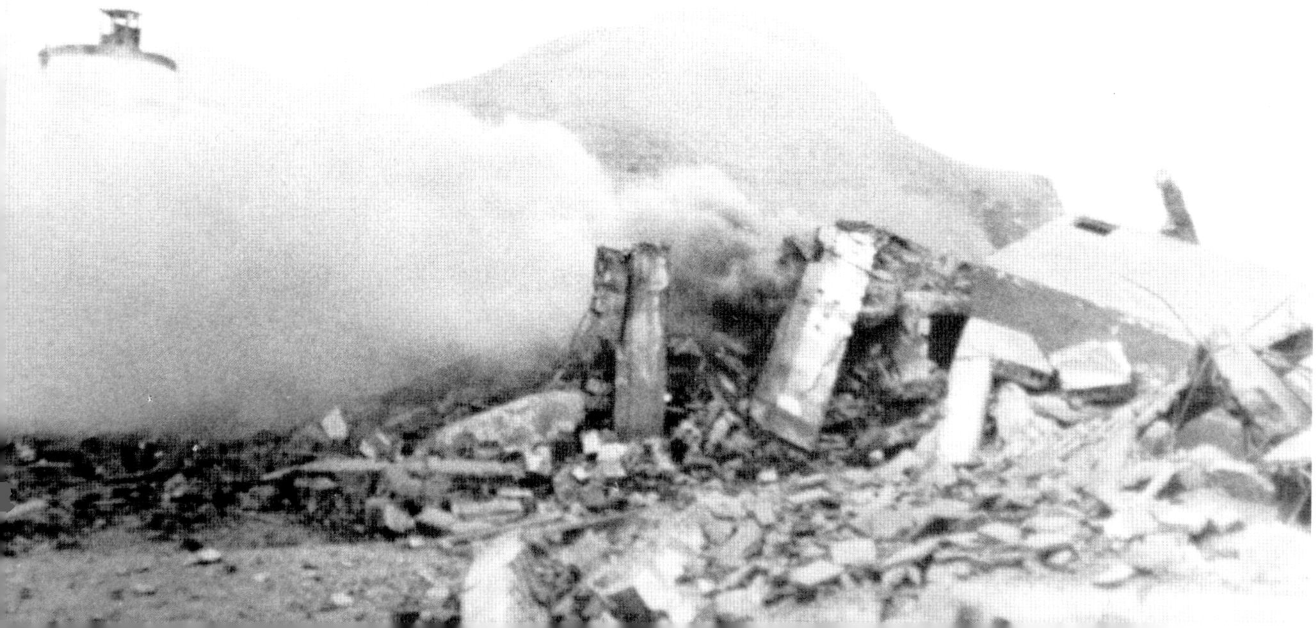

Der Maxi-Prozess gegen die Mafia

Im Februar begann in Palermo, der Hauptstadt Siziliens, der «Mafiaprozess des Jahrhunderts». In einem für Milliarden von Liren speziell ausgebauten «Sicherheitsbunker» wurden 471 Männer und drei Frauen angeklagt, Mitglieder der kriminellen Mafia-Vereinigung «Cosa Nostra» zu sein und eine Unzahl von Verbrechen aller Art begangen zu haben. Zur Debatte stehen seither und mindestens noch bis im Mai 1987 Attentate, Raubüberfälle, Entführungen, Heroinhandel und insgesamt 90 Mordfälle. Eine Anklageschrift von 8600 Seiten, begleitet von 800 000 Seiten Dokumenten, soll die blutige Spur erhellen, die sich seit Jahrzehnten durch die Geschichte Siziliens und Italiens zieht. Dass es zu diesem «Maxi-Prozess» kommen konnte, verdankt Italien einem Mafioso, dem «reumütigen» Mafia-Boss Tommaso Buscetta, der aus Rache auspackte. Im blutigen Krieg unter den verschiedenen Clans waren zahlreiche seiner Angehörigen, darunter auch zwei seiner Söhne, umgelegt worden. Bis zum Mai 1987 müssen nach italienischem Gesetz die Untersuchungshäftlinge rechtsgültig verurteilt sein oder freigelassen werden. Die Anwälte der Mafiosi tun alles, um Sand ins Getriebe der gigantischen Justizmaschinerie zu streuen, in der — berechtigten — Hoffnung, es werde dem Gericht nicht gelingen, den Aktenberg in nützlicher Frist abzutragen.

Für mehrere Milliarden Lire baute Italien in Palermo diesen Supersicherheitsbunker mit 30 Käfigen für den «Prozess des Jahrhunderts».

Mafiaboss Luciano Liggio aus Corleone ist einer der Hauptangeklagten im grossen Mafia-Prozess, an dem auch 90 Morde zur Debatte stehen.

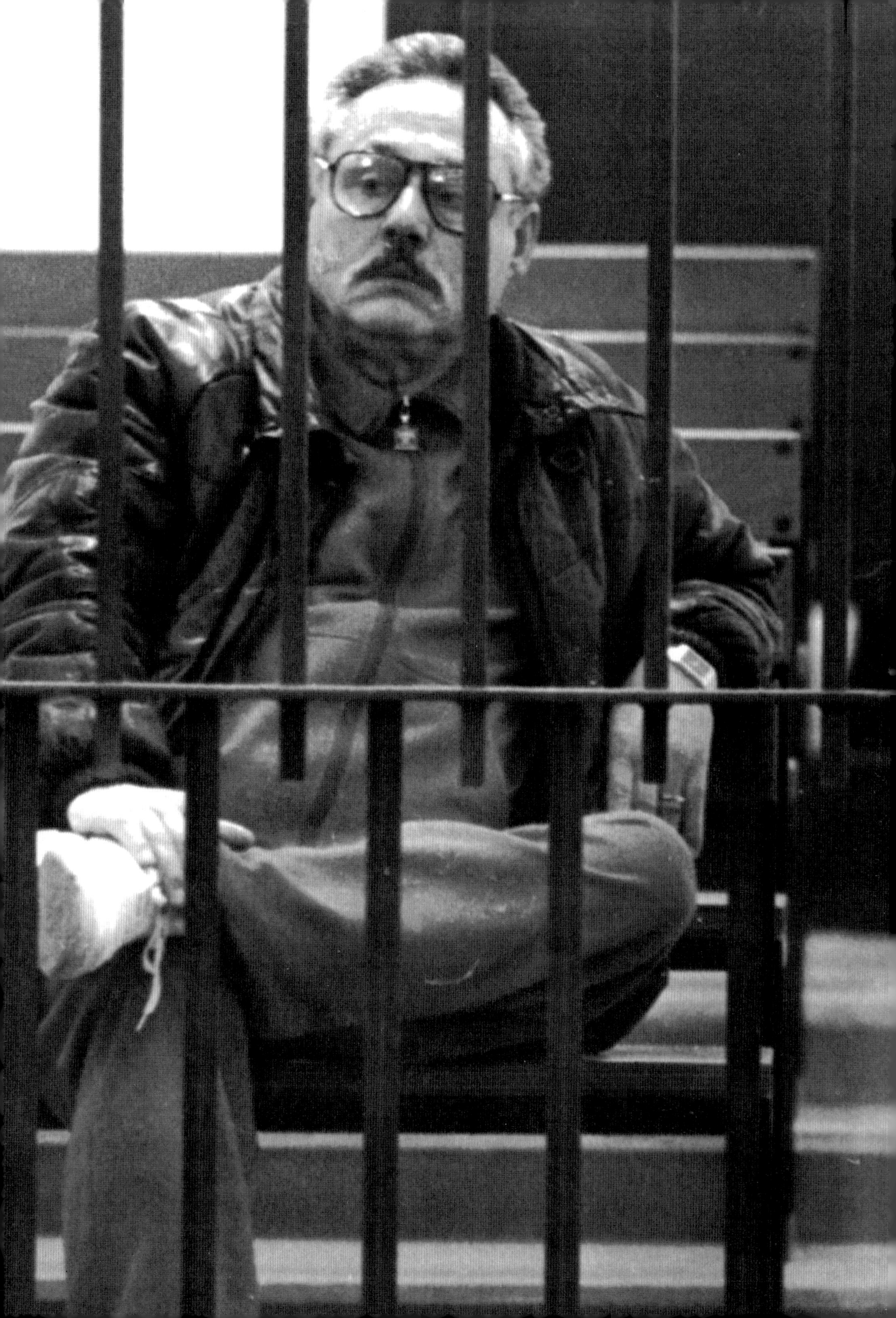

50 Kilo «goma dos»

Am Tag zuvor, dem 13. Juli, hatte Frankreich den baskischen ETA-Chef Iturbe Abasolo nach Gabon ausgewiesen. Vier Tage später war die Konstituierung des neuen spanischen Parlamentes vorgesehen. Da explodierte an der Plaza de la República Dominicana im Norden von Madrid eine ferngesteuerte Autobombe. 50 Kilo Sprengstoff vom Typ «goma dos», angereichert mit Schrauben und Stahlkettengliedern, explodierten in einem parkierten Lieferwagen und zerfetzten ein mit Polizeibeamten der «Guardia Civil» besetztes Auto. Zehn Gardisten kamen ums Leben, zahlreiche Passanten wurden verletzt. Es war das erste Mal, dass ein Kommando der baskischen Separatistenorganisation ETA auch den Tod von unbeteiligten Passanten in Kauf nahm. Seit die «Euskadi ta Azkatasuna» (Baskenland und Freiheit) zum bewaffneten Kampf überging, spaltete sie sich in einen gemässigten, politisch-militärischen, und in einen radikalen militärischen Flügel, der den bewaffneten Kampf weiterführen will, bis das Baskenland ein unabhängiger Staat ist. Seit 1985 hat allein das ETA-Kommando «Madrid» in der Hauptstadt 23 Menschen umgebracht.

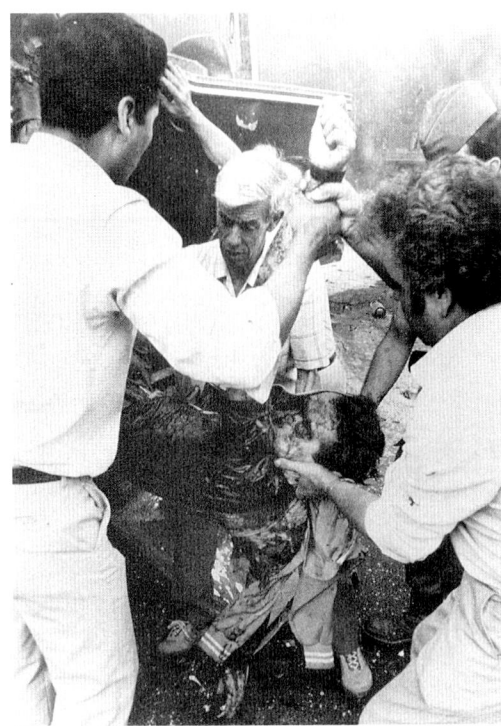

Eine schwarze Rauchwolke erhob sich über dem Ort des Attentats (oben), während Ärzte und Sanitäter zehn tote Guardias und über 40 verletzte Passanten bargen.

Nach dem Anschlag bot die Plaza de la República Dominicana ein Bild des Todes und der Verwüstung.

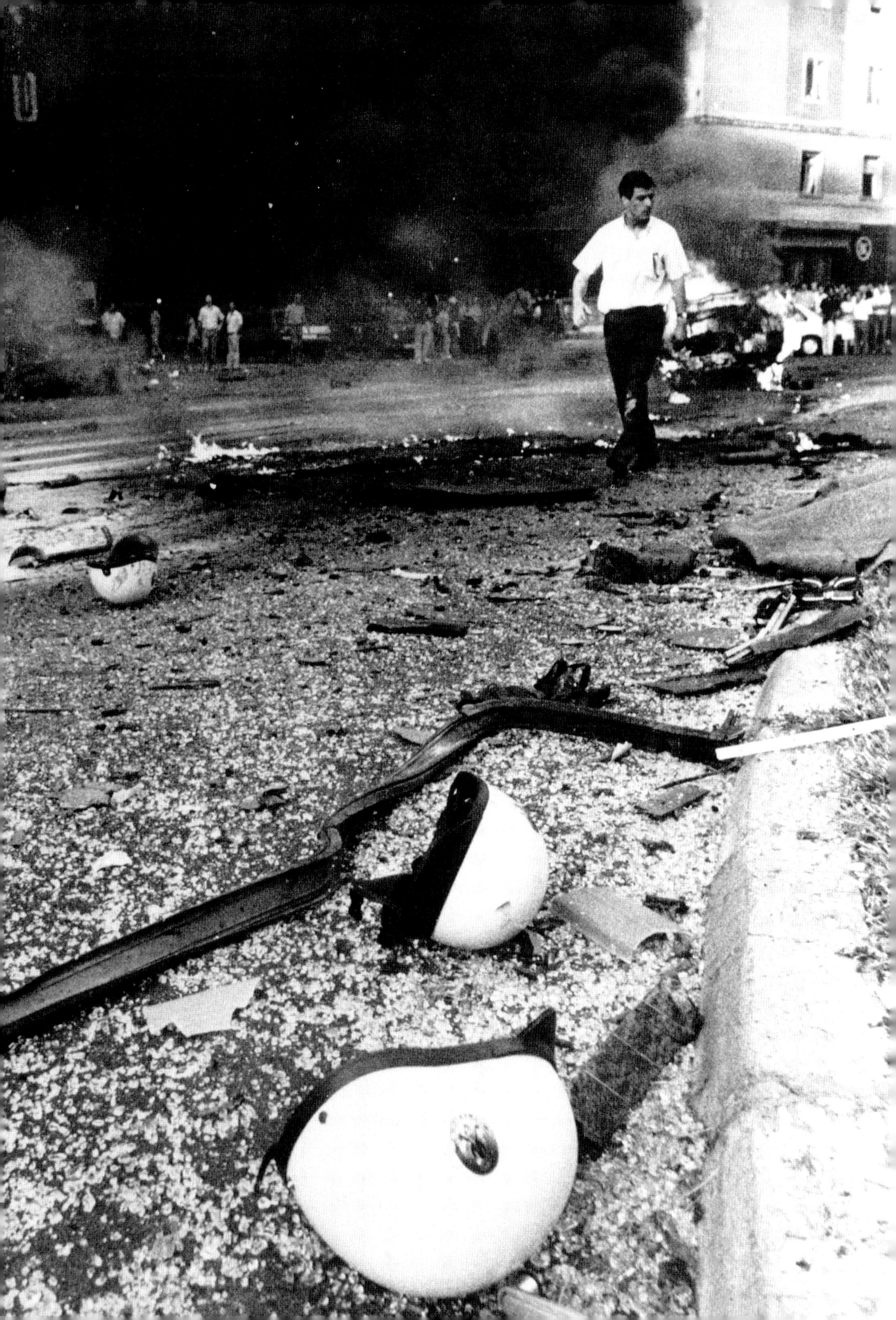

Gewalt gegen Frauen

Zwei schwere Sexualverbrechen innerhalb weniger Tage haben in der Schweiz 1986 die Öffentlichkeit aufgeschreckt. Am 1. April wurde in Inwil bei Emmen die 26jährige schwangere Bäuerin Lisbeth Felder von einem jungen Mann erst erdrosselt und dann, als sie bereits tot war, sexuell missbraucht. Ein absurdes, unbegreifliches Verbrechen, denn Täter und Opfer hatten sich nicht gekannt. Der junge Mann lebte in einer therapeutischen Wohngemeinschaft im Luzerner Hinterland und war in dieser Nacht in angetrunkenem Zustand und bei Wind und Wetter per Fahrrad unterwegs. Eigentlich suchte er jemanden, der ihn mit dem Auto nach Hause fuhr. Als die junge Bäuerin, die bereits im Bett war, im Hausmantel die Tür öffnete, drehte er durch. Wenige Minuten später, als ihr Mann aus dem Stall zurückkehrte, war seine Frau bereits tot. In der Folge wurde bekannt, dass der junge Mann, Kind einer Alkoholikern, die sich nie um ihn kümmerte, in Pflegeheimen aufgewachsen und voller Probleme, vorher noch nie durch Gewalttätigkeit aufgefallen war. Noch während die Familie und ganz Inwil um die junge Lisbeth Felder trauerten, spielte sich in Kloten das nächste Drama ab. Hinter einem Schulhaus wurde die Leiche der 25jährigen Fremdsprachenlehrerin Margrit Füglistaller gefunden, auch sie Opfer eines Sexualverbrechens. Statistiken besagen zwar, dass die Zahl der Notzuchtverbrechen eher rückläufige Tendenz hat, was aber nichts daran ändert, dass sich viele Frauen immer stärker verunsichert fühlen. In zahlreichen Ortschaften werden Selbstverteidigungskurse und spezielle Seminarien für Frauen durchgeführt, die Zürcher Kreistelefondirektion zum Beispiel führte Kurse — versuchsweise — für alle Lehrtöchter ein. Viele Frauen sind allerdings überzeugt, dass solche Kurse bestenfalls einigen Frauen mehr Selbstvertrauen und Rückhalt geben können, andererseits aber am eigentlichen Problem — der zunehmenden Gewalttätigkeit in der Gesellschaft — nichts ändern. So meinte beispielsweise die Basler Nationalrätin Anita Fetz: «Vergewaltigung und Sexmord sind Ausdruck der Frauenunterdrückung. Sie haben fast nichts mit Sexualität zu tun, aber alles mit Unterwerfung.»

Staatsterror gegen Kinder

Zahlreiche südafrikanische Bürgerrechtsorganisationen haben die Regierung angeklagt, sie stecke Tausende von schwarzen Kindern und Jugendlichen unter 18 Jahren ohne Anklage ins Gefängnis. Im Verlauf einer Kampagne «Rettet die Kinder» wurde bekannt, dass seit der Verhängung des Ausnahmerechts im Juni in Südafrika rund 9000 Kinder verhaftet und zum Teil in den Gefängnissen gefoltert wurden. Der südafrikanische Polizeichef Johan Coetzee erklärte, die Zahlen seien übertrieben. Zurzeit befänden sich «nur» 256 Kinder unter 16 Jahren aufgrund des Ausnahmerechts in den Gefängissen. Das jüngste sei elf, sechs seien zwölf, 21 seien 13, 88 seien 14 und 140 seien 15 Jahre alt. Es gehe eben darum, diese Kinder von «gefühllosen Personen und radikalen Organisationen» fernzuhalten, «die das Land mit brutalen Methoden unregierbar machen wollen.» Die ganze Härte der Gesetze bis zur Todesstrafe kriegen Kinder auch in zahlreichen Bundesstaaten der USA zu spüren. Im Bundesstaat Indiana bespielsweise können schon Zehnjährige hingerichtet werden. So wurde 1986 die erst 16 Jahre alte Paula Cooper wegen Mordes zum Tode verurteilt und weitere 32 Jugendliche sitzen in US-Gefängnissen in der Todeszelle.

Partyplausch

Die Leute sitzen gemütlich bei der Party. Plötzlich wird die Türe aufgerissen, ein Mann stürzt herein, Messer zwischen den Zähnen, Knarre in der Hand — Rambo ist da. Die Nummer gehört zum Service einer von vielen amerikanischen Dienstleistungsunternehmen, die sich auf Partyplausch spezialisiert haben. Man kann bei ihnen so ziemlich alles bestellen, von dem sich amerikanische Partygäste «Spass» versprechen: vom Kaviarfrühstück mit Stehgeiger für den Haushund über eine Polizistin, die einen Gast verhaftet und sich dann als Stripperin entpuppt bis zum perfekt inszenierten Mord mit Manipulierleiche oder eben einen falschen Silvester Stallone, der seine Rambo-Show abzieht. Der Umgang mit Gewalt ist im Land der unbeschränkten Möglichkeiten zu einer Frage des Geschmacks geworden. Die Partyplausch-Agenturen jedenfalls haben Hochkonjunktur, seit sie knallharte «Action» im Sortiment führen.

Kultur

Zwei der bedeutendsten europäischen Künstler Europas sind 1986 gestorben: der Deutsche Joseph Beuys und der Brite Henry Moore. In der Schweiz gedachte man mit zwei wichtigen Ausstellungen Alberto Giacomettis und des französischen Impressionisten Claude Monet. Dazu Jubiläumsfeiern noch und noch: 2000 Jahre Zürich, 600 Jahre Sempach und 100 Jahre Freiheitsstatue.

BUCH DES JAHRES 1986

SCHWEIZER ILLUSTRIERTE

201

Das Superfest der Zürcher

Eine runde Million Zürcher und Zugewandte feierten im Juli zu Wasser, zu Land und in der Luft den 2000. Geburtstag der Stadt. Mit Stimmung, Trubel, Heiterkeit und erst noch schönem Wetter.

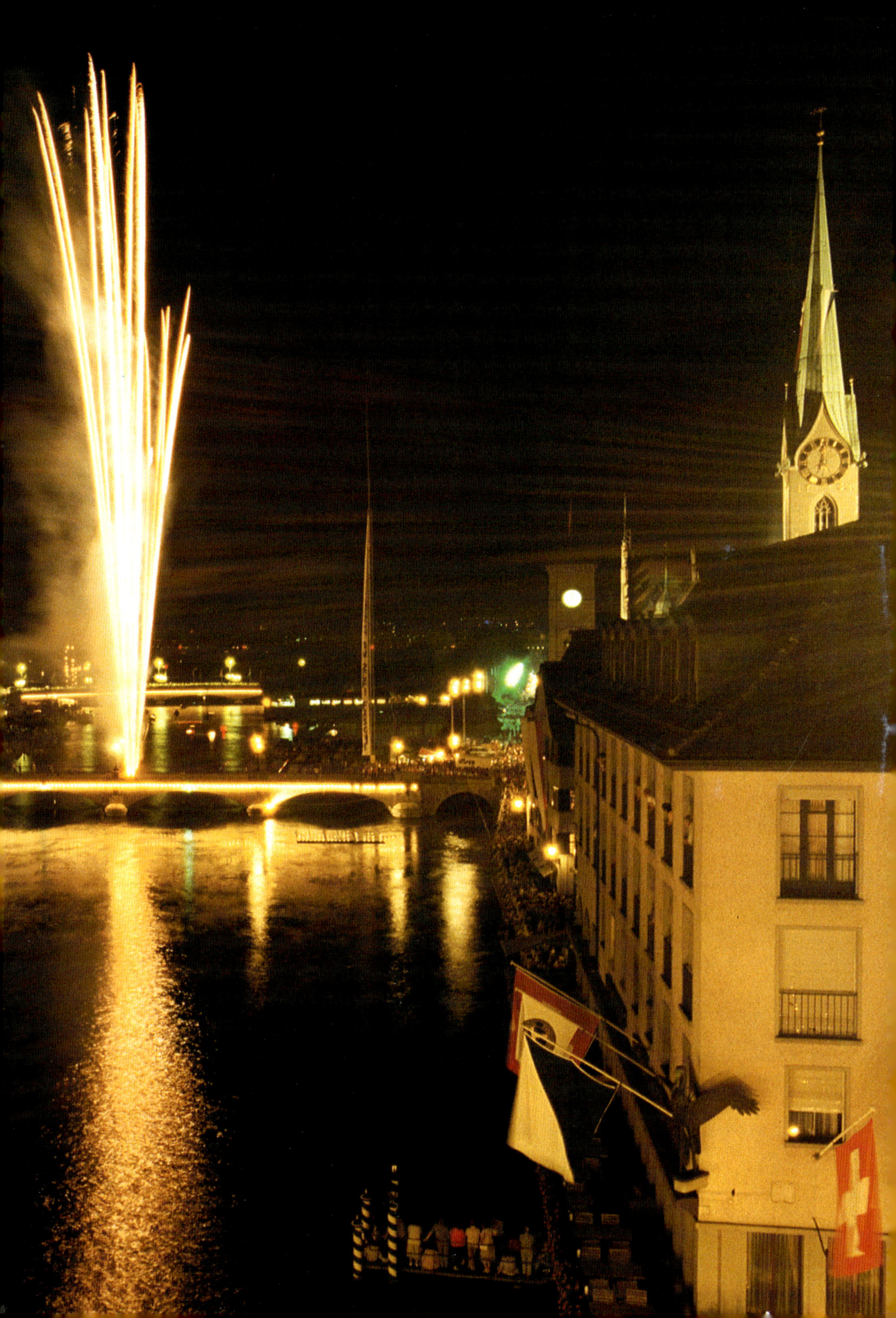

Löwenplausch an der Bahnhofstrasse

In 400facher Ausführung und in allen Lebenslagen verzierten Löwen aus Polyester die Zürcher Bahnhofstrasse. An einer Auktion lösten die Veranstalter 438 000 Franken aus dem Verkauf von 75 Exemplaren. Ein Wunder?

204 **Kultur**

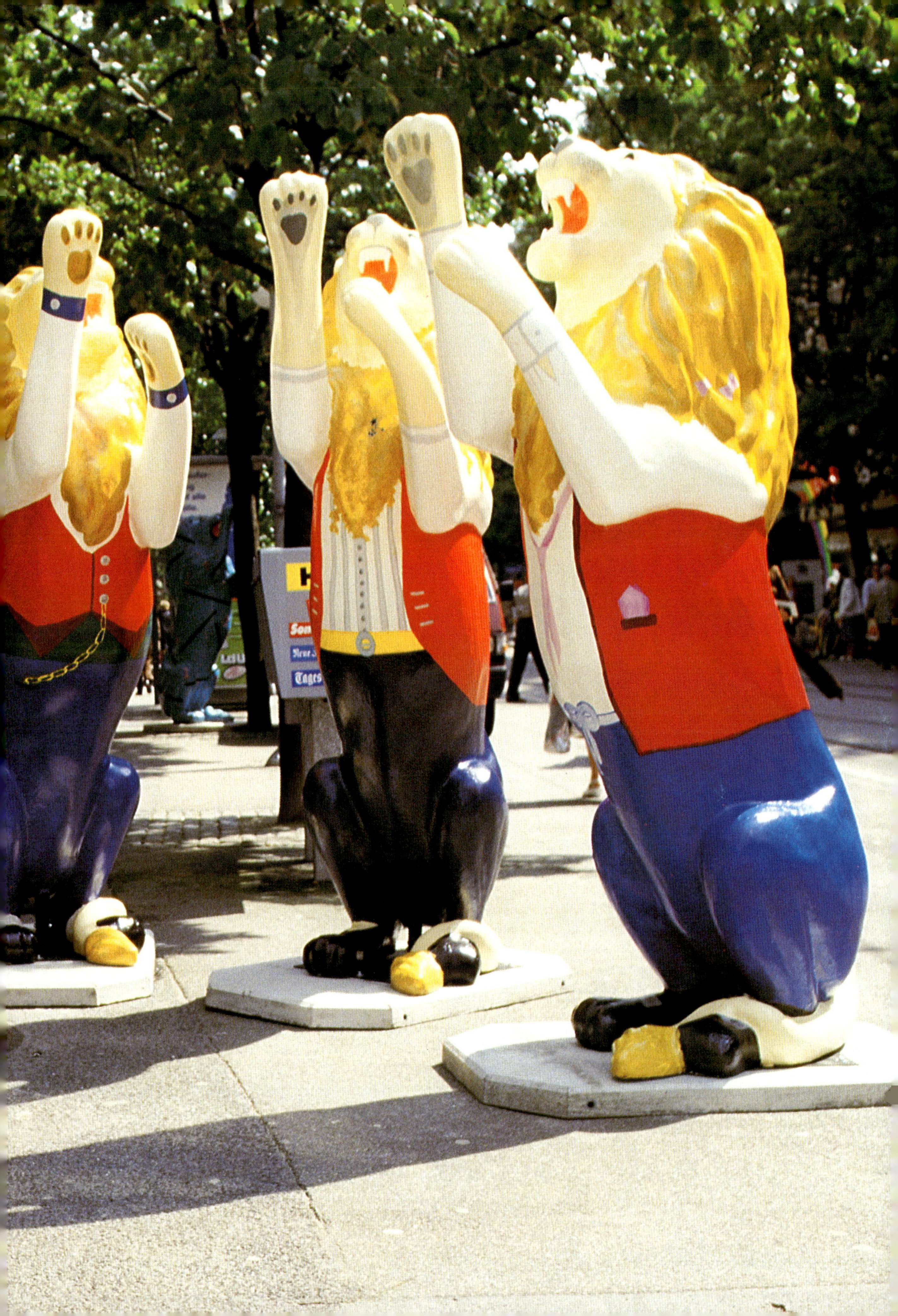

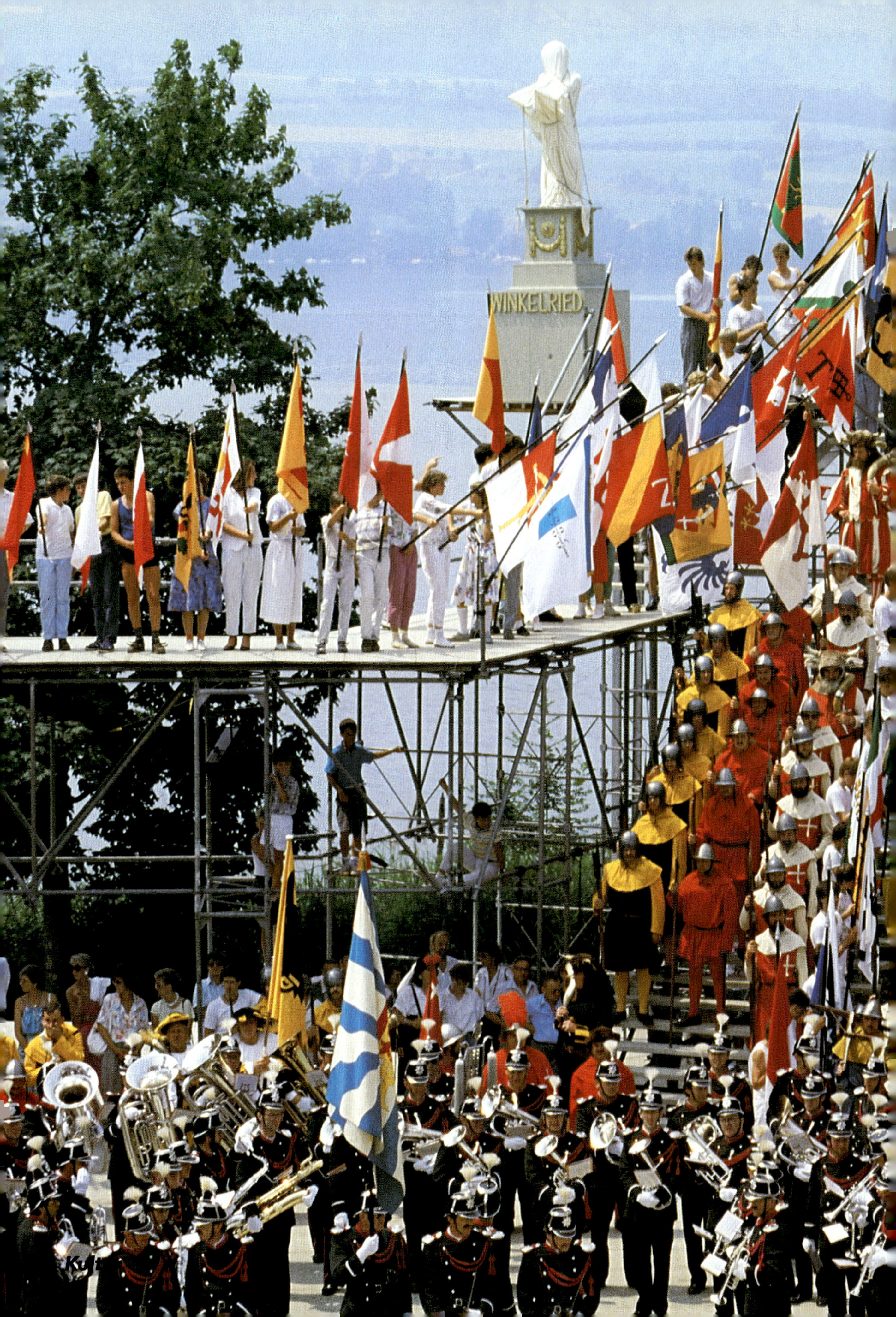
WINKELRIED

Eine Heldenfeier mit Nebengeräuschen

Marktszene während der Schlachtfeier in Sempach. Stadt- und Landvolk feierte «600 Jahre Schlacht bei Sempach und 600 Jahre Stadt und Land Luzern» mit einem Festspiel. Die Begleittöne zum Fest waren allerdings alles andere als feierlich: Held Winkelried wurde «abgeschafft».

Der einen Freud — der andern Ärger

Urner Landvolk in historischen Kleidern (oben) auf dem Weg zum Schlachtfeld, vorbei an zwei «müden Kriegern», denen die Juli-Hitze zu schaffen machte — wie vor 600 Jahren Leopold III. und seinen gepanzerten Rittern.

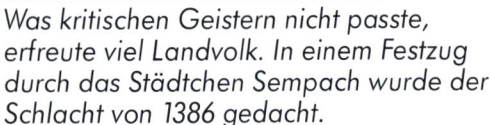

Was kritischen Geistern nicht passte, erfreute viel Landvolk. In einem Festzug durch das Städtchen Sempach wurde der Schlacht von 1386 gedacht.

Tatsache ist: Am 9. Juli 1386 wollte der Habsburger Herzog Leopold III. mit einem Heer von 4000 Mann den unbotmässigen Luzernern und eidgenössischem Landvolk eine Lektion erteilen. Tatsache ist ferner, dass rund 1500 unberittene Eidgenossen diese Übermacht in der Schlacht von Sempach besiegten und Leopold sein Leben verlor. Fast der ganze Rest ist infolge einer «ungünstigen Quellenlage» fragwürdig oder gar Legende. Zu letzterer wird inzwischen auch Held Arnold Winkelried gezählt, der sich in die feindlichen Speere geworfen und den Eidgenossen unter Aufopferung des Lebens eine Bresche geschlagen haben soll. Neben dem Streit um Winkelried aber begleiteten weitere Misstöne die Schlachtenfeier. Ein eher unförmiger Styropor-Winkelried von vier Metern Höhe, der in der Schlussszene des Festspiels hätte auftauchen sollen, wurde — nicht zuletzt auf Grund von Protesten der Mitspieler — kurzerhand weggeschafft. Unbekannte verunzierten zudem die in Sempach frisch restaurierten historischen Gebäude, während Militärhistoriker bemängelten, dass bei der Jubiläumsfeier der militärische Aspekt «etwas zu dürftig geraten sei». Und schliesslich schrieb jemand an die Fassade der säuberlich herausgeputzten Schlachtkapelle die besinnlichen Worte: «Millionen von Menschen sterben im Krieg und ihr feiert Schlachten.»

208 Kultur

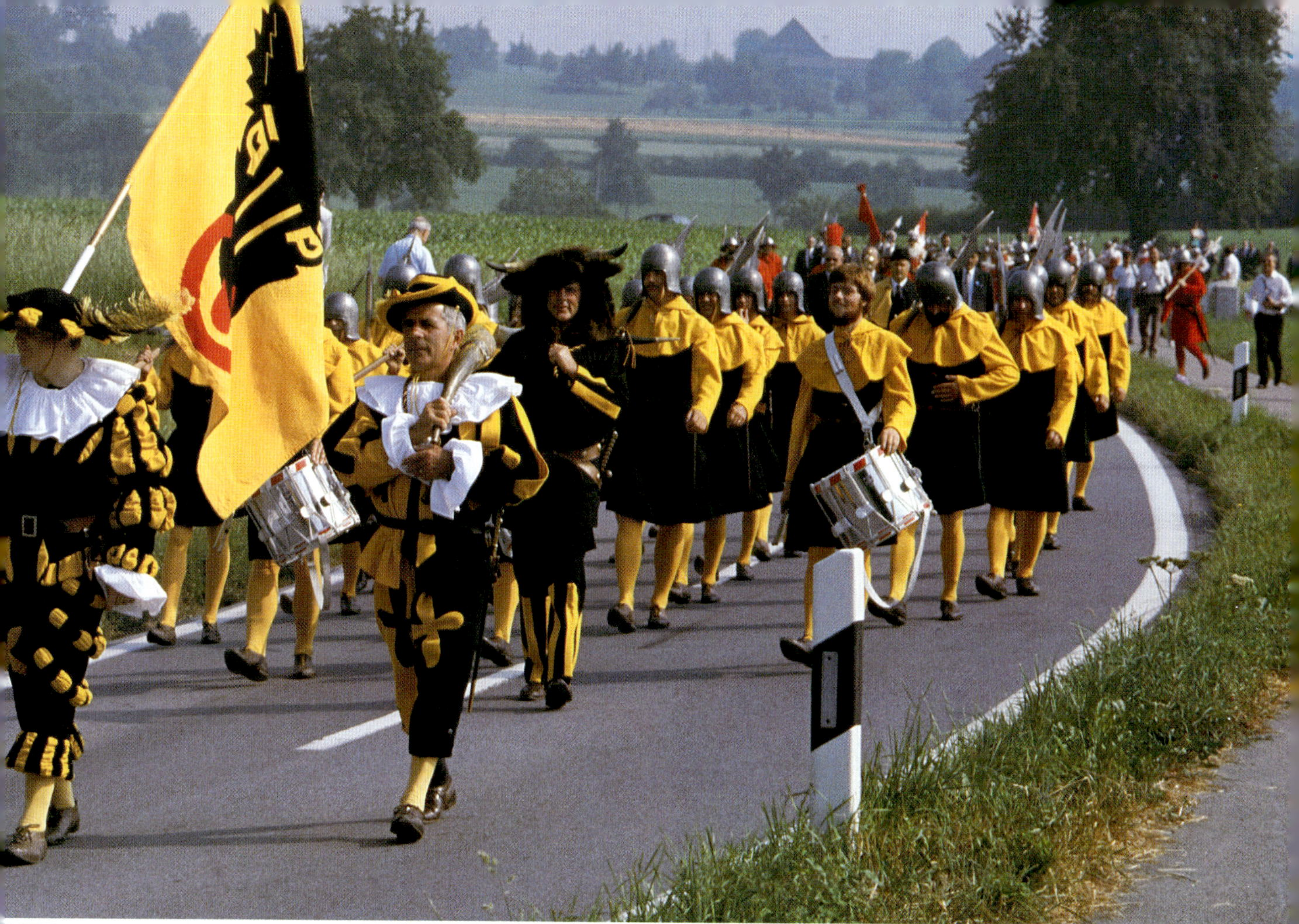

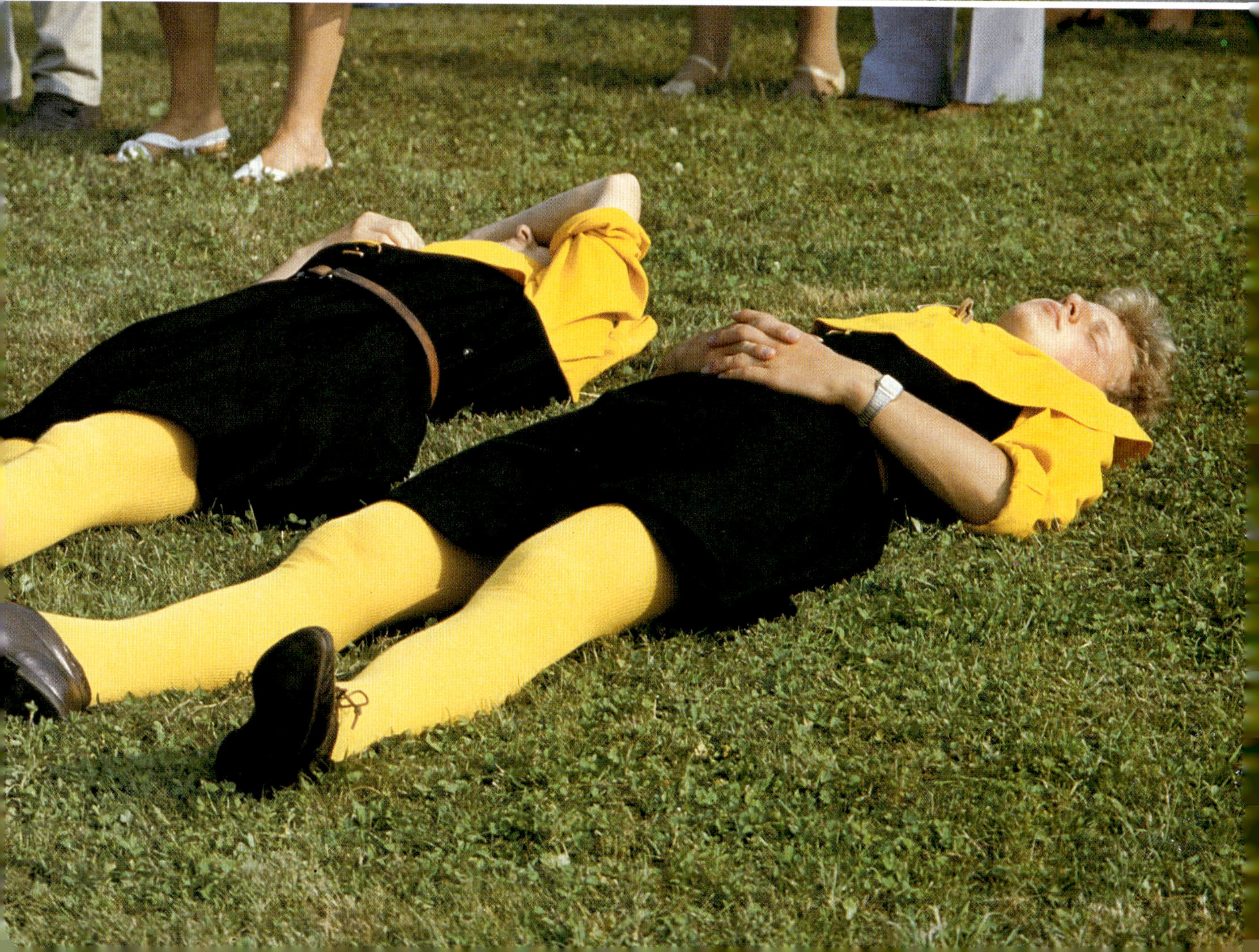

210 **Kultur**

Eine Superparty für ein betagtes Fräulein

«Miss Liberty», die amerikanische Freiheitsstatue im Hafen von New York, ist 100 Jahre alt geworden. Mit einem Facelifting für den stolzen Betrag von 70 Millionen Dollars wurde das betagte, 204 Tonnen schwere Kupfer-Fräulein auf Hochglanz gebracht. Und mit Prominenz aus aller Welt feierten die New Yorker am 4. Juli, dem Unabhängigkeitstag, die Jubilarin auf ihre Weise: Mit einer Superparty samt gigantischem Feuerwerk.

Spektakel für Miss Liberty

Während Jahrzehnten war die Freiheitsstatue im Hafen von New York für Millionen von Emigranten, die mit dem Schiff den neuen Kontinent erreichten, Wahrzeichen und Hoffnung für ein neues, besseres Leben. Inzwischen ist das Fräulein, das die Amerikaner seinerzeit von Frankreich zum Geschenk erhielten, in die Jahre gekommen. Auch ihre Grösse — immerhin 101 Meter bis zum Ende der Fackel — hat im Vergleich zu den Wolkenkratzern der New Yorker Skyline nicht mehr den Stellenwert wie vor hundert Jahren. Das hinderte die New Yorker aber nicht, die alte Lady von Grund auf zu überholen und aus dem Jubiläum ein Riesenfest zu machen, bei dem sich so ziemlich alle Stelldichein gaben, die in den USA Rang und Namen haben. Die «Liberty-Show» wurde zu einer patriotisch-musikalisch-politischen Grosskundgebung. Inszeniert von Hollywood-Produzent David Wolper für stolze 30 Millionen Dollars.

Festrednerin Elizabeth Talyor (oben rechts), ein Punk im Liberty-Look (rechts) und Kitsch-as-Kitsch-Can (oben) — alles für die «Freiheit».

212 **Kultur**

...und 40 000 Boote, Yachten und Schiffe
...nkerten rund um die kleine Bedloe's
...sel im Süden von Manhattan, um die
...eiheits-Lady zu feiern.

Der Gigant aus dem Bergell

Mit zwei bedeutenden Ausstelgen wurde in der Schweiz des 20. Todestages des Bergeller Bildhauers Alberto Giacometti gedacht: In Chur und Zürich mit einer Fotoausstellung, in Martigny mit 220 Werken des grossen Malers und Bildhauers.

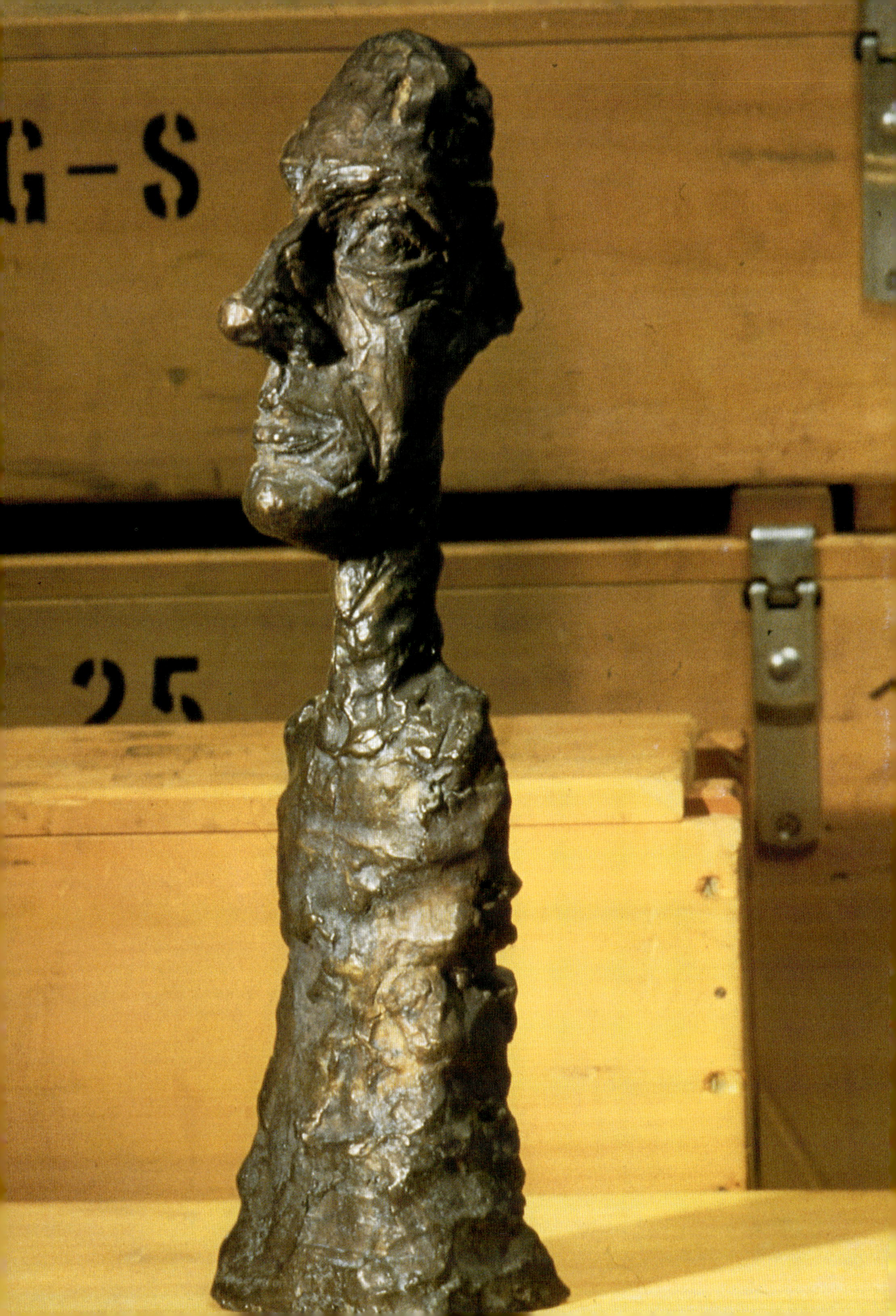
G-S
25

Alberto Giacometti starb am 11. Januar 1966 im Kantonsspital von Chur. Das 20. Jahr nach seinem Tod war deshalb Grund, wieder einmal umfassend auf Leben und Werk des wohl berühmtesten und bedeutendsten Schweizer Künstlers dieses Jahrhunderts zurückzukommen. Wenige Tage nach seinem 20. Todestag wurde im Bündner Kunstmuseum in Zusammenarbeit mit dem Kunstmuseum Zürich und der Schweizerischen Stiftung für Photographie ein bisher wenig beachteter Aspekt aus dem Leben des Künstlers gezeigt: «Von Photographen gesehen: Alberto Giacometti». Mit Aufnahmen aus der frühesten Jugendzeit bis zu seinen alten Tagen im heimatlichen Bergell sind die Stationen seines Lebens festgehalten. Im Mai wurde dann im Museum der Fondation Pierre Gianadda in Martigny mit 220 Werken von Bruno Giacometti, dem jüngsten Bruder des Künstlers, eine umfassende Werkschau installiert. Aus dem Fundus der Giacometti-Stiftung, aber auch aus Privatbesitz konnte so ein Querschnitt durch sein Schaffen gezeigt werden, der 20 Jahre nach seinem Tod einmal mehr das Bild eines künstlerischen «Giganten» heraufbeschwört, eines Mannes, der nach «Berglerart» unbeirrt seinen als richtig erkannten Weg gegangen ist. Der beispielsweise nach erfolgreichen Jahren in Kreisen der Surrealisten eines Tages radikal mit dieser Kunstrichtung gebrochen hat und sich der Naturbeobachtung widmete. Während des Zweiten Weltkrieges lebte er in Genf. Ab 1945, zurückgekehrt an die Rue Hippolyte-Maindron in Paris, entstanden die meisten Skulpturen, die seinen Weltruhm begründeten.

Giacometti — ein Jahr vor dem Tod

Mit Skulpturen wie «Le chien», auch in Martigny gezeigt, begründete er seinen Weltruhm.

Klassike de Modern

«Femme debo IV» im Atelie hof, eine A nahme des Zi cher Photogr phen Err Scheidegge

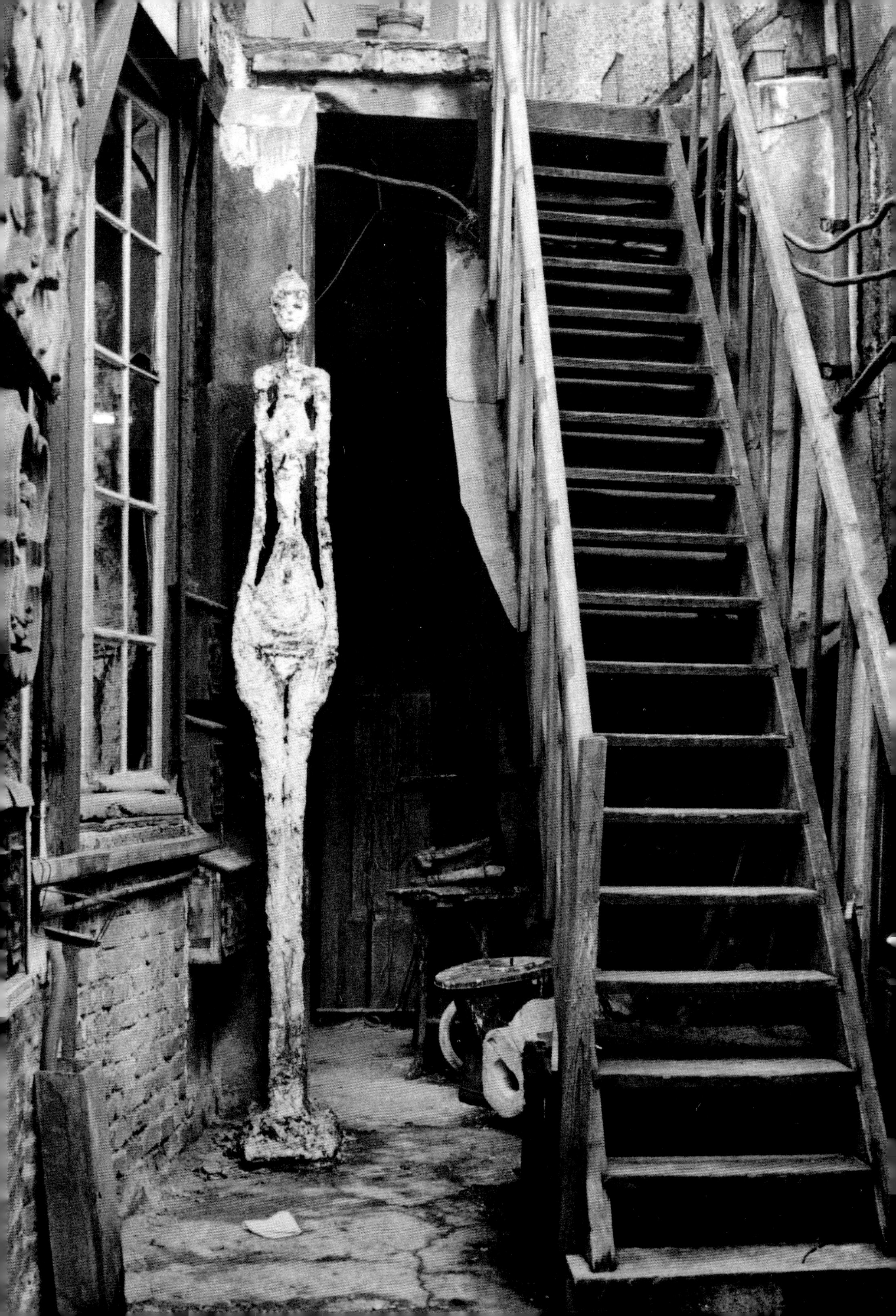

218 **Kultur**

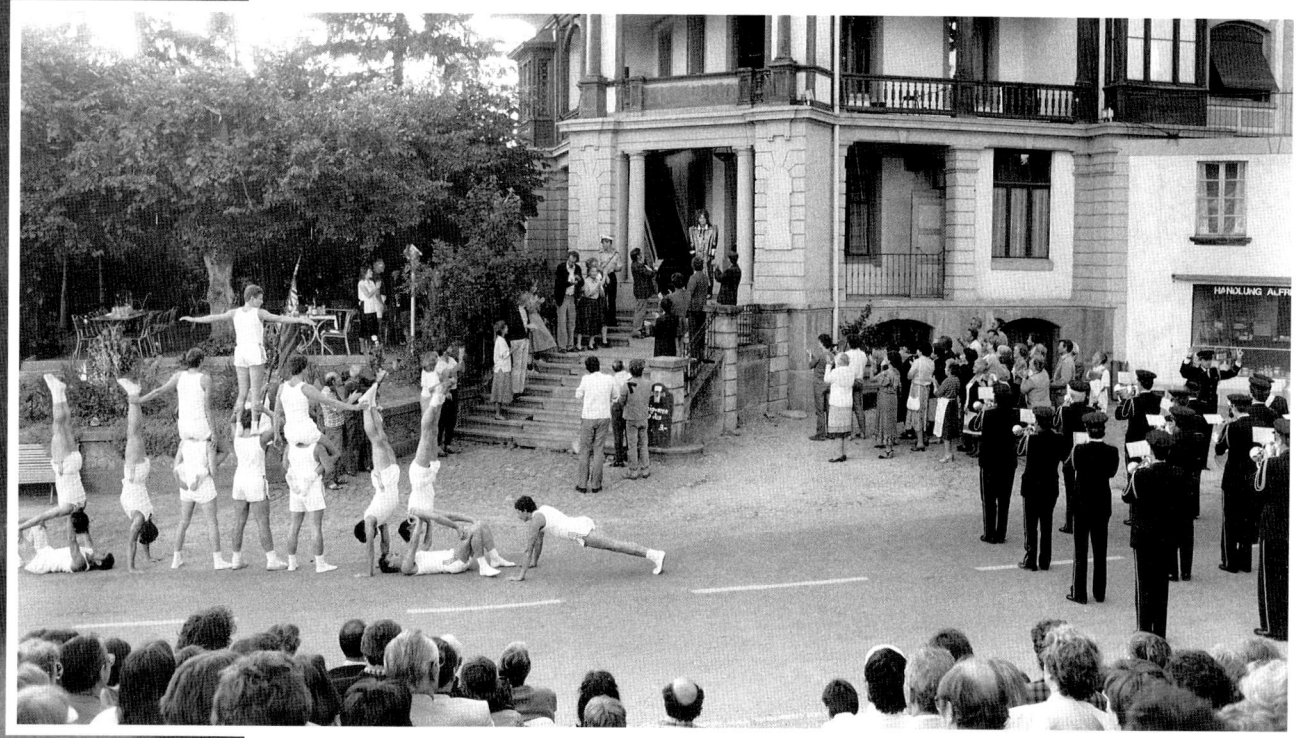

Mit echter Dorfmusik und echten Schnellzügen, die vorbeifuhren, lief das Stück zwischen Bahnhof und Bahnhofbuffet Ins über die Freilichtbühne.

Frei nach Dürrenmatt

Die Schauspielerin Voli Geiler als rachsüchtige Milliardärin Claire Zachanassian mit ihrem Butler.

Das war wohl das ungewöhnlichste Theaterereignis des Jahres in der Schweiz. Am Bahnhof von Ins, im Berner Seeland, inszenierte der erst 23jährige Regisseur Lukas Leuenberger Friedrich Dürrenmatts Stück «Der Besuch der alten Dame» als Freilichtspiel. Das Dorf und der Bahnhofplatz von Ins hatten in den fernen fünfziger Jahren dem Schriftsteller vorgeschwebt, als er seine bitterböse Komödie über die rachsüchtige Milliardärin Claire Zachanassian (geborene Klärli Wäscher) und die geldgierigen, feigen Bürger von «Güllen» schrieb. Die von der «Schweizer Illustrierte» mitgesponserte Aufführung wurde zum Theaterhit der Saison und musste der grossen Nachfrage wegen verlängert werden. Voli Geiler, Walo Lüönd und Franz Matter als Hauptdarsteller sowie viele begeisterte Dorfbewohner als Laienspieler lockten die Besucher in hellen Scharen an den fiktiven «Tatort», dessen Bahnhofplatz sich nicht nur in der Phantasie Dürrenmatts, sondern auch im Freilichtspiel als perfekte «Kulisse» erwies. Der Schriftsteller hatte dem jungen Regisseur auch freie Hand gegeben: Er solle so inszenieren, wie es ihm passe, wie wenn der Autor «schon tot» sei. Leuenberger liess sich das nicht zweimal sagen. Dank seinem Organisationstalent, der Leistung der Schauspieler und der Begeisterung der Bevölkerung lief alles rund. Sogar das Wetter machte mit.

Eva Lind als Lucia di Lammermoor in Direktübertragung aus der Basler Oper am Grossbildschirm. 6000 wollten die Primadonna hören.

19 Jahre und schon Primadonna

Eva Lind: Mit 19 Jahren schon Opernstar.

Als sie an der Mailänder Scala vorsang, lief der Regisseur mitten im Vortrag davon. Und als sie in Zürich bei der Oper anheuern wollte, lächelte man milde, so im Stil «Ist ja schön, immer so ein munteres Liedlein auf den Lippen, aber werden Sie zuerst einmal älter». Eva Lind ging es nicht besser, als andern Opersängerinnen und -sängern, die darauf warten, entdeckt zu werden. Im Unterschied zu ihnen aber ging es plötzlich sehr schnell. Bei der Première von Gaetano Donizettis Schauerdrama «Lucia di Lammermoor» in Basel brach das Publikum in Ovationen aus. Die jugendliche Lucia aus Innsbruck hatte auch schwierigste Partien mit Bravour gemeistert. Besucher und Kritiker waren des Lobes voll und überzeugt: Die jüngste Primadonna der Welt, ein neuer Opernstar war geboren. Eine Basler Chemiefabrik sponserte eine Open-Air-Übertragung per Grossbildschirm auf dem Marktplatz, und 6000 Besucher kamen.

Eva Lind in der Basler Oper: Ausstrahlung und viel technisches Können.

Musik zum Träumen

«In den 70er Jahren haben wir wenigstens noch unsere eigenen Teeniebopper-Idole produziert. Jetzt müssen wir sie importieren...» Dieser Seufzer in einer englischen Pop-Zeitung war auf die beiden Zürcher Kurt Maloo und Felix Haug gemünzt. Mit ihrer musikalischen Software «The Captain of Her Heart» und unter dem wenig reisserischen Namen «Double» haben sie sich erst in der britischen und dann auch noch in der amerikanischen Hitparade eingenistet und Punkt für Punkt nach vorne gerobbt. Die beiden smarten Boys aus der Limmatstadt haben der weiten Pop-Welt bewiesen, dass in der Schweiz nicht nur Käse und Militärmesser produziert werden, sondern auch «Musik zum Träumen», die den Teenies unter die Haut fährt. Nach ersten Versuchen mit dem Trio «Ping Pong» trennten sie sich 1983 von ihrem Bassisten, tauften sich um, und seither stimmt auch die Kasse.

Felix Haug u[nd] Kurt Maloo [aus] Zürich: M[...] Musik z[um] Träumen [...] die Hitpara[de]

Mit «Captain of Her Heart» schafften die «Double» international den Durchbruch.

Naturnah, aber nicht naturalistisch: Moores «Madonna mit Kind» aus den 50er Jahren.

Im Zentrum stand der Mensch

Mit dem britischen Bildhauer Henry Moore starb 1986 einer der angesehensten Vertreter zeitgenössischer Kunst. Der Sohn eines Bergmanns aus Yorkshire wurde besonders durch seine gerundeten Monumentalplastiken bekannt, die heute in den meisten grossen Museen der Welt, vielfach aber auch wie Findlinge im Freien in öffentlichen Parkanlagen stehen. Für die Entwicklung seines Stils war in frühen Jahren schon eine intensive Beschäftigung mit archaischer und präkolumbianischer Kunst ausschlaggebend. Berühmt wurden auch seine «shelter drawings» von Menschen, die im Zweiten Weltkrieg während der Bombardierung Londons durch die deutsche Luftwaffe in Tunnels Zuflucht suchten. Zentrales Thema seines Werkes war immer der Mensch. Auch in seinen abstrakten Werken blieb er naturnah, indem sich seine Plastiken aus Urformen der Natur, Wölbungen und Höhlungen ableiteten.

Der britische Bildhauer Henry Moore starb im Alter von 88 Jahren.

Moores «Krieger mit Schild» (links) aus den 50er Jahren und «The Arch» aus dem Jahr 1980.

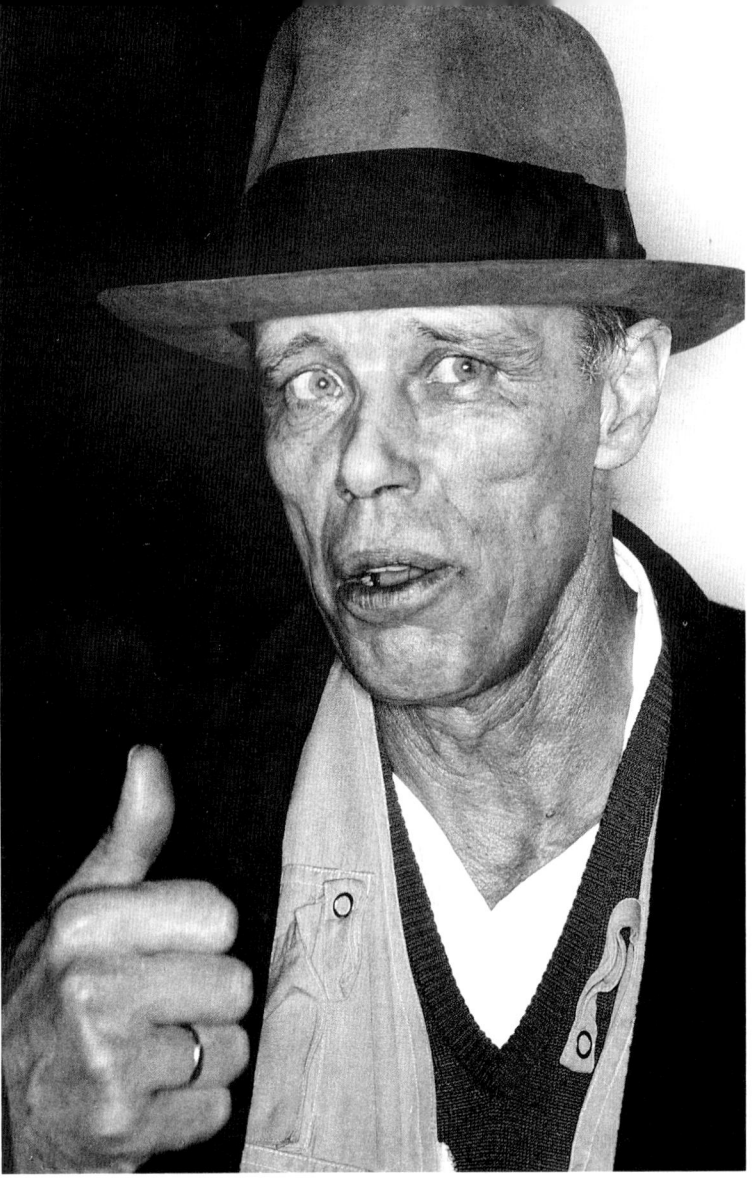

Joseph Beuys mit Filzhut, der eine Silberplatte auf dem Schädel verdeckte.

«Das Kapital», eine Beuys-Installation in den Hallen für neue Kunst in Schaffhausen.

Der Mann mit dem Hut

Der deutsche Künstler und Kunstprofessor Joseph Beuys starb im Januar an einer Lungenentzündung im Alter von 64 Jahren. Für die einen war er der grösste Gegenwartskünstler überhaupt, für die Feinde der Moderne ein Scharlatan, der «Filz- und Fettecken-Beuys», wie sie ihn seiner künstlerischen Vorliebe für Filz und Fett wegen nannten. Beuys entging als Stuka-Flieger im Zweiten Weltkrieg bei einem Absturz knapp dem Tod. Der Hut, den er immer trug — sozusagen sein «Markenzeichen» — überdeckte die in der Schädeldecke eingepflanzte Silberplatte. Beuys studierte bei Ewald Matarés Malerei und Bildhauerei und wurde 1961 selbst zum Professor an der Düsseldorfer Akademie gewählt. Nach seinem Rausschmiss durch den damaligen Wissenschaftsminister Johannes Rau gründete er eine «Freie internationale Hochschule für Kreativität und interdisziplinäre Forschung.» Mit «magischen Aktionen» wollte er die Welt wieder dem Übersinnlichen öffnen. «Jeder Mensch ein Künstler» war sein Prinzip, und seine Materialien wählte er nicht nach ästhetischen, sondern nach organischen Kriterien aus: energiereiches Fett, Kräfte leitendes Kupfer, nährender Honig, wärmender Filz. 1979 zeigte das «Museum of Modern Art» in New York eine grosse Beuys-Retrospektive, die den Künstler weltweit unter den Schlüsselfiguren der Gegenwartskunst einreihte.

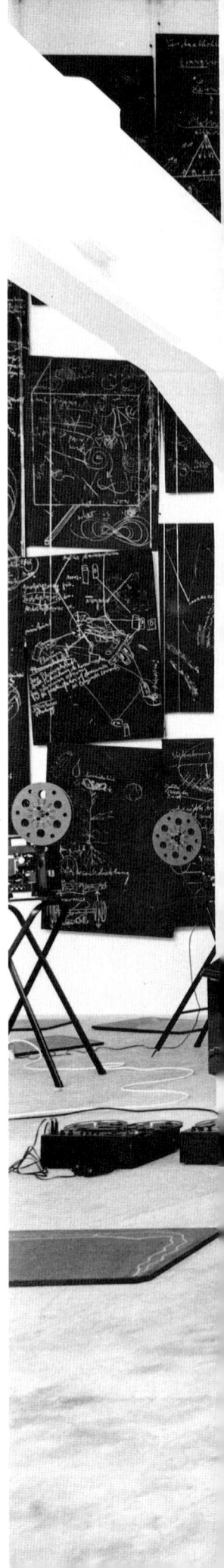

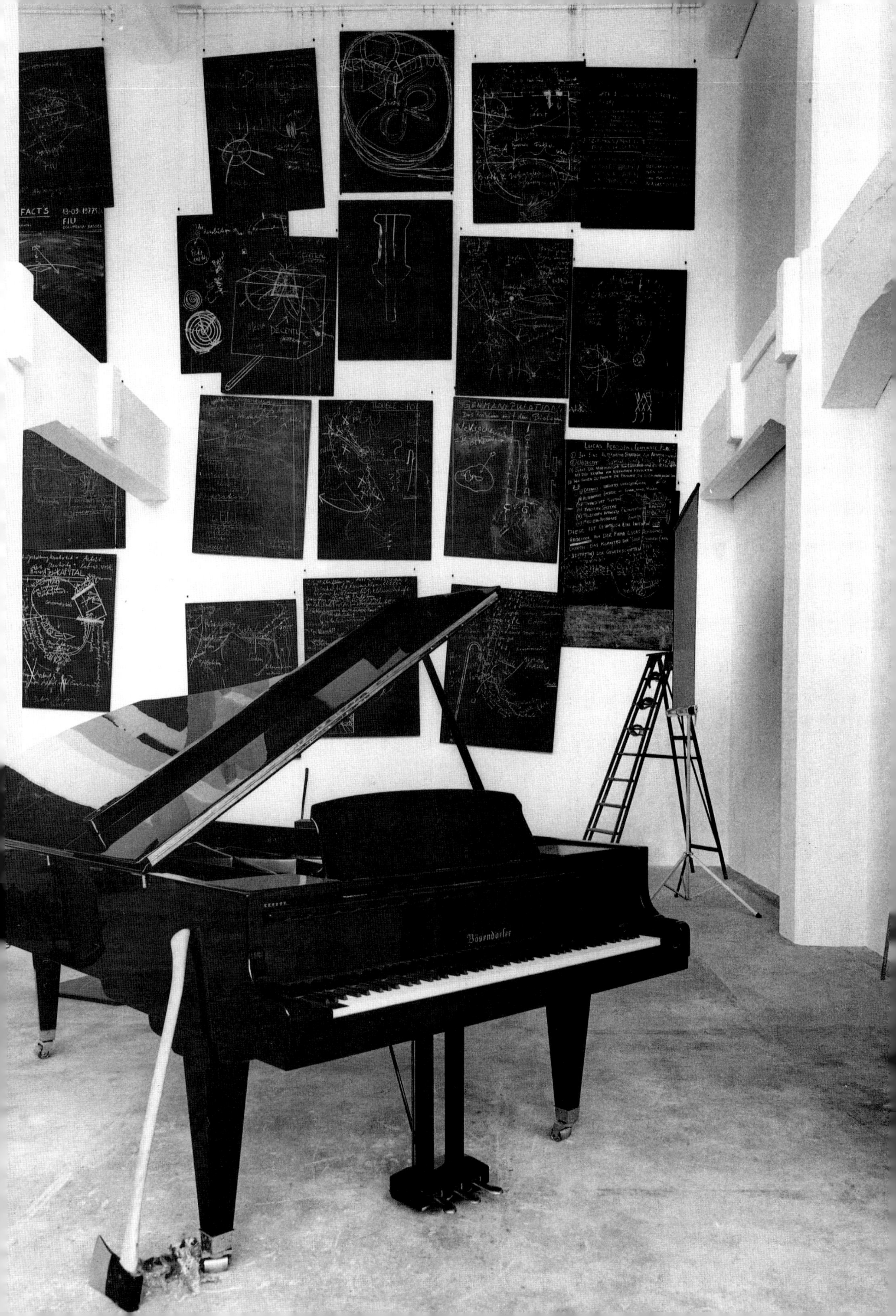
FACTS
13-09-1977
FIU
GENMANIPULATION
Bösendorfer

Monet-Schau: Eine Reise ins Reich der Farbe.

Dieses Seerosenbild enstand 1908. Während den letzten 30 Jahren seines reicherfüllten Malerlebens hat Claude Monet praktisch nur noch seinen Seerosenteich gemalt.

Des Meisters Spiele mit dem Licht

Zu seinem 50. Geburtstag hat das Basler Kunstmuseum sich und seinen Besuchern eine einzigartige «Schau» geboten: «Claude Monet: Nymphéas, Impression — Vision». Die umfassende Präsentation von Monets Seerosenbildern wurde von rund 220 000 Kunstfreunden besucht.

Dass Kunstausstellungen Hunderttausende von Besuchern mobilisieren können, wusste man in der Schweiz bereits seit dem Winter 1982/1983. Damals lockte die Matisse-Retrospektive im Kunsthaus Zürich die Rekordzahl von 197 000 Besuchern an. 1986 haben 64 Seerosen-Bilder des 1926 verstorbenen Claude Monet den Zürcher Besucherrekord gebrochen. Dabei war diese Ausstellung mit dem trockenen Titel «Claude Monet: Nymphéas, Impression — Vision» nach Ansicht von Museumsdirektor Christian Geelhaar «eigentlich eine Ausstellung, die gar nicht mehr möglich ist.» Der international bekannte Basler Galerist und Kunstmäzen Ernst Beyeler hatte sie bereits auf die «Grün 80» verwirklichen wollen. Franz Meyer, der damalige Kunstmuseumsdirektor, verfolgte die Idee dann weiter, aber es sollte noch mehrere Jahre dauern, bis das Unmögliche möglich wurde. Die 64 Leihgaben aus privaten und öffentlichen Sammlungen in aller Welt, in einem geschätzten Wert von mindestens 50 Millionen Franken, kamen schliesslich nach jahrelangen Anstrengungen zusammen. Es handelt sich ausschliesslich um Bilder aus den letzten drei Jahrzehnten von Monets Schaffen. Claude Monet, geboren 1840, hatte ursprünglich als Karikaturist begonnen und war dann unter die Freilicht- und Landschaftsmaler gegangen. Die zweite Hälfte seines Lebens — die letzten 43 Jahre — verbrachte er im kleinen Dorf Giverny bei Paris, wo er sich einen prächtigen Garten mit einem Seerosenteich anlegte. Tag für Tag widmete er sich der Gärtnerei, betrieb Blumenzucht und pflegte die Malerei mehr oder weniger «nebenbei», indem er weiterhin Heuhau-

Rund 220 000 Besucher drängten sich zu Claude Monets Seerosenbildern in Basel.

fen und Seinelandschaften produzierte. Erst mit der Zeit begann er seinen Teich als Malobjekt zur Kenntnis zu nehmen. Um die Jahrhundertwende entstanden einige erste Studien zu Seerosenbildern, dann eine Serie von «Nymphéas» (Seerosen), von denen er 1909 in Paris 48 Bilder zeigte. Fünf Jahre später machte er sich an die Verwirklichung seiner «Grandes Décorations», die er schliesslich dem französischen Staat schenkte, der sie aber erst nach seinem Tod und nur teilweise in der Orangerie der Tuilerien der Öffentlichkeit zugänglich machte. In der Folge hat sich Monet mit Haut und Haar seinem Seerosenteich verschrieben. Der Bildgegenstand — der Teich, den er immer vom gleichen Standpunkt aus malte — verlor dabei immer mehr an Wichtigkeit. Eigentlicher Gegenstand seiner Malerei wurde das Spiel mit dem Licht, der Zauber der spiegelnden Wasseroberfläche. «Ich versuche das darzustellen, was zwischen dem Objekt und dem Künstler steht, nämlich die Schönheit der Atmosphäre, das Unmögliche» kommentierte er seine Arbeit. Er hat das «Unmögliche» erreicht, das, was der verstorbene Basler Kunstmuseumsdirektor Georg Schmidt als «letzte Konsequenz des Impressionismus» bezeichnete. Das sagte er 1949, als Basel erstmals Seerosenbilder von Monet ausstellte und zwei «Grandes Décorations» für 25 000 Franken hätte erwerben können. Die Basler verpassten die Chance, die dafür drei Jahre später die Zürcher wahrnahmen. Diesmal möchten sie nicht wieder den Kürzeren ziehen. Für 1,7 Millionen Franken erwarb die Öffentliche Kunstsammlung das Bild «La passerelle sur le bassin aux nymphéas».

Die letzte Konsequenz des Impressionismus

Für 1,7 Millionen Franken kauften sich die Basler «La passerelle sur le bassin aux nymphéas» aus dem Privatbesitz einer amerikanischen Sammlerin.

Mit Mummenschanz auf den Broadway

Für die Schweizer Mummenschanz-Mimen haben sich die USA tatsächlich als Land der unbeschränkten Möglichkeiten entpuppt. Schon vor neun Jahren wollten sie eigentlich nur ein dreiwöchiges Gastspiel in einem kleinen Off-Broadway-Theater geben. Aus den drei Wochen wurden drei Jahre — das Gastspiel entwickelte sich zum Dauerbrenner. Im Juni feierten sie erneut Première, diesmal aber im Helen-Hayes-Theatre am Broadway, nachdem sie die Show zuerst fünf Wochen lang in einem kleinen Haus gezeigt hatten. Eine Schweizer Show auf dem Broadway, den Brettern, die nun wirklich die Theaterwelt bedeuten, das hat es noch nie gegeben. Die New Yorker bissen sofort an. Theaterkritiker lobten die Schweizer Mimen über den grünen Klee und sogar die strenge «New York Times» äusserte die Ansicht, die «Mumms» hätten auf grossartige Weise die Verrücktheit in Methode verwandelt. Die «Mumms» — Andi Bosshard, Floriana Frassetto und Berni Schürch — waren ob soviel Lob und Erfolg erstaunt. Andi Bosshard: «Plötzlich gehören wir jetzt zur Weltspitze». Und in der Tat: Wer Eintrittskarten wollte für die Mummenschanz-Show, musste anstehen, und das Engagement wurde vorsichtshalber zeitlich nicht beschränkt. Es ist anzunehmen, dass man die Schweizer Mimen auf längere Zeit in der Schweiz nicht mehr wird bewundern können.

Andi Bossard, Floriana Frassetto und Berni Schürch haben zum zweiten Mal New York erobert — diesmal am Broadway, der «Hauptstrasse des Theaters».

Die New Yorker sind begeistert von den «Mumms»: «Verrücktheit auf grossartige Weise in Methode verwandelt» kommentierte die «New York Times».

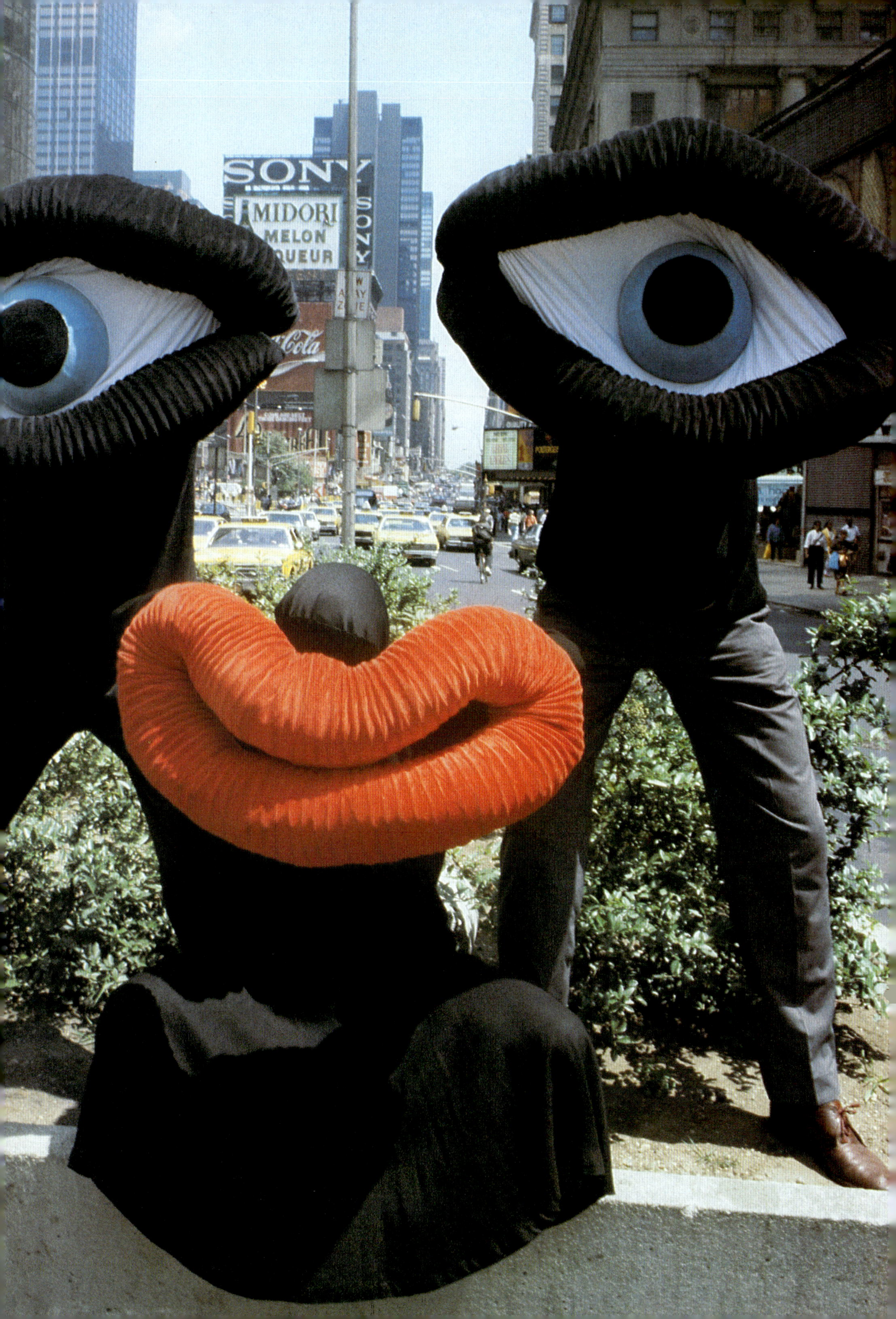
SONY
MIDORI
MELON
SONY

Eine Nobel-Première

Mit der Verleihung des Nobelpreises für Literatur an den nigerianischen Schriftsteller und Kulturphilosophen Wole Soyinka hat das Nobelkomitee ein Zeichen gesetzt. Es ist das erste Mal, dass dieser Preis an einen Afrikaner geht, und mit Soyinka wurde ein Schrifsteller ausgezeichnet, für den das Schwarzsein nicht der Massstab ist. Jene, die ihn und sein Werk kennen, sehen im 52jährigen Nigerianer vielmehr jemanden, der stolz auf beide Kulturen ist, die er in sich trägt — die afrikanische wie die europäische der ehemaligen Kolonialherren. Soyinka, der zurzeit aus Protest gegen die nigerianische Militärregierung in Paris lebt, sieht seine schriftstellerische Arbeit als Brückenschlag zwischen den beiden Welten. Sein Thema ist Humanismus im Alltäglichen und im Alltagsmenschen. Er steht politisch wie literarisch immer auf der Seite der Kleinen und Ohnmächtigen. Während der Biafra-Wirren, als er auf eigene Faust im Konflikt vermitteln wollte, wurde er 22 Monate lang eingekerkert. In seinem Buch «Der Mann ist tot» hat er diese Erlebnisse aufgearbeitet. In der Schweiz ist im Ammann-Verlag wenige Wochen vor der Preisverleihung sein Buch «Eine afrikanische Kindheit» erschienen.

Playboys Ende

Die Häschen haben ausgehoppelt. Hugh Hefner, der inzwischen fast pensionsreife Gründer des «Playboy»-Imperiums, gab Mitte Jahr der Öffentlichkeit kund und zu wissen, dass er aussteige. Seine letzten Häschen-Clubs in den USA mussten mangels Kundschaft den Laden schliessen. 1953, als der aus streng methodistischem Hause stammende Hugh Hefner erstmals sein «Playboy»-Magazin herausgab, stiess er in eine gigantische Marktlücke. Seine Hochglanz-Playmates, allesamt mit Riesenbusen ausgestattet, waren genau das, was der puritanischen US-Männerwelt fehlte: Sexy girls, aber sauber und keimfrei bis in die Zehenspitze. Die Formel funktionierte: In aller Welt entstanden die Playboy-Clubs mit «Bunnies», Bedienerinnen mit Hasenohren und Puschelschwänzen auf dem Hintern. In den 60er und anfangs der 70er Jahre zählte man über eine Million Clubmitglieder. Hefners Hochglanzpostille brachte es auf eine Auflage von über sieben Millionen. Die Trendwende kam, als auch die Amerikaner Schärferes verlangten und für die komischen Häschen nur noch ein müdes Lächeln übrig hatten. Gleichzeitig setzten fundamentalistische Christen durch, dass Edelporno-Produkte wie «Playboy» und seine Nachahmer nicht mehr in den Drugstores verkauft werden durften. Bereits 1985 machten Hefners Clubs Millionenverluste, die Auflage des Magazins sank und sank. Schon vor seinem Ausstieg hatte Hugh Hefner seine Tochter Christie an die Spitze des Imperiums gesetzt, aber auch sie konnte das Ruder nicht mehr herumwerfen. Die Playboy- und Häschenzeit war vorbei, ein spezifisch amerikanisches Kulturphänomen wurde von der Gegenwart überrollt.

Klingelbeutel

Was machen Goofy und Mickymaus in der katholischen Kirche «Unserer Lieben Frau von der Immerwährenden Hilfe» im holländischen Eindhoven? Antwort: Das Gleiche wie überall sonst auch — die Kinder unterhalten. Die Kirche ist nämlich in ein «Kinderspeelpaleis» umgebaut worden. Der Kinderspielpalast von Eindhoven ist dabei nur eines von zahlreichen Beispielen. Da die Leute immer weniger zur Kirche gehen, haben sich viele holländische Pfarrgemeinden entschlossen, die leeren Gotteshäuser zu vermieten oder gar zu verkaufen. Dutzende von Sakralbauten sind so in Holland buchstäblich unter den Hammer gekommen. Wo sich einstmals frommes Kirchenvolk versammelte, sind heute Restaurants, Fitness-Centers, Supermärkte, Diskotheken und andere Freizeitobjekte untergebracht. Der Zeitenwandel trifft dabei nicht nur die katholische, sondern auch die «Hervormde Kerk» (die reformierte Kirche) sowie Freikirchen und Sekten. In Arnheim wurde aus der Pauluskirche eine Gemeindesporthalle, das Gotteshaus von Gorinchem wurde in ein Wohnhaus mit 44 Sozialwohnungen umgebaut, die lutherische Amsterdamer Koepelkerk in ein Kongresshaus mit Tanzsaal. Eine mennonitische Dorfkirche in Woudsend hingegen ist heute ein Restaurant, das den bezeichnenden Namen «T Ponkje» — der Klingelbeutel trägt. Und mit einem Klingelbeutel pflegt der Wirt auch die Zeche zu kassieren.

Unglück

Zwei Ereignisse, die mehr waren als Unglücke oder Störfälle: Die AKW-Katastrophe von Tschernobyl, die ganz Europa verstrahlte und die verheerende Giftkatastrophe von Basel. Ein Erdbeben in El Salvador, bei dem die Armen vergessen wurden. Ein Bergsturz am Brünig, der Menschenleben forderte und Strasse und Schiene verschüttete. Ein Fluzeugabsturz beim Rennen Paris—Dakar.

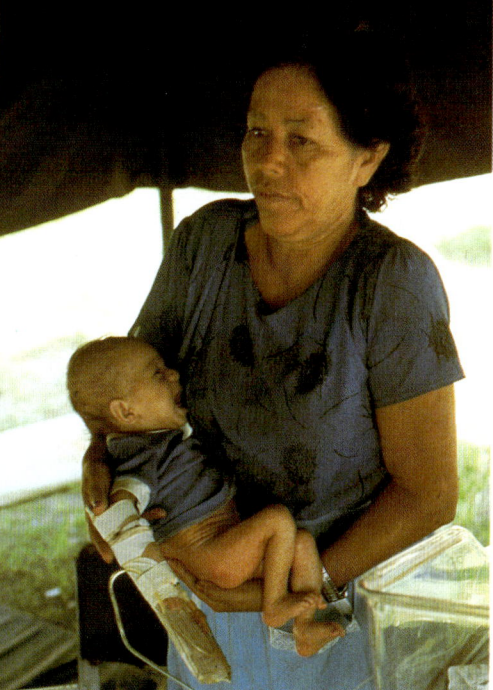

BUCH DES JAHRES 1986

SCHWEIZER ILLUSTRIERTE

236 **Unglück**

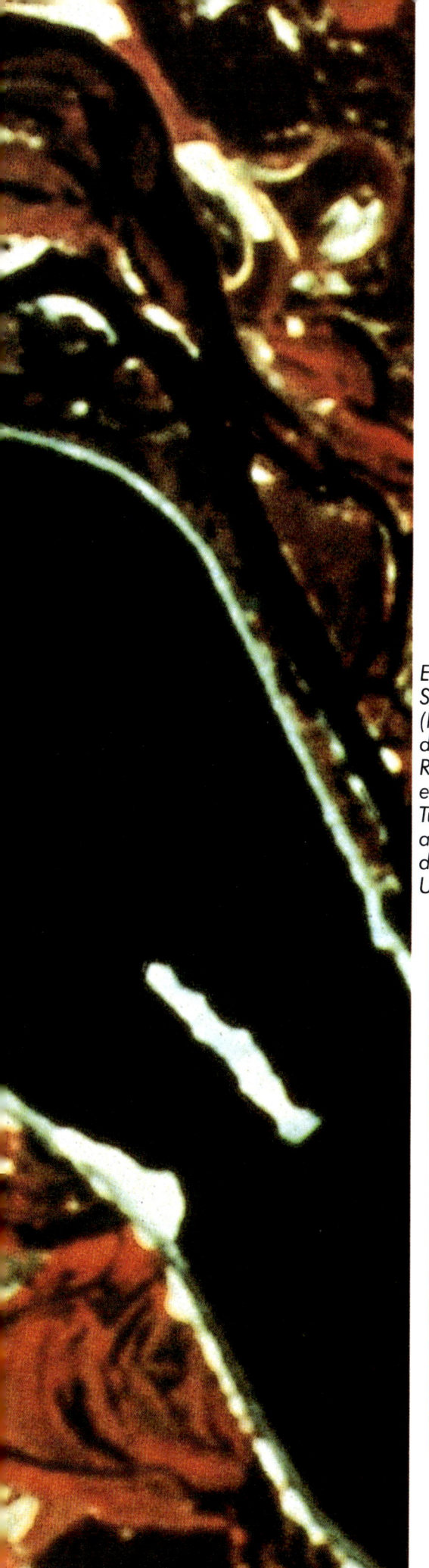

Der Reaktor des Verderbens

Ein amerikanisches Satellitenbild zeigt (Pfeil) den beschädigten Reaktor. Rechts in schwarz ein See, der das Turbinenwasser aufnimmt. In rot die Felder der Umgebung.

Tschernobyl, der 26. April 1986. Der GAU, der grösste anzunehmende Unfall im zivilen Atom-Bereich, ist Wirklichkeit geworden. Es war, so sagen die Wissenschafter, sogar ein doppelter GAU, indem es nämlich nicht nur zu einem Graphitbrand und zum Schmelzen des Kernbrennstoffs im Reaktor, sondern auch zum Schmelzen von gelagerten Reaktorbrennstäben kam. Die Katastrophe, die immer wieder von den Verantwortlichen und Befürwortern der Atomenergie in Ost und West als «praktisch unmöglich» bezeichnet worden war, hat in Tschernobyl selbst vorderhand über 30 Menschenleben gekostet, am Unfallort und in der Umgebung Hunderttausende von Menschen betroffen und über ganz Mitteleuropa bis tief nach Italien hinunter Menschen, Tiere und Pflanzen hohen Konzentrationen von radioaktiven Strahlen ausgesetzt. In Tschernobyl entwich dem Unglücksreaktor ein Mehrfaches der Strahlenmenge, die seinerzeit durch den Atombombenabwurf in Hiroshima und Nagasaki freigesetzt wurde. Trotzdem vergingen Tage, bis die Öffentlichkeit weltweit von der Katastrophe erfuhr, und weitere Tage, bis die Eidgenössische Atomkommission es für nötig befand, landesweit Radioaktivitätskontrollen von Boden, Gras, Milch und Lebewesen anzuordnen. «Menschliches Versagen» stellten die sowjetischen Behörden fest und «kein Beweis, dass diese Technik nicht im Griff ist» meinte der etwas später zurückgetretene Schweizer «Energiepast» Michael Kohn. Desungeachtet hat das Umdenken angefangen. Die bisher grösste zivile Atom-Katastrophe der Welt, mit deren Spätfolgen man noch auf Jahrzehnte hinaus rechnen muss, hat die Welt in Angst und Schrecken versetzt. Auch bei bisher feurigen Befürwortern der Atomenergie zeichnet sich ein «Ende der Akzeptanz» ab.

Internationale Hilfe: Die UDSSR liess den amerikanischen Knochenmarkspezialisten Dr. Robert Gale einfliegen.

Den GAU überleben — aber wie?

Dank einer Knochenmarktransplantation durch Robert Gale wurde dieser Feuerwehrmann gerettet. Aber Wissenschafter rechnen mit Tausenden von Krebstoten in den nächsten Jahrzehnten als Folge der radioaktiven Verseuchung.

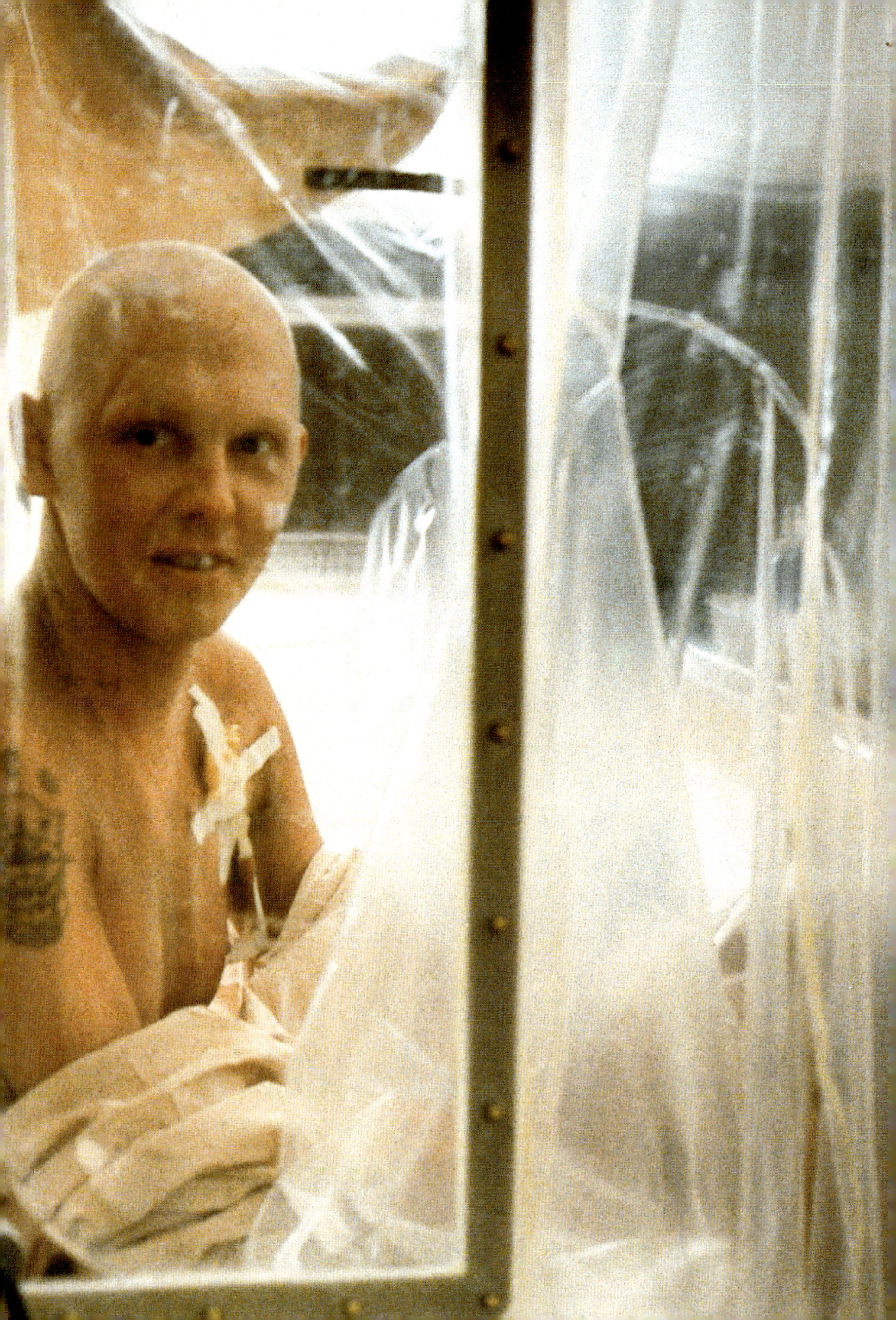

Paris-Dakar: Tod im Wüstensand

«Eine Verrücktheit wie eine andere auch», sagen die einen, als «Provokation in einem Meer von Armut», sehen es andere, und als hochspannenden Härtetest für Maschinen und Menschen betrachten es die Teilnehmer. Die achte Ausgabe des umstrittenen Wüstenrallyes Paris–Daker kostete den Erfinder Thierry Sabine und den Walliser Helikopter-Piloten François-Xavier Bagnoud sowie weiteren drei Heli-Passagieren das Leben. Frankreichs Kulturminister Jack Lang sprach von einem Verlust für die französische Kultur, und unbestätigte Gerüchte wollten wissen, dass der Helikopter in ein Feuergefecht zwischen verfeindete Truppen von Mali und Bourkina Faso geraten sei.

Fünf Menschen kamen mit Rallye-Gründer Thierry Sabine ums Leben, als der vom Walliser François-Xavier Bagnoud pilotierte Helikopter in Mali auf eine Sanddüne aufprallte.

242 *Unglück*

Tödliches Gift für Vater Rhein

Ein Mahnmal des Schreckens: Mit einem Spezialschaum wurden nach dem Grossbrand der Sandoz-Lagerhalle bei Basel die glühenden Chemiefässer gekühlt. Die Menschen sind «noch einmal davongekommen», aber der Rhein wurde bis zur Nordsee hinauf vergiftet. Der angebliche «Störfall» war eine Katastrophe.

Die hässliche Chemie

Wie Gespenster sehen die vermummten Arbeiter aus, die im Sandoz-Lager die Giftrückstände «entsorgen» müssen.

«Heute die Fische — morgen wir» verkündete eine Basler Wandschrift nach der Katastrophe.

«Tschernobâle ist überall» — «Schweizerhölle — Kaiserangst». Der Volksmund hat es sofort signalisiert: Seit dem katastrophalen Brand im Sandoz-Lager 926 vom 1. November ist die Welt der Basler — und nicht nur ihre — definitiv nicht mehr in Ordnung. Das Vertrauen in die «sichere» Chemie, der die Region ihren äusserlichen Wohlstand verdankt, ist im Eimer, wie die Fauna und die Flora des Rheins. Der «Störfall» wurde zum Fanal für Auflehnung und Anklage gegen eine Industrie, die — angeblich zum Wohl der Menschen — deren Umwelt zerstört und deren Leben aufs Spiel setzt. Die Vertuschungsmanöver der Verantwortlichen haben Öl ins Chemie-Feuer gegossen und dafür gesorgt, dass die Menschen in dieser Region heute mit der nackten Angst leben. Hageldicht folgten auf die Sandoz-Katastrophe die Meldungen von weiteren Unfällen. Und sie bewiesen, was jetzt alle wissen: Der nächste «Störfall» kommt bestimmt.

Unglück

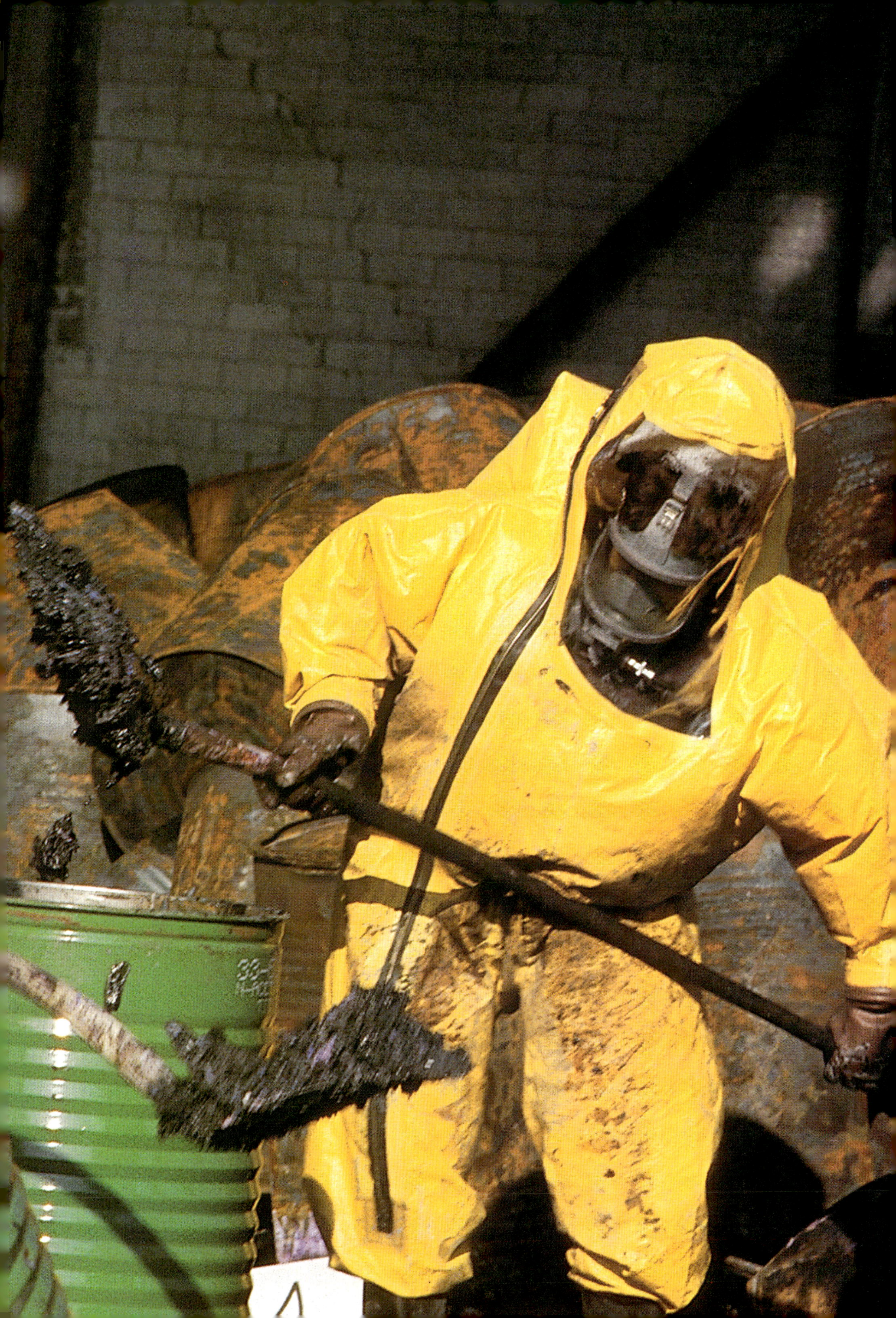

Der Bergsturz am Brünig

Der Bergsturz riss auch eine Eisenbahnbrücke mit.

Der gigantische Schuttkegel auf der Brünigstrasse.

Mit der Hilfe von Katastrophenhunden wurde nach Verschütteten gesucht.

Schön war es, warm und trocken. Und niemand ahnte Böses, als am Montag vormittag, dem 8. September, der Berg kam. Auf 800 Meter Höhe hatte sich oberhalb der Brünigpassstrasse bei Giswil OW ein riesiger, steiler Buchenwald gelöst und war zu Tal gestürzt. Auf einer Strecke von rund 500 Metern begrub er die Brünigstrasse und ein Teilstück der Bahnlinie unter sich. Unter den Massen von Schutt, Holz und Felsbrocken wurden zwei Tote und eine Verletzte geborgen. Zum Zeitpunkt des Bergsturzes herrschte ziemlich reger Verkehr, und viele hatten Glück. Die Eisenbahn ihrerseits wurde vom Stromunterbruch wenige Minuten später gehindert, auf die Schuttmassen aufzufahren.

Mit einem dramatischen und gefährlichen Einsatz gelang es der Feuerwehr, einige Hotelgäste aus den Flammen zu retten.

248 Unglück

Das Hotel wurde zur Flammenhölle

Für 14 Menschen kam beim Brand des elfgeschossigen Hotels «Caledonian» im norwegischen Kristiansand auch der Feuerwehr-Helikopter zu spät.

Stundenlang kämpfte die Feuerwehr gegen das Feuer und rettete mit dem Helikopter Gäste aus brennenden Hotelzimmern.

Die Armen wurden vergessen

Etwa 2000 Tote, Zehntausende obdachlos und chaotische Zustände bei den Bergungsarbeiten: Das war das Fazit des schweren Erdbebens, das Mitte Oktober die Hauptstadt von El Salvador heimsuchte. Aus Prestigegründen dirigierten die Regierungsstellen die grossen ausländischen Hilfsorganisation hauptsächlich auf die bedeutenden Gebäude im Zentrum der Stadt, während die Armenviertel kurzerhand «vergessen» wurden. Internationale Helfer erklärten, dass aus diesen Gründen viele Verschüttete sterben mussten, die man zweifellos hätte retten können. Auch Schweizer Katastrophenhelfer kritisierten das chaotische Vorgehen der einheimischen Helfer. Insgesamt gelang es ihnen, vier Überlebende aus den Trümmern zu bergen. Eine Sammlung der Schweizer Glückskette brachte 3,5 Millionen Franken, die beim Wiederaufbau eingesetzt werden sollen.

In den Armenvierteln sind viele Verschüttete gestorben, weil man sie «vergessen» hat.

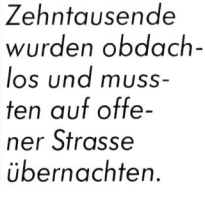

Zehntausende wurden obdachlos und mussten auf offener Strasse übernachten.

Die internationalen Hilfsorganisationen wurden vor allem im Zentrum eingesetzt.

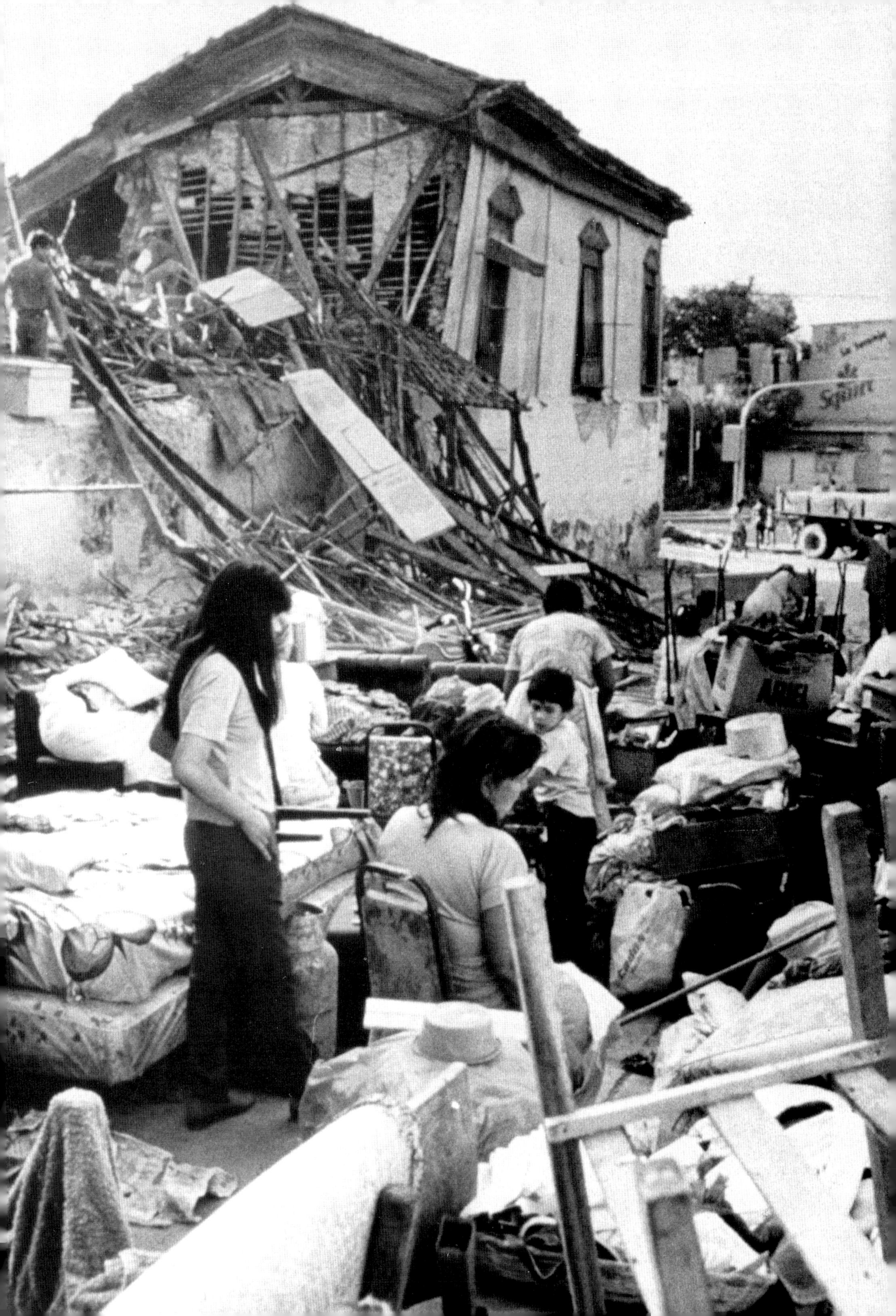
ARIEL

Zerfallen wie ein Kartenhaus

Am Tag zuvor hatten einige Gästen im Hotel «New World» (Neue Welt) in Singapore ein seltsames Knacken und Knirschen im Gemäuer vernommen. Aber niemand ahnte, was dann am nächsten Mittag, den 15. März, geschah: Die sechsstöckige «neue Welt», ein Betonklotz mitten in einem dicht besiedelten Wohnquartier, stürzte wie ein Kartenhaus zusammen. Hundert Menschen wurden in den Trümmern begraben, und für die Rettungsmannschaften begann ein dramatischer Wettlauf gegen die Zeit. Mit Spezialhörgeräten wurden tief in den Trümmern Hilferufe von Überlebenden gehört. Mit grossem technischem Aufwand wurden sie über Sonden mit Flüssignahrung versorgt. Die Bergungsarbeiten waren durch die Tatsache erschwert worden, dass in der Tiefgarage des Hotels die Tanks zertrümmerter Autos ausgelaufen waren, was den Einsatz von elektrischen Apparaten wegen der Explosionsgefahr verhinderte.

Über 500 Bergungsleute standen im Einsatz, um die Verschütteten aus den Hoteltrümmern zu retten.

17 Menschen konnten lebend geborgen werden, unter ihnen diese Frau mit einem zerquetschten Oberarm.

Das Wrack des Unglückspipers fiel in einen Garten.

Überreste eines DC-9-Triebwerks in Cerrito.

Ein Herzinfarkt und die Folgen

Es war der 31. August, kurz vor 12 Uhr mittags. Eine Verkehrsmaschine vom Typ DC-9 der «Air Mexico» war beim Flughafen von Los Angeles in Kalifornien in einem regulären Landeanflug begriffen. Plötzlich tauchte vor der Maschine ein kleines Privatflugzeug auf, und es kam zur Kollision. Die Verkehrsmaschine und das kleine Privatflugzeug vom Typ Piper Tomahawk stürzten auf das dichtbesiedelte Wohnquartier von Cerritos ab. Insgesamt kamen über 90 Menschen ums Leben, darunter zahlreiche Bewohner von Cerritos. Wie eine Autopsie ergab, hatte der Pilot des Pipers einen Herzinfarkt erlitten und dadurch die Kontrolle über sein Flugzeug verloren.

Wie Bomben schlugen die Trümmer der mexikanischen Maschine im Quartier ein.

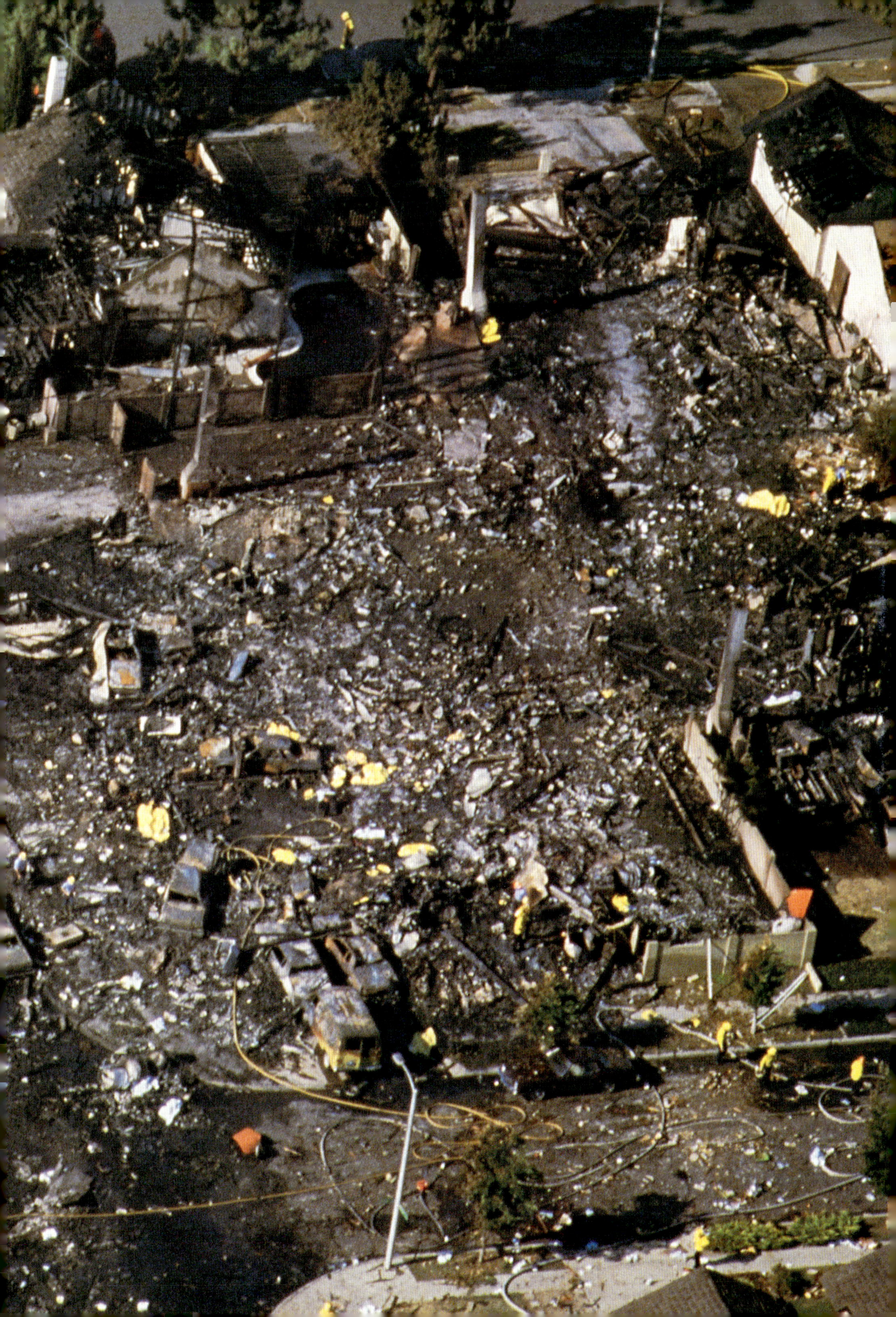

Elementare Schlamperei

Das schwerste Schiffsunglück des Jahres ereignete sich in der Nacht vom 31. Juli auf den 1. August auf dem Schwarzen Meer. Von den 1234 Passagieren und Mannschaften, die mit der «Admiral Nachimow» von Noworossijsk nach Jalta und Odessa unterwegs waren, ertranken 398. Offenbar durch die Folgen der Tschernobyl-Katastrophe eines Besseren belehrt, haben die sowjetischen Behörden die sowjetische Bevölkerung und die Weltöffentlichkeit erstmals umfassend über ein grosses, nationales Unglück informiert. Die «Admiral Nachimow» — 1925 unter dem Namen «Berlin» in Bremen gebaut, im Zweiten Weltkrieg von sowjetischen Torpedos versenkt und später wieder gehoben und repariert — war seit Jahren als Kreuzfahrtschiff unterwegs. In jener Nacht, wenige Meilen vom Hafen von Noworossijsk entfernt, machte der Wachoffizier in der Ferne den Getreidefrachter «Pjotr Wassjew» aus, dessen Kurs die Route der «Admiral Nachimow» kreuzte. Die beiden Schiffe nahmen Funkkontakt auf und der Funker des Frachters gab sich überzeugt, dass er am Passagierschiff vorbeikomme. Als der Kapitän der «Nachimow» merkte, dass die beiden Schiffe voll auf Kollision steuerten, war es zu spät. Beim Aufprall riss der Frachter ein 90 Quadratmeter grosses Loch in den Maschinen- und Kesselraum des Passagierschiffes. In wenigen Minuten war es versunken. Nur wer geistesgegenwärtig zur Schwimmweste griff und an Deck rannte, kam mit dem Leben davon. Die «Prawda» berichtete später, dass beide Kapitäne die «Richtlinien für sichere Navigation» verletzt hätten und die «Komsomolskaja prawda» fasste es noch kürzer: «Elementare Schlamperei und Leichtsinn». Bisher hatte sich die sowjetische Presse bei schweren Unglücken im Landesinnern darauf beschränkt mitzuteilen, dass es Tote gab, ohne von den Unständen oder gar der Anzahl der Toten zu berichten. Im Fall «Nachimow», so wurde in Moskau kolportiert, habe angeblich Parteipräsident Gorbatschow persönlich eingegriffen und verlangt, dass umfassend informiert werde.

Programmierte Katastrophen

In der südafrikanischen Goldmine von Kinross, östlich von Johannesburg, ereignete sich Mitte September ein schwerer Unfall, bei dem 177 Bergleute getötet und weitere 235 Kumpel verletzt wurden. Nach Angaben der Direktion muss bei Schweissarbeiten ein Feuer ausgebrochen sein, das auf Kabel und andere Kunststoffmaterialien übergriff. Dabei enstanden giftige Gase, denen die Bergleute ausgesetzt waren. Zurzeit des Unglücks befanden sich rund 2400 Kumpel in der Mine, von denen sich der Grossteil aus eigener Kraft in Sicherheit bringen konnte. Eine Studie der internationalen Arbeitsorganisation (ILO) in Genf hat nachgewiesen, dass die Häufigkeit von schweren Unfällen in südafrikanischen Minen unmittelbar mit der in Südafrika herrschenden Rassentrennungspolitik zusammenhängt. In Südafrikas Minen arbeiten rund 510 000 Bergleute. 90 Prozent davon sind Schwarze, vielfach Wanderarbeiter aus afrikanischen Nachbarstaaten, die praktisch rechtlos sind. Ein Prämiensystem für die weissen Aufpasser wie für die schwarzen Grubenarbeiter sorgt dafür, dass oft unter Missachtung elementarster Sicherheitsbestimmungen drauflosgearbeitet wird. Wer sich angesichts drohender Gefahren wehrt oder weigert, wird entlassen. Die Kumpel haben kein Recht, mit ihren Klagen oder Vorschlägen an übergeordnete Stellen zu gelangen oder sonstwie für ihre Rechte zu kämpfen. In Südafrikas Goldminen, die für rund 50 Prozent der südafrikanischen Devisen sorgen, kommen im Durchschnitt jährlich 600 Menschen ums Leben. Nach dem schweren Unglück in der Kinross-Mine rief die Minenarbeitergewerkschaft zu einem eintägigen Streik auf, der von 250 000 Minenarbeitern befolgt wurde.

Sport

Höhepunkt des Sportgeschehens von 1986 war zweifellos die Fussball-Weltmeisterschaft in Mexiko mit Superstar Diego Maradona. Höhen und Tiefen aber auch in der Schweiz: Harry Knüsel wurde neuer Schwingerkönig, Werner Günthör Europameister im Kugelstossen. Wie elegant und schön Sport sein kann, zeigte die Eiskunst-Weltmeisterin Debi Thomas.

BUCH
DES JAHRES
1986

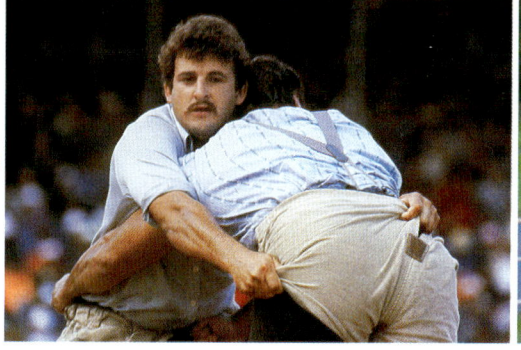

SCHWEIZER
ILLUSTRIERTE

258 *Sport*

Die Show des Jahres

Fussball-Weltmeisterschaft in Mexiko: Die Superstars dominierten die grosse Show. Aber die Spitzenspieler wie der Argentinier Diego Maradona hatten einen schweren Stand. Auch sein Teamkollege Bagni vom FC-Napoli (r.) klebte an «Dieguito»

Die Tränen des grossen Magiers

Azteken-Stadion, 29. Juni: Der Druck ist vorbei. Argentinien hat Deutschland 3:2 geschlagen. Diego Armando Maradona, der grosse Magier, wird von seinem Kollegen Olarticoechea umarmt und bricht in Tränen aus.

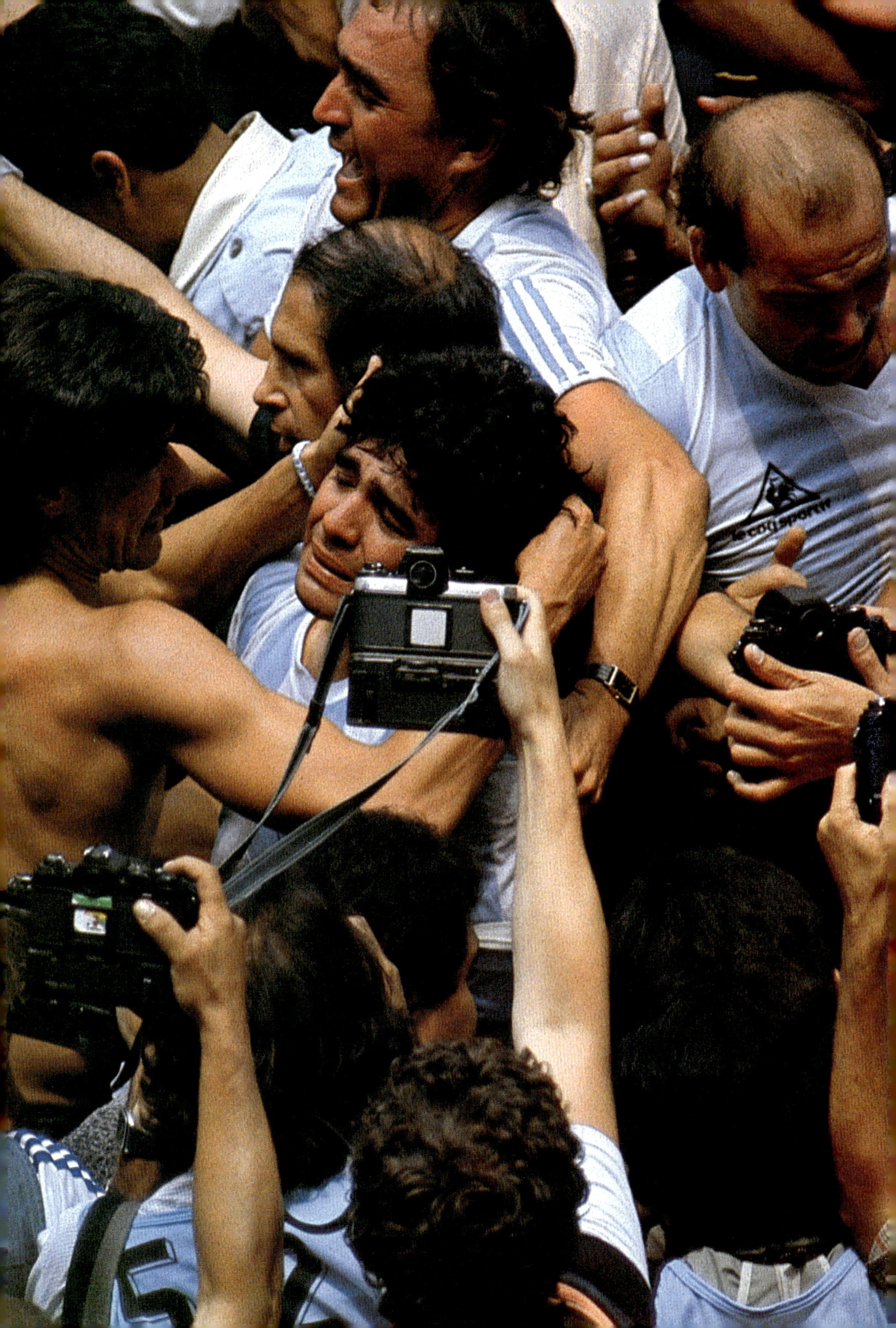
le coq sportif

Die Sekunde der Entscheidung

Das war die entscheidende Sekunde der Fussball-WM. Auf einen Pass von Maradona packt Burruchaga die Chance. Schumacher hat das Nachsehen, und auch Briegels verzweifelter Sprung kommt zu spät. Argentinien besiegt Deutschland 3:2

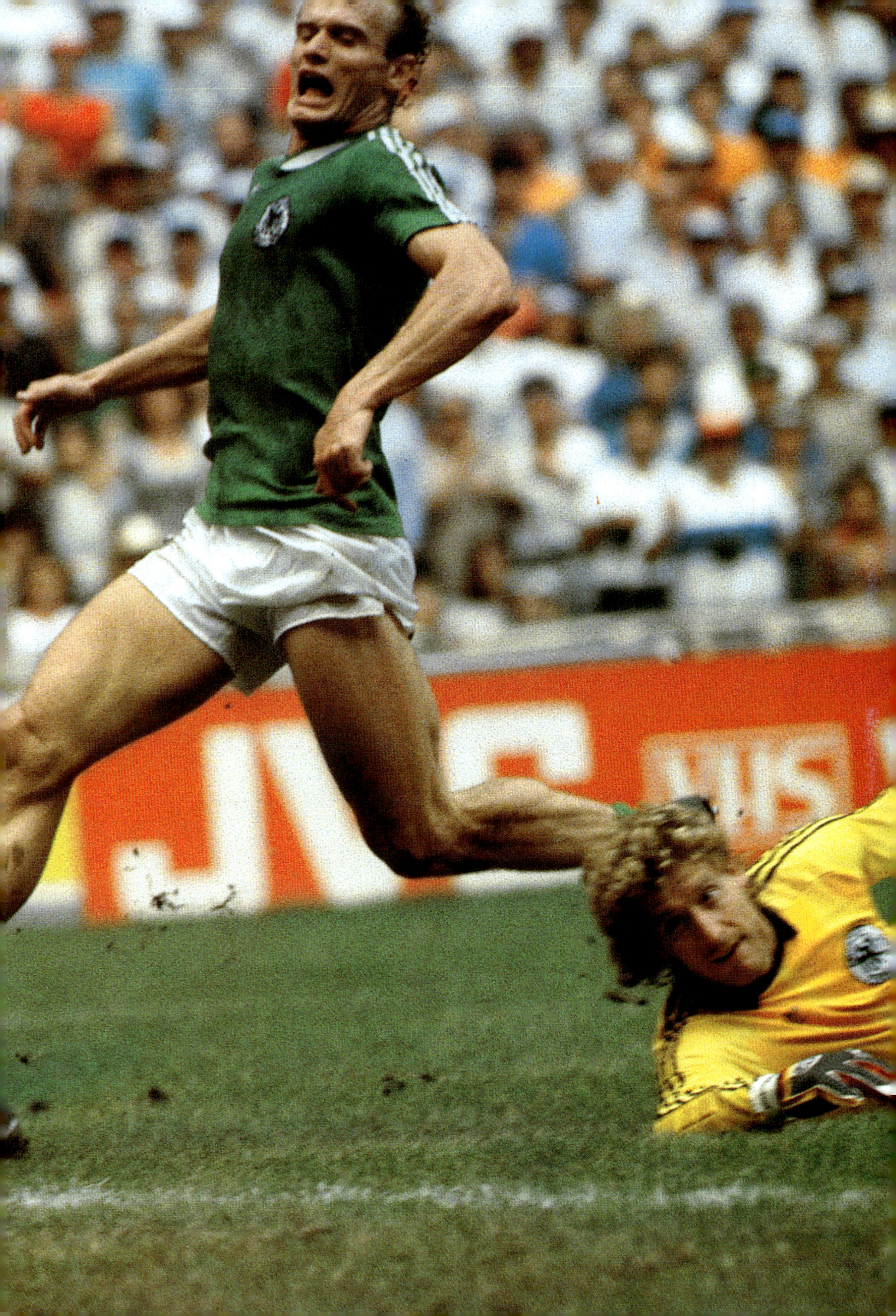
JVC

Fussball-Fachleute von der professionellen Sorte sind überzeugt: In Mexiko und weltweit an den Fernsehschirmen haben die Fussballfreunde 1986 die «beste Weltmeisterschaft» aller Zeiten gesehen. Dies nicht, weil es grosse Neuerfindungen zu sehen gab, sondern weil fast alle Mannschaften auf sehr hohem Niveau spielten und dynamischen, aggressiven und technisch ausgefeilten Fussball zeigten. Ob die weniger spezialisierten Fussballfreunde mit diesem Befund einig gehen, steht allerdings auf einem andern Blatt. Es stimmt zwar durchaus, dass keine Mannschaft «destruktiven» Fussball spielte, andererseits aber haben die Fussballfreunde noch nie so wenige WM-Tore gesehen wie in Mexiko. «Nur» 132 Tore wurden geboten, ein Durchschnitt von 2,54 Toren pro Spiel, der tiefste aller bisherigen Weltmeisterschaften. Die Pfeifenmänner zeigten insgesamt 133 Mal die gelbe und acht Mal die rote Karte. Fouls gab es allerdings einige mehr, und darunter hatten vor allem die «Stars» zu leiden. Dass sich der «Superstar» Diego Maradona trotz schärfster Bewachung immer wieder freispielen und auch Tore erzielen konnte, war wohl das eigentliche Wunder an diesem «Fussballwunder». Ein eher negatives Wunder war hingegen die Tatsache, dass die deutsche Mannschaft, die ausser gegen Frankreich kein einziges Mal glänzte, den Final erreichte; während starke Mannschaften auf der Strecke blieben.

Alle gegen Diego Superstar

Finalspiel Argentinien-Deutschland. Diego Maradona fliegt über die Deutschen Förster und Schuhmacher.

Argentinien-Südkorea: Opfer Maradona

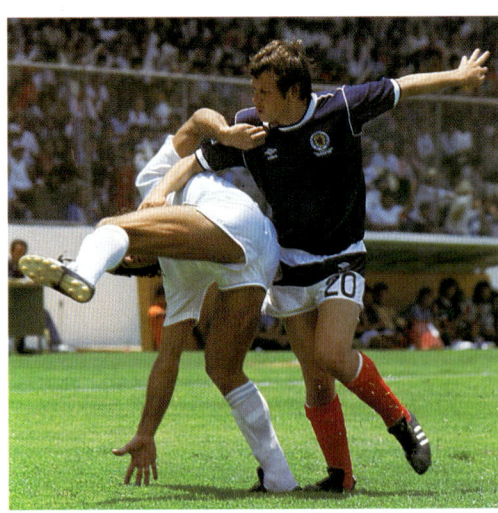

Schottland-Uruguay: Opfer...

133 gelbe und acht rote Karten

Marokkos Ouadani hält Deutschlands Rummenigge fest (oben). Auch an der WM 1986 wurde oft gefoult.

...Pereyra landet am Boden.

Dänemark-Uruguay: Opfer Acevedo

265

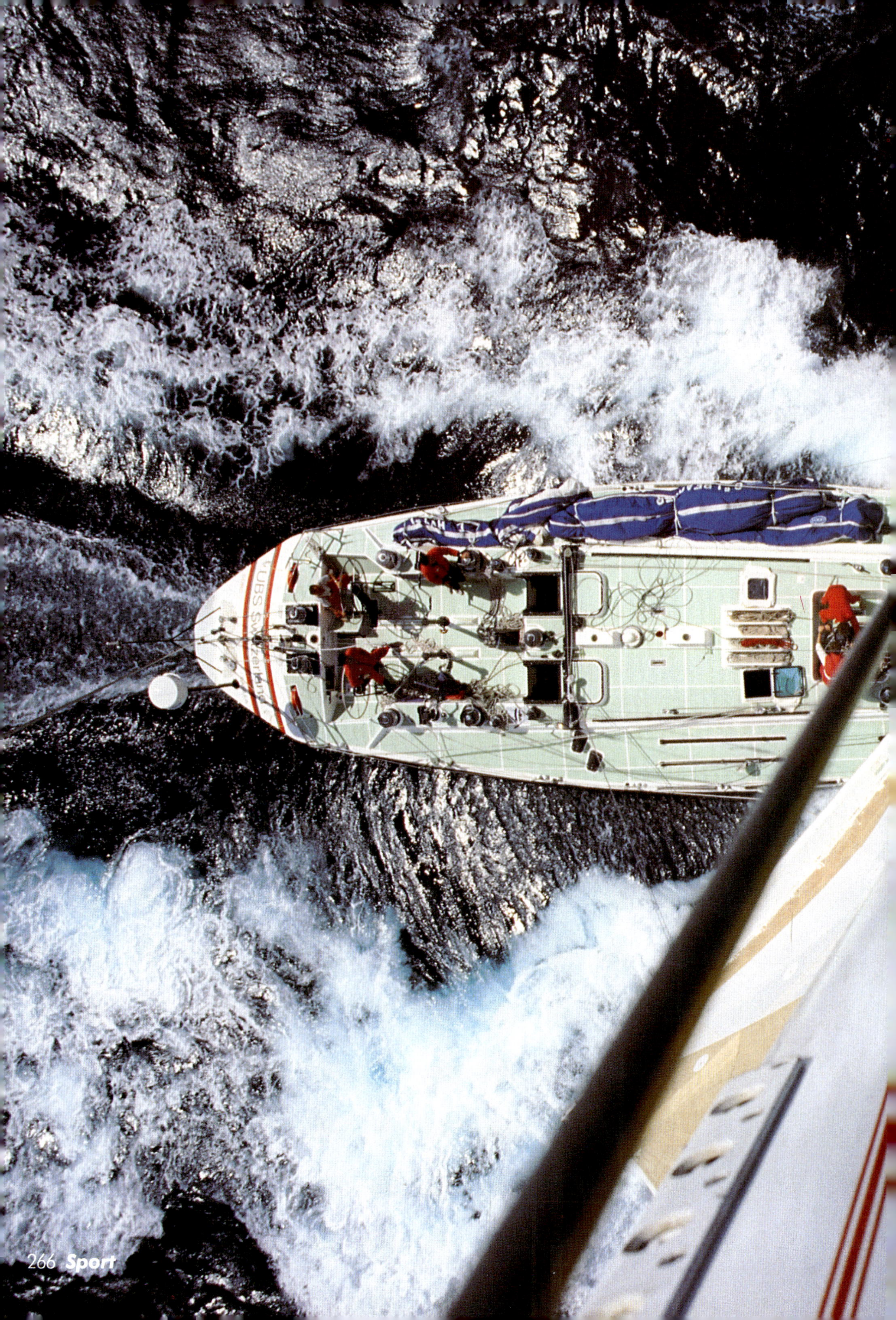

Schweizer Weltrekord auf hoher See

117 Tage, 14 Stunden und 31 Minuten: Skipper Pierre Fehlmann und seine Crew gewannen mit der «UBS Switzerland» das 4. «Whitbread Round The World Race», die härteste Segelregatta der Welt. In Rekordzeit, mit zwei Tagen Vorsprung auf die Zweiten.

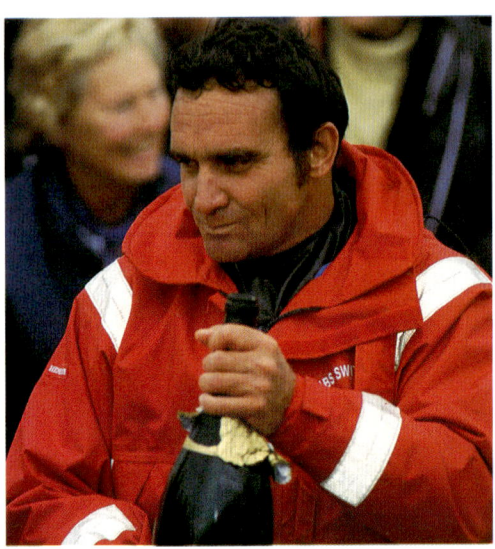

Der welsche Skipper Pierre Fehlmann hat während zehn Jahren unermüdlich auf seinen Sieg hingearbeitet.

Erfolgreich durch Wind und Wetter

In stürmischen Wassern, wie hier in der letzten Etappe, kann die Beherrschung des Bootes zu einer heiklen Balance-Akt werden

Der Rest der Welt staunte: Ausgerechnet die «Süsswassermatrosen» aus der Alpenrepublik Schweiz schafften es. In Weltrekordzeit segelten sie in vier Etappen von Portsmouth nach Kapstadt, von dort nach Auckland (Neuseeland), weiter nach Punta del Este in Uruguay und zurück nach Portsmouth. Dort musste man noch zwei weitere Tage warten, bis die Zweiten eintrafen, denn Skipper Pierre Fehlmann und seine Mitsegler hatten ihnen auf der letzten Etappe rund 1000 Kilometer «abgeknöpft». Die «UBS Switzerland», so benannt nach dem Hauptsponsor, der Schweizerischen Bankgesellschaft, erwies sich als das «Superboot», als das es Fehlmann zusammen mit einem neuseeländischen Architekten konzipiert hatte. Die von Fehlmann auf Herz und Nieren getestete Crew besorgte den Rest. Lediglich bei der zweiten Etappe trafen die Schweizer als Dritte mit anderthalb Stunden «Verspätung» ein. Auf den übrigen Strecken der Weltumseglung lagen sie immer mit gutem Abstand an der Spitze, und in der letzten Etappe lieferte Fehlmann auch ein Schelmenstück: Mit einer falschen Positionsmeldung manövrierte er die Konkurrenz in ein Windloch.

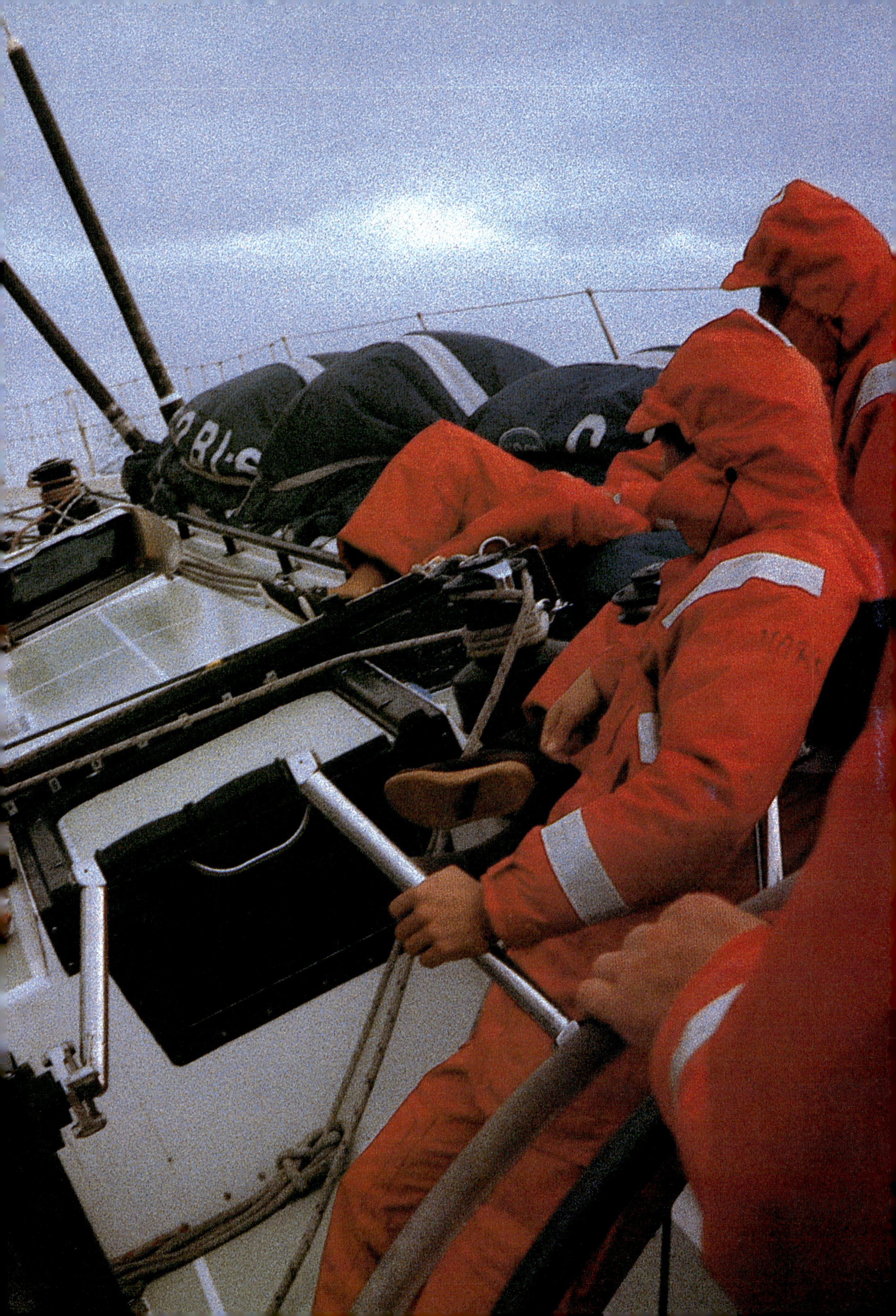

270 *Sport*

Nach einer Muskelzerrung lief Boris Becker 1986 zu jener Topform auf, die ihm den 2. Wimbledon-Sieg bescherte.

Zum zweiten Mal, und erst noch zum 100. Jubiläum des Wimbledon-Turniers, holte sich Becker den begehrten «Topf».

Das Beckersche Zeitalter

Die Nummer Eins im internationalen Tennis ist er immer noch nicht, aber die Nummer Eins, den USA-Tschechen Ivan Lendl, hat der 18jährige Bum-Bum-Becker aus der BRD auf dem «heiligen Rasen» von Wimbledon geschlagen. Zum zweiten Mal und erst noch am 100. Jubiläum der «All England Lawn Tennis Championship» entschied er das Final nach drei Sätzen mit 6:4, 6:3 und 7:5 für sich. Trainiert vom Deutschen Günter Bosch, erfolgreich vermarktet vom schlitzohrigen Rumänen Ion Tiriac, hat er — mindestens auf dem tückischen Naturrasen von Wimbledon — nach der Ära Borg und der Ära McEnroe das Beckersche Zeitalter eingeläutet. Wie weiland bei den Beatles fielen die Mädchen beim Anblick des blonden Kämpfers reihenweise in Verzückung. Der «Held von Wimbledon», der noch vor einem Jahr vor allem mit sich selbst zu kämpfen hatte, hat sich im Verlauf eines Jahres eine gewaltige Portion Selbstbewusstsein angeeignet. Tenniszirkuskenner nehmen an, dass die mindestens 10 Millionen D-Mark Jahreseinkommen, die Tiriac für ihn (und sich) bei Sponsoren und Turnierveranstaltern herausgehubert hat, daran nicht ganz unbeteiligt sind. Auf Sand- und Hartbelag ist zwar Ivan Lendl dem «Rasenspezialisten» Becker nach wie vor um eine Nasenlänge voraus. Aber der blonde Boris ist inzwischen überzeugt, dass er über kurz oder länger zur Spitze vorstossen wird.

«Simu» Schenk, ehemals Flügelstürmer des SC Langnau, in Siegerpose.

Wenige Sekunden nach dem Anpfiff: Die Eisgenossen führen 1:0 gegen Holland. Jede Formation war ein kompaktes, zum Sieg entschlossenes Team.

Die Aufsteiger

Ein Emmentaler jubelt: Simon Schenk, der Nationalcoach der Schweizer Eishockeyer, hat's geschafft. Unter seiner Führung ist die Schweizer Mannschaft in Holland nach 15 Jahren «Pause» wieder einmal in die A-Gruppe aufgestiegen. Der «Wolfisberg des Eishockeys» setzte nicht auf Stars, sondern auf eine kompakte Mannschaft.

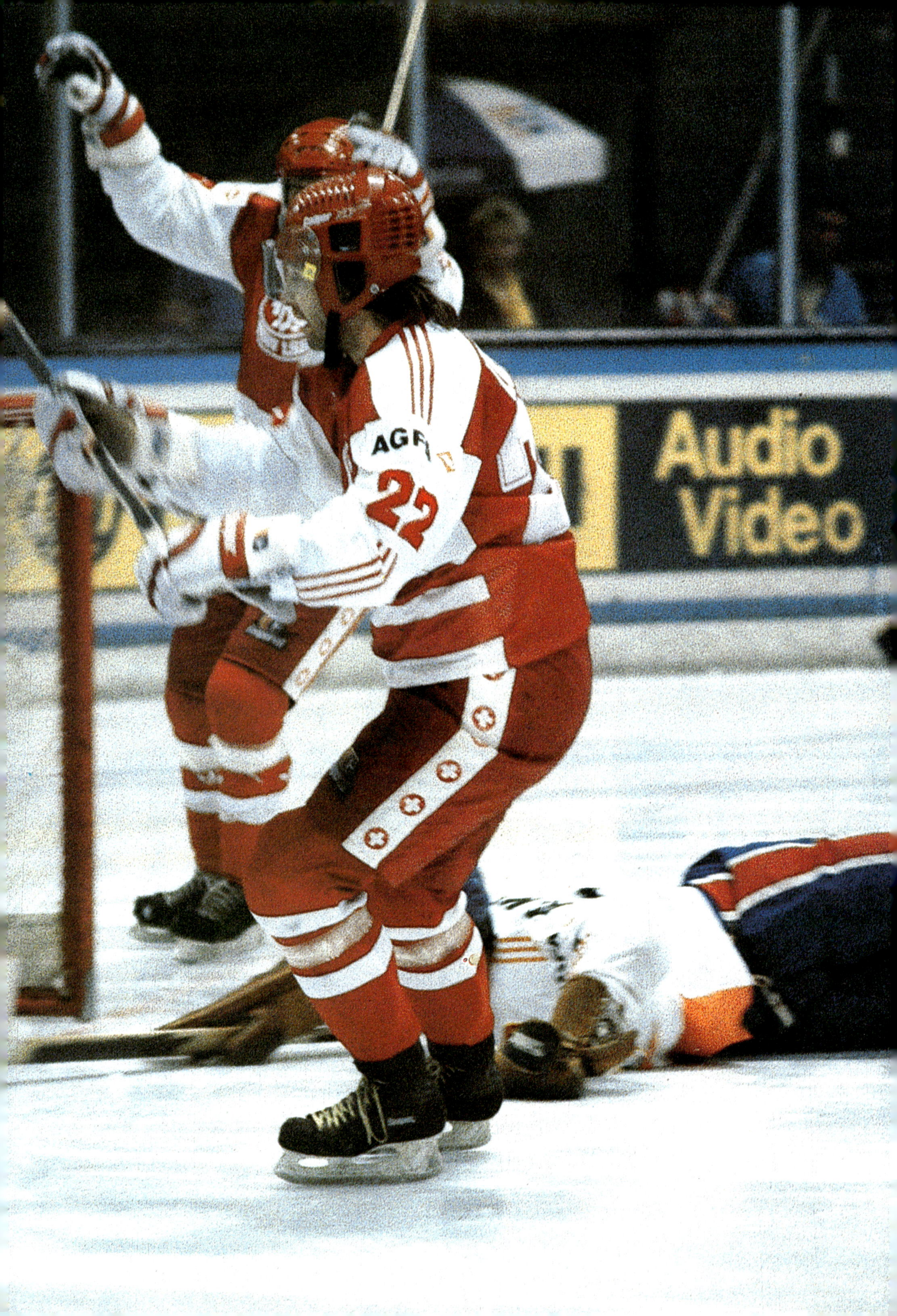
AGF
22
Audio
Video

Wieder bei der Weltelite

Mit einem kräftigen Schluck feiern die Eisgenossen den 4:2-Sieg über Jugoslawien und die Rückkehr der Nationalmannschaft in die Weltelite.

Niemand hatte sie im Voraus hochgejubelt, am wenigstens der Coach Simon Schenk aus dem Emmental. Die «Eisgenossen» waren zwar wohl nach Eindhoven an die WM der Gruppe B gezogen, um zu kämpfen und zu siegen, aber da Wunder im Schweizer Eishockey nur selten vorkommen, war die Überraschung perfekt. Die mit Lugano- und Davos-Profis stark bestückte Nationalmannschaft war unbestritten das stärkste Team in Holland und hatte die Promotion verdient. Das hat möglicherweise auch damit zu tun, dass ihr Coach sozusagen als «Copain» die Mannschaft führte. Als ehemaliger Flügelstürmer des SC Langnau und Spielertrainer des EHC Thun spricht Schenk die Sprache der Spieler. Er setzte an der WM nicht auf starke Einzelspieler, sondern auf ein starkes Kollektiv.

Schenk im Training mit den Eisgenossen.

«Schlüsselfiguren»: Torhüter Tosio und Anken.

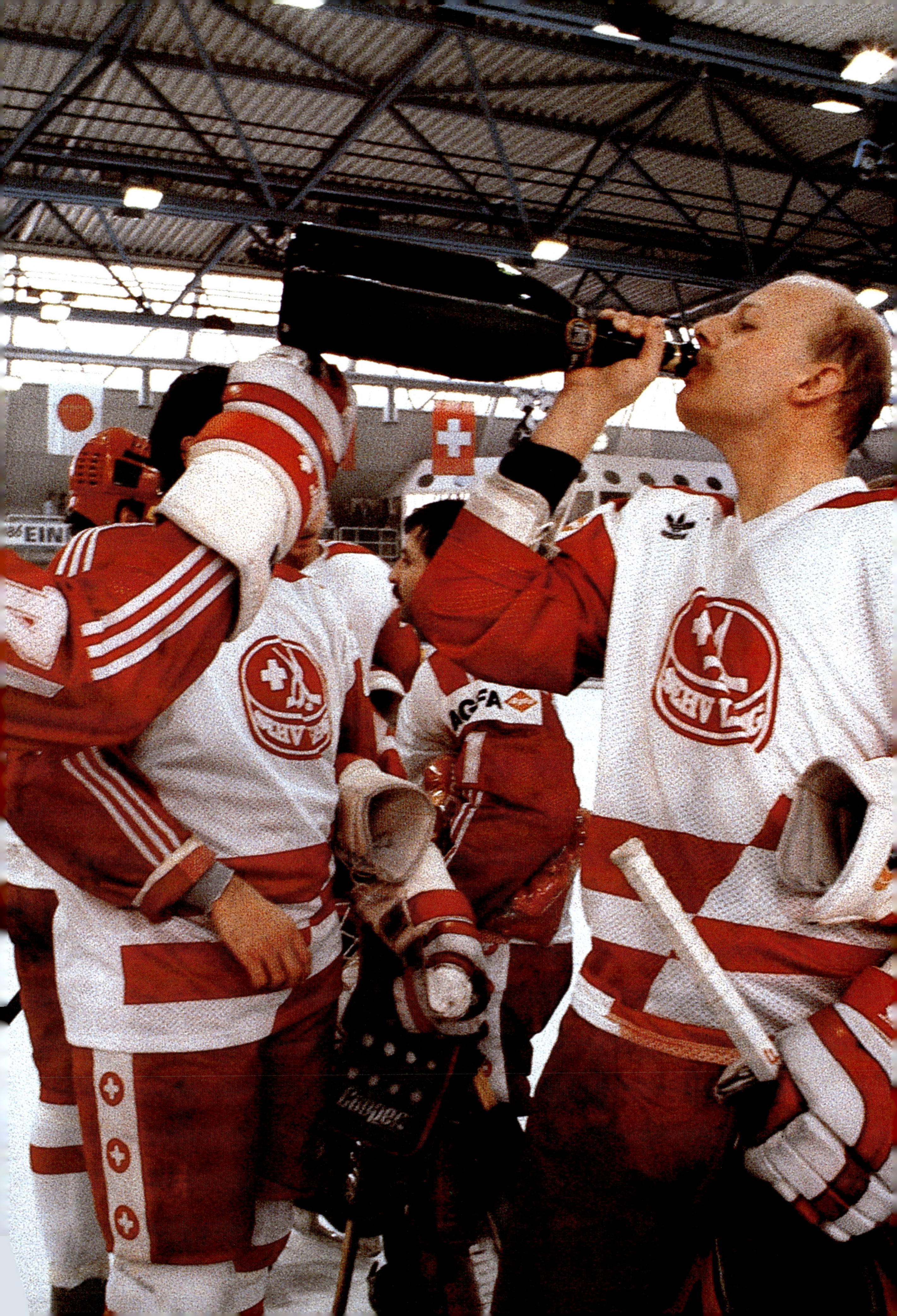
AGFA

Mit kahlgeschorenem Schädel holte sich Dano Halsall an der WM in Madrid die Silbermedaille im 50-Meter-Crawl.

Marie-Thérèse Armentero aus Genf schaffte die Bronzemedaille ebenfalls im 50-Meter-Crawl.

Die schnellen

Die Schweizer Schwimmer, die an den bisherigen Schwimm-Weltmeisterschaften unter «ferner schwammen» registriert werden mussten, haben aufgeholt. Der Genfer Europarekordhalter Dano Halsall schaffte im 50-Meter-Crawl die Silbermedaille, die Genferin Marie-Thérèse Armentero in der gleichen Disziplin bei den Frauen die Bronzemedaille. Halsall wurde dabei lediglich vom «Superschwimmer» Tom Jager aus den USA geschlagen, liess aber

Crawler

seinerseits das goldmedaillenschwere «Riesenbaby» Matt Biondi (2 Meter, 93 Kilo, Schuhgrösse 46) zurück. Abgeschlagen und auf den fünften Rang versetzt wurde auch der Schweizer Stefan Volery, der immerhin den schnellsten Vorlauf geboten hatte. Bei allen andern Disziplinen liess das Schweizer «Schwimmwunder» auf sich warten. Den grossen Medaillensegen heimsten die DDR-Schwimmer mit 14 Goldmedaillen ein.

Die Besten im 50-Meter-Crawl: Halsall, Jager und Biondi.

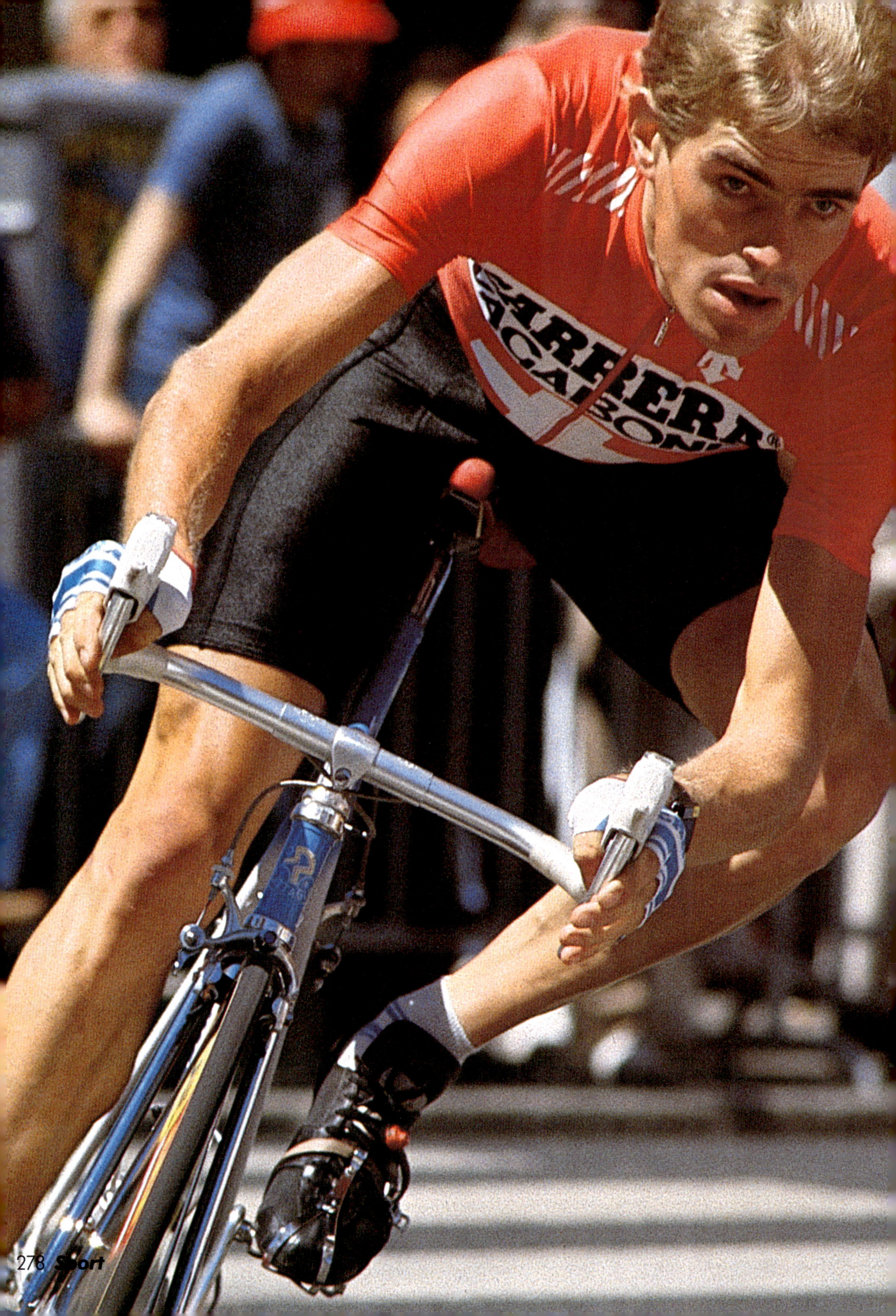

Zimmi – der stille Schnelle

Schweizer Meister, vierter in der Tour de Suisse, dritter in der Tour de France, zweiter bei Paris–Nizza, Sieger im Criterium International, im Dauphiné Libéré und in der Lazio-Rundfahrt — Urs Zimmermann, der «stille Schnelle» aus Mühledorf hat sich 1986 unwiderruflich in die Weltelite hinaufgestrampelt. Seit 1954, als Kübler zweiter und Fritz Schär dritter in der Tour de France wurden, hatte kein Schweizer mehr eine solche Bravourleistung vollbracht. Die Lorbeeren von «Zimmermann — Supermann» verblassten auch nicht, als er an der WM in Colorado Springs mit dem sehr bescheidenen 61. Rang abschloss. Der wohl vielversprechendste Schweizer Pedaleur seit Kübler und Koblet hatte an der Weltmeisterschaft (Sieger wurde der Italiener Moreno Argentin) einfach «keinen Druck in den Beinen». Druck hatte dafür Urs Freuler, der die Goldmedaille im Punktefahren gewann.

Nach dreissig Jahren Wartezeit: Flankiert von den beiden Besten der Damen-Tour-de-France, posieren Sieger Lemond, Hinault und der «schnelle Zimmi» als Dritter.

Der Tod rennt mit

31. Mai am Hessen-Rallye: Marc Surer und sein Partner Michel Wyder gerieten ins Schleudern. Das Auto zerschellt und fängt Feuer. Wyder verbrennt und Surer wird schwer verletzt.

Surers Bolide gerät ins Schleudern.

Das Auto hat zwei Bäume touchiert.

Es zerschellt und fängt Feuer.

Surer (Kreis) überlebt, Wyder stirbt.

Ärztliche Kunst hat Surer das Leben gerettet. Er will wieder Rennen fahren, aber nicht auf Formel 1.

MARC SURER
STAG ca. 18.30 U

Ein neuer König aus der Innerschweiz

Strahlend nimmt der Innerschweizer Harry Knüsel die Glückwünsche der Jugend entgegen. Fast alle hatten auf einen dritten Sieg von Ernst Schläpfer getippt. Aber der 25jährige Monteur aus Küssnacht am Rigi legte den Thronprätendenten im Schlussgang nach sechs Minuten auf den Rücken.

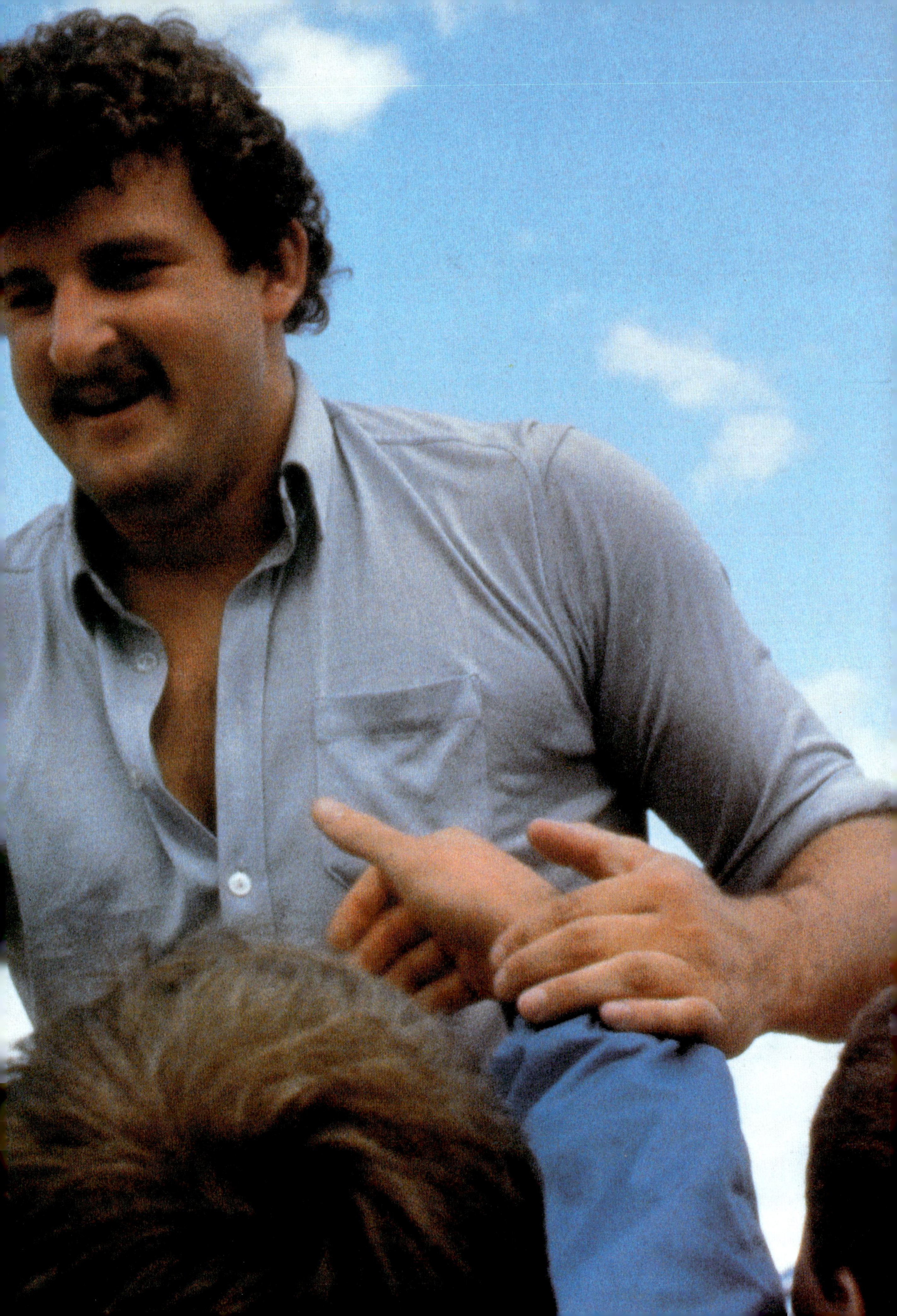

Lothar Herrsche staunt: Harry Knüsel hat ihn gebodigt.

Die Entscheidung: Exkönig Schläpfer ist besiegt.

Schwingen immer populärer

Dem Schwinger Santschi fährt der Schreck in die Knochen. In diesem Moment weiss er, dass nichts mehr zu retten ist.

Das grosse Treffen der «ganz Bösen» hat es an den Tag gebracht: Das Schwingen ist im Aufschwung. Steigende Besucherzahlen am Eidgenössischen, aber auch an den übrigen Schwingfesten bestätigen den Trend. Zahlreiche Schwinger sind zwar längst keine Älpler und Sennen mehr (auch der neue «König» ist Monteur von Beruf), aber der Schwingerverband sorgt dafür, dass sich nicht allzu viel an der urchigen Sportart ändert. Nach wie vor weigern sich die Schwinger zum Beispiel, dem Dachverband des Schweizer Sports (SLS) beizutreten. Sie wollen unabhängig bleiben und ihre eigenen Regeln aufstellen. Und wer etwas dagegen hat, riskiert einen Hosenlupf...

Sport

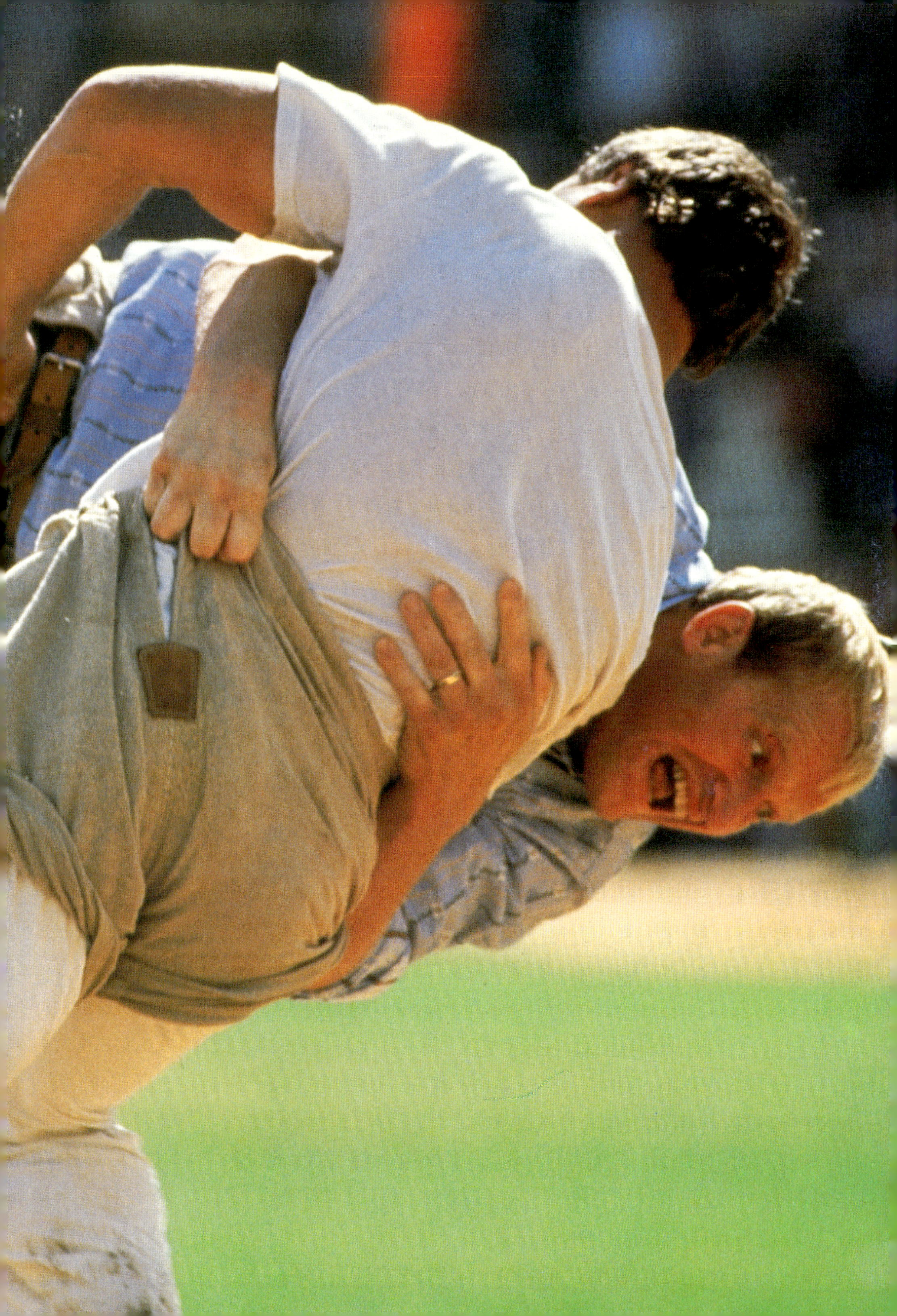

Wie Vögel über Australien

Fünf Europäer, unter ihnen der Schweizer Peter Haltiner mit einem Ultraleichtflugzeug, das die Drachen hochschleppte, machten ihren Traum vom grossen Abenteuer in Australien wahr: Wie Zugvögel zogen sie in Etappen 6000 Kilometer über den fünften Kontinent hinweg.

Der Schweizer Peter Haltiner schleppt einen 30 Kilo schweren Drachen in die Höhe.

Die 20jährige Debi Thomas aus aus San José ist die erste farbige Weltmeisterin im Eiskunstlauf.

«Black is beautiful» auch auf dem Eis

Die Weltmeisterschaft im Eiskunstlauf in Genf war tatsächlich eine «WM der Sensationen». Sie sah mit Ausnahme des sowjetischen Eistänzerpaares Bestemjanowa/Bukin die Titelverteidiger stürzen. Die eigentliche Sensation der WM war die farbige Literaturstudentin Debi Thomas aus San José in Kalifornien. Die elegante und technisch hochbegabte Titelverteidigerin und Olympiasiegerin Katarina Witt aus der DDR gewann zwar die Kür mit Glanz und Gloria, aber beim Kurzprogramm verpatzte sie die Sprungkombination und musste der Kalifornierin die Lorbeeren überlassen. Die unkomplizierte Debi Thomas hatte schon vorher verkündet: «Wenn ich gewinnen sollte, wird es nicht sein, weil ich eine Farbige, sondern weil ich die Beste bin.» Und so war es auch. Dass im heissen Kalifornien ein Eiskunst-Stern aufgegangen war, hatte man bereits vor einem Jahr an der WM in Tokio gemerkt. Debi Thomas war Fünfte geworden und hatte beim Schaulaufen mit einer unerhört witzigen Slapstik-Nummer die Herzen der Eiskunstlauf-Fans erobert. In diesem knallharten und oft von bösartigen Intrigen durchsetzten Sport-Business kommt ihr die Lust auf Gags und komische Einlagen sehr zustatten. Sie hilft, die oft buchstäblich eiskalte Atmosphäre unter den Konkurrentinnen und Konkurrenten besser zu ertragen. Eine Überraschung lieferten auch die Herren. Der Leader im Zwischenklassement, der brillante sowjetische Läufer Alexander Fadejew stürzte zweimal bei der Kür und fiel schliesslich auf Rang drei zurück. Lachender Erbe war der Amerikaner Brian Boitano, der eine technisch sehr schwierige Kür fehlerfrei aufs Eis zauberte.

Bei den Herren siegte Brian Boitano (USA) in der Mitte. Links der zweite, Brian Orsen (Canada), und rechts der dritte, Alexander Fadejew (UdSSR).

Die neue Weltmeisterin Debi Thomas (USA) in der Mitte, die zweite Katarina Witt (links) aus der DDR und die dritte, USA-Chinesin Tiffany Chin.

290 Sport

Den Pferdeschindern an den Kragen

Für Kenner der Reitsportszene war es «kalter Kaffee», für die breite Öffentlichkeit aber ein Schock: Auch in der Schweiz, so wurde bekannt, gibt es Springreiter, die ihre Pferde auf grausame Weise plagen, damit sie beim Sprung einige Zentimeter Höhe mehr bringen. Scharfkantige Flaschendeckel unter den Bandagen, hochschnellende Eisenstangen beim Training, die dem Pferd die Beine verletzen, damit es sie inskünftig mehr anzieht; schmerzendes Terpentin auf die Bandagen, Scherben, Reissnägel, Stacheldraht und auch Chemie — ein ganzes Arsenal von Hilfsmitteln, um den Tieren «Beine zu machen.» Die Horrormethoden wurden bekannt, als der Schweizerische Reit- und Fahrsportverband (SRF) anfangs 1986 erstmals hart durchgriff: Gegen mehrere Springreiter erliess der Verband Wettkampfverbote für Vergehen, die im Verlauf des Vorjahres auf schweizerischen Concoursplätzen als «besonders gravierend» beurteilt wurden. Nach den Sanktionen des Verbandes hat der Schweizer Tierschutz zusätzlich gegen die Tierquäler Strafanzeige erstattet. Kenner der Szene sind der Ansicht, dass es sich bei den publik gewordenen Fällen nur um die «Spitze des Eisbergs» handelt.

Um den Sturz und damit die «Blamage» zu vermeiden, werden Pferde gequält.

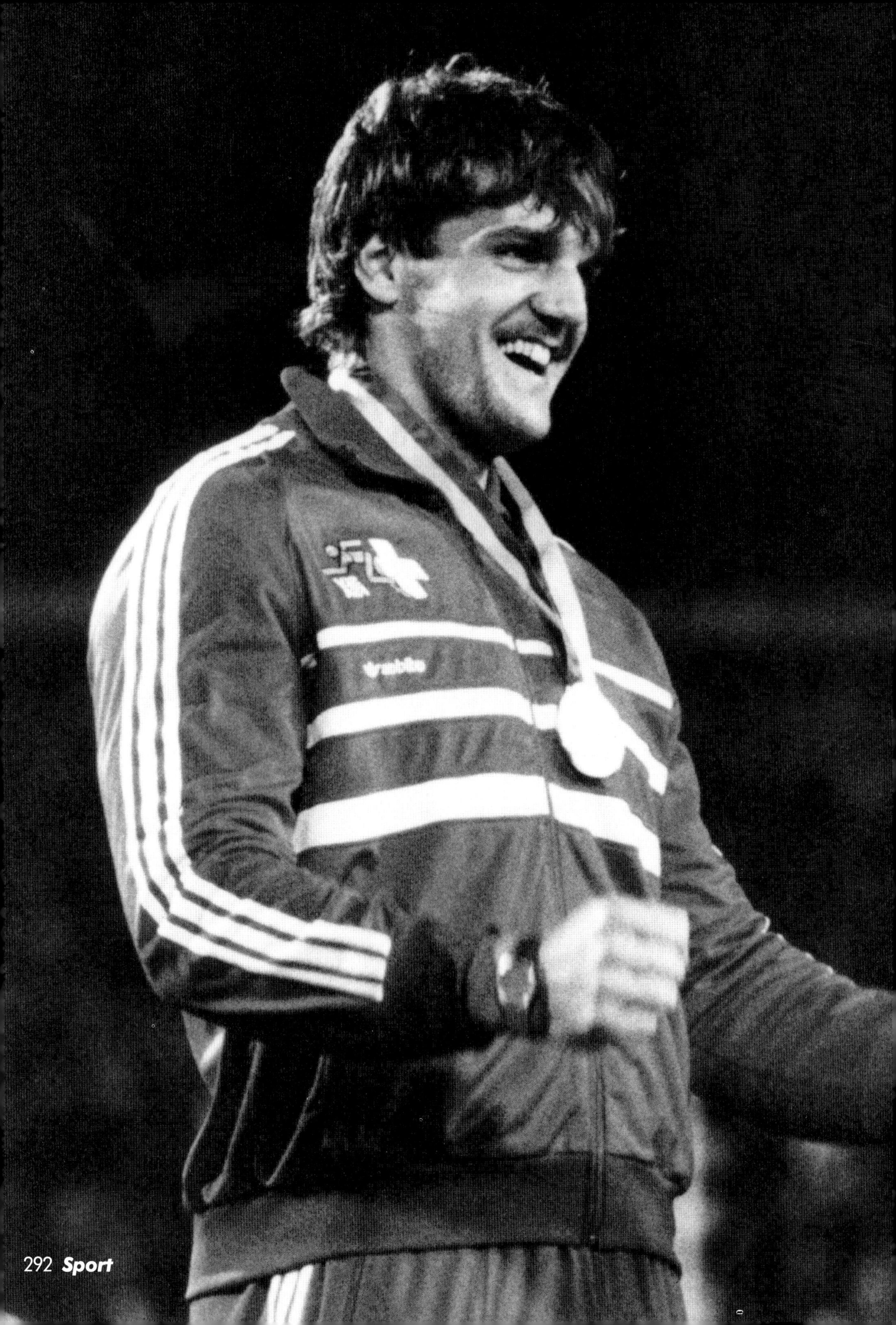

«Ein unbeschreibliches Gefühl» hatte Werner Günthör nach seinem grossen Wurf.

Europameister Günthör: Zwei Meter lang, 124 Kilo und maximale Konzentration.

Kugelwernis grosser Wurf

Ein Jahr zuvor hatte es sein Trainer Jean-Pierre Egger prophezeit: «Wenn man eine Basis von 21 und mehr Metern hat, kann einem schon einmal ein Stoss auf über 22 Meter herausrutschen.» Ende August, an der Europameisterschaft in Stuttgart, wurde er Wirklichkeit: Mit einem Wurf von 22,22 Metern schockte Werner Günthör aus dem thurgauischen Uttwil, der «21-Meter-Mann» von 1985, die Weltbesten. Ex-Weltrekordler Ulf Timmermann brachte es auf 21,84, der neue Weltrekordler Udo Beyer (beide aus der DDR) lediglich auf 20,74. Mit seinem Superwurf holte sich der zwei Meter lange und 124 Kilo schwere «Werni» den 3. Europameistertitel, den je ein Schweizer errang. Ein Sportjournalist der Süddeutschen Zeitung sah in Werner Günthör gar «die personifizierte Zukunft der Disziplin Kugelstossen». Aber so dick würde es Günthör selbst nicht auftragen. Er ist zwar auf der «ewigen» Weltbestenliste auf Platz vier vorgerückt, aber vom ersten Platz des frischgebackenen Weltmeisters Udo Beyer trennen ihn immerhin noch ganze 42 Zentimeter. Wenige Monate vorher allerdings wären diese 22,22 Meter tatsächlich Weltrekord gewesen. Aber unabhängig davon war Werner Günthör nach diesem phänomenalen Wurf ein glücklicher Mann: «Man hat ein unbeschreibliches Gefühl, wenn man merkt, dass die Kugel so opitmal wegfliegt.

Samba alla Ticinese

Von den «Corinthians» in Sao Paolo zu den «Granata» von Bellinzona: Das Tessiner Fussballwunder Paulo Cesar.

Ballkünstler Paulo Cesar Camasutti sorgt mit Samba-Fussball für Spektakel, wie für Tore und volle Vereinskasse.

Als «Zufallsaufsteiger» wurde der AC Bellinzona abqualifiziert, und die «Grossen» im Schweizer Fussball freuten sich schon auf die «Erholungsspiele» im Sopraceneri. Sie hatten aber die Rechnung ohne den betuchten Gönnerkreis des AC Bellinzona gemacht. Klammheimlich holten sich die Bellinzonesi in Sao Paolo den brasilianischen Internationalen Paulo Cesar Camasutti und später auch noch den Alt-Internationalen Mario Sergio. Zusammen mit dem französischen Fussball-Schweizer Philipp Fargeon, der später wieder von Frankreich «abgeheuert» wurde, schufen sie das Tessiner Fussballwunder. Es besteht nicht nur darin, dass aus einer Provinzmannschaft ein starkes Team wurde, das auch die «Grossen» besiegen kann. Das eigentliche Wunder passierte in der Kasse. Der «Samba alla Ticinese», für den die Ausländer sorgten, lockte ungeahnte Massen von Fussballfreunden ins Stadion — im Durchschnitt über 10 000 pro Partie. Den Rekord brachte die Partie gegen Servette mit 16 500 Zuschauern. Ursprünglich war Bellinzona für Paulo Cesar nur als «Parkplatz» gedacht. 1987, wenn in Italien die Sperre für ausländische Fussballer aufgehoben wird, sollte er nach Italien weiterverkauft werden. Inzwischen aber haben zahlreiche Schweizer Clubs Lust auf Samba bekommen — und sei's nur, um die vielerorts notleidenden Kassen zu füllen.

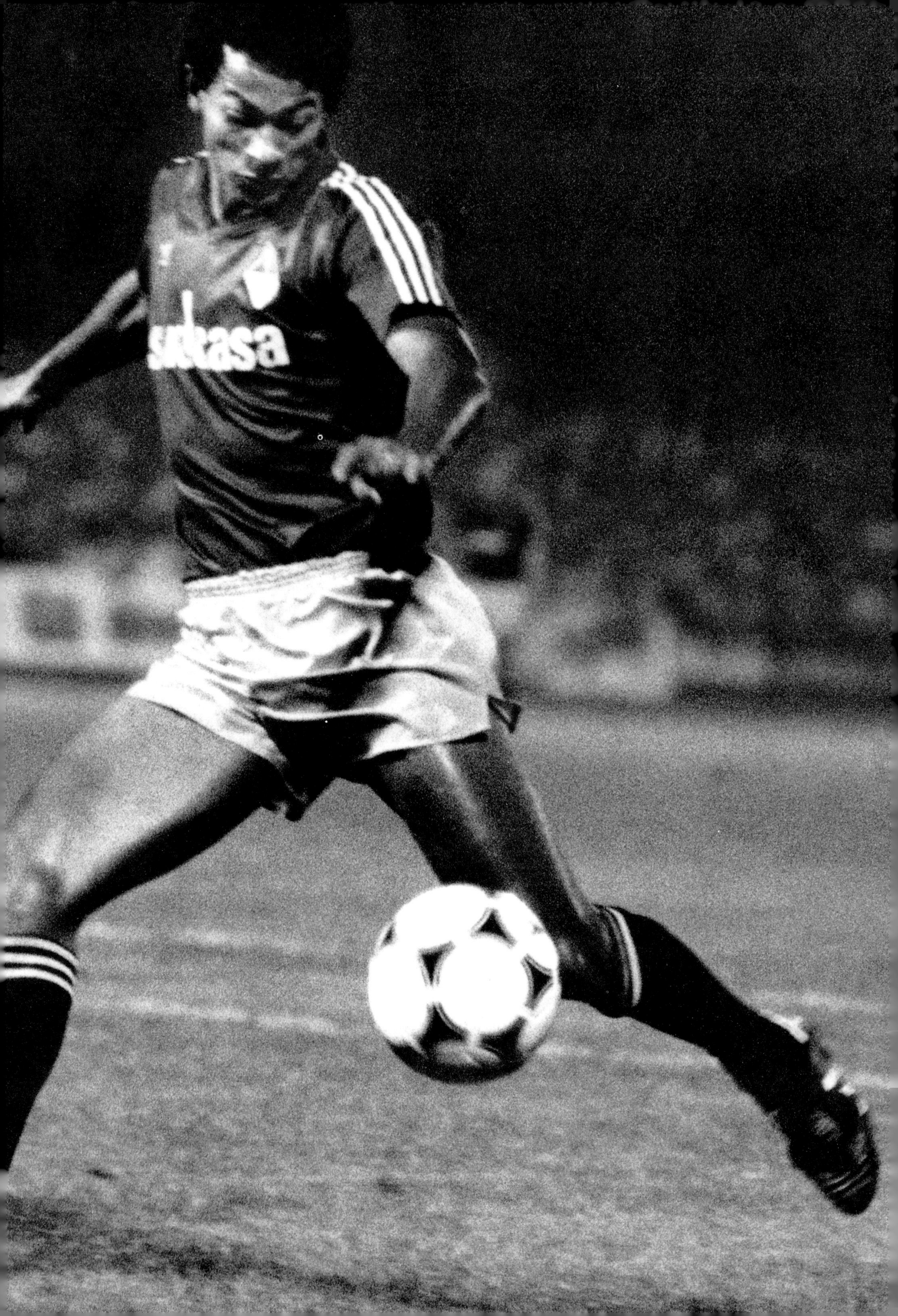

Hoffen auf die zweite Krone

«Mit einer Wut im Bauch fahre ich in der Regel am besten» hat Maria Walliser einmal einem Journalisten gestanden. In der Saison 85/86 muss sie öfter eine recht grosse Wut gehabt haben, denn nebst dem Abfahrts-Weltcup und der Kombination holte sie sich die begehrte Kristallkugel der Gesamt-Weltcupsiegerin und wurde damit zur «Königin des alpinen Skisports». Die inzwischen 24jährige Toggenburgerin aus Mosnang rutschte sozusagen automatisch in den Skirennsport hinein. Hinter ihrem Elternhaus betrieb die Familie des Viehhändlers Walliser den Dorfskilift, und die vier Walliser-Kinder mussten schon früh mitanpacken, um die Piste in Form zu halten, die Skifahrer anzubügeln und Schnee zu schaufeln. Mit 16 Jahren fuhr dann die «Hobby-Skifahrerin» bei einem FIS-Riesenslalom in Ebnat-Kappel gleich auf den zweiten Platz hinter Hanni Wenzel. Und schon war sie mitten drin im weissen Zirkus. Inzwischen ist sie die älteste im Schweizer Damenteam und hofft, an der WM in Crans-Montana ihrer Sportkarriere eine zweite Krone aufsetzen zu können.

Ende mit Schrecken

«Das Reglement sagt nichts darüber, und was nicht verboten ist, ist gestattet.» Mit diesen Worten kommentierte Eishockey-Verbandspräsident René Fasel den spektakulären Entscheid des EHC-Arosa, freiwillig aus der Nationalliga A in die Erste Liga abzusteigen.«Und», fügte er bei, «man kann einen Klub nicht bestrafen, der seine Finanzen sanieren will.» Dass bei zahlreichen Eishockey-Clubs die Finanzen im Argen liegen, ist sei eh und je bekannt. Doch bisher war es immer gelungen, den Pleitegeier mit irgendwelchen Tricks abzuschiessen. Nicht so bei Arosa. René Bossert, der Präsident des Traditionsclubs aus dem Schanfigg, ging als Geschäftsmann mehrmals über die Bücher und beschloss: «Lieber ein Ende mit Schrecken, als ein Schrecken ohne Ende». Die Spieler hatten dazu wenig bis nichts zu sagen, schluckten aber angesichts der bösen roten Zahlen den Entscheid des Vorstandes. Der EHC Arosa wurde 1924 gegründet und hat im Verlauf der Jahrzehnte manche goldene Seite im Buch des Schweizer Eishockeys geschrieben. Legendäre Figuren wie Hans Martin Trepp und die Gebrüder Poltera sind jedem Eishockeyfan aus früheren Zeiten noch ein Begriff. Neunmal wurden die Hockeyspieler aus dem 3000-Seelen-Dorf Schweizer Meister, bevor sie freiwillig abdankten. Als lachender Erbe konnte der SC Bern in die A-Lücke springen und sich so blitzschnell von seinem Katzenjammer über den verpassten Aufstieg erholen.

Völlig übersurft

Die Bretter, die neuerdings für Zehntausende von Schweizern die Welt bedeuten, sind nicht in einem Theater zu finden, sondern während Monaten auf den Schweizer Seen. Surfen ist nämlich inzwischen zwar nicht gerade zu einem Massensport, aber doch zu einer sehr beliebten Wassersportart geworden. So beliebt jedenfalls, dass die wenigen Seen, die mit den richtigen Winden aufwarten können, an den günstigen Wochenenden völlig «übersurft» sind. Am schlimmsten ist es dabei im oberen Teil des Urnersees, wo nur wenige flache Uferstellen die Surfermassen überhaupt aufnehmen können. Das hat 1986 wiederholt zu Konflikten zwischen Surfern, Polizei, Fischern, Schwimmern und Schiffskapitänen geführt. An einigen Seen hat man bereits bestimmte Buchten für Surfer gesperrt, an anderen werden generelle Surfverbote diskutiert. Verkehrsvereine stiegen auf die Barrikaden, und die «Schiffahrtsgesellschaft Vierwaldstättersee» forderte gar eine surffreie Zone von 200 Metern um die Anlegestellen. Zurzeit schätzt der Schweizer Windsurfverband die Anzahl aktiver Brettsportler auf rund 50 000. Im Vergleich zu den Skifahrern eine kleine Zahl, aber angesichts der wenigen «Surfparadiese» genug, um allerlei Ärger zu schaffen.

Bildnachweis

4/5	AP/ESA	126/127	Magnum	262/263	Adriano Heitmann
6/7	Jean Luc Iseli	128/129	Pia Zanetti, Keystone	264/265	Werek
8/9	AP	130/131	Sipa	266/267	Daniel Weibel
10/11	Willy Spiller	132/133	Gamma	268/269	Charles Seiler, D. Forster
12/13	Keycolor	134/135	Black Star		
14/15	Silvio Mettler	136/137	Sipa, Sygma, Gamma	270/271	Gamma, Agence Angeli, Keycolor/afp
18/19	Keycolor	138/139	Sygma, Sipa		
20/21	Keycolor	140/141	Sipa	272-275	Reto Hügin, Bruno Kellenberger
22/23	Keycolor, Syndication International	142/143	Keystone		
		146/147	Gamma	276/277	Sipa, All-Sport
24/25	Bunte, Willy Spiller	148/149	Gamma	278/279	Presse-Sports, Sipa
26/27	Gamma, Sipa	150/151	Gamma, Felix Aeberli	280/281	Felix Aeberli, Dölf Preisig
28/29	Sygma	152-155	Mario del Curtó		
30/31	Sygma	156-159	Dölf Preisig	282-285	Dölf Preisig
32/33	Gamma, Keystone	160-161	Nikon	286/287	Thomas Ruddies
34/35	Silvio Mettler	162-165	Michael von Graffenried	288/289	Keycolor, ASL
36/37	Werek, Keystone	166/167	Willy Spiller	290/291	Sven Simon
38/39	Gerald Davis/Contact	168/169	Eurotunnel, RDZ	292/293	Werek
40/41	RDZ	170/171	Charles Seiler, Prisma	294/295	R. Steinegger
42/43	RDZ	172/173	Sygma		
52/53	Royal Observatory, Edinburgh	174/175	Prisma		
		178/179	Action Press, Gamma		
54/55	Max Planck Institut/ESA, Keycolor	180/181	Sipa, Sygma		
		182-185	Keystone		
56/57	Felix Aeberli	186/187	AP		
58/59	Sipa	188/189	RDZ		
60/61	Sipa	190/191	Keystone		
62/63	Claude Gluntz	192-195	Sipa		
64/65	P. Turnley/Rapho, Sipa	196/197	AP, Ansa		
66/67	Keycolor/Justitz, S. Kuhn	202-205	RDZ		
68/69	Bruno Kellenberger	206-209	Keycolor/Studhalter		
70/71	Keycolor/Stähli, Ph. Mäder	210-213	Black Star		
72/73	Black Star, Rob Nelson/Picture Group	214-217	Jean-Luc Iseli, Fondation Alberto Giacometti, Stiftung für Photographie		
74/75	Nika Derungs				
76/77	Keystone, Bild+News	218/219	Bild+News, RDZ		
78/79	Dukas	220/221	Kurt Wyss, Keystone		
80/81	RDZ, The Scotsman	222/223	A. Venzago, Ch. Seiler		
84/85	Christof Sonderegger	224/225	The Henri Moore Foundation, RDZ		
86/87	J. Stücker, Willy Spiller, RDZ				
		226/227	Gächter+Clahsen		
88/89	Willy Spiller	228/229	Kurt Wyss, Kunstmuseum Basel		
90/91	Ph. Dutoit, Bild+News, ASL				
92-99	A.Venzago, S. Kuhn, ASL, Bild+News, R.Widmer	230/231	Kurt Wyss		
		232/233	Rico Carisch		
100/101	RDZ, Bild+News	236/237	Eosat, Gamma		
102/103	RDZ	238/239	Sygma		
104/105	H. Friedli, F. Aeberli/RDZ	240/241	Claude Gluntz, Sygma		
106/107	Michael von Graffenried	242-245	Felix Aeberli		
108/109	Keystone, Bild+News	246/247	Sygma, Felix Aeberli		
110/111	Jacques Belat	248/249	Keystone		
114/115	Cosmos	250/251	Sygma		
116/117	Bruno Kellenberger, Sipa	252/253	Keystone		
118/119	Keycolor/AFP	254/255	Gamma, Sygma		
120/121	Keycolor/AFP	258/259	Dölf Preisig		
122/123	Yves Debraine, Sipa	260/261	Jean Luc Iseli		
124/125	Sipa				

Register

A

AC Bellinzona	294
ADATS-Lenkwaffen	174
Aids	38
Ambrosoli, Giorgio	50
Antiatombewegung	182
Antiatomdemonstration	10, 84
Aquino, Corazon	118
Ärmelkanaltunnel	168
Armentero, Marie-Thérèse	276
Atom-U-Boot-Unglück	172
Aubry, Blanche	48
Aubry, Geneviève	106

B

Baby Doc	122
Babyprämie	110
Bagnoud, François-Xavier	240
Bärengraben	80
Beauvoir de, Simone	44
Becker, Boris	270
Beckurts, Karl-Heinz	186
Berchtold, Walter	48
Bergsteigen	24
Bergsturz	246
Besuch der alten Dame	218
Beuys, Joseph	226
Binnig, Gerd	170
Boillat, Pierre	110
Bosch, Günter	270
Brokdorf	12, 182
Brünig-Bergsturz	246
Bundesratswahlen	98

C

Cagney, James	46
Casiraghi, Caroline	30
Casiraghi, Stefano	30
Cesar, Paulo	294
Challenger-Unglück	8, 146
Chile	136
Chirac, Jacques	142
Cohabitation	142
Colucci, Michel	26
Coluche	26
Contras	128
Cotti, Flavio	98
Crans-Montana	70

D

Dassault, Marcel	46
Davis, Patti	50
Demierre, Maurice	128
Double	222
Drachenflieger	286
Dumur, Jean	46
Duvalier, Jean Claude	122

E

Egli, Alphons	96
EHC Arosa	296
Ehrler, Melchior	34
Eibel, Robert	48
Eisenbahnunglück	256
Eishockey	272
Eiskunstlauf-WM	288
El Salvador	250
Elefantenkuh	80
Erdbeben	250
ETA-Anschlag	198

F

Fehlmann, Pierre	266
Ferguson, Sarah	18
Fischer, Albert	50
Flachlandgorilla	74
Flugzeugabsturz	254
Flury, Kaplan	48
Frankreich	140
Freiheitsstatue	210
Friedensnobelpreis	32
Furgler, Kurt	92
Fussball-WM	258

G

Gale, Robert	238
Gefangene Kinder	280
Gefangenenmassaker	192
Geiseldrama, Karachi	190
Giacometti, Alberto	214
Giftwein	68
Giotto-Sonde	5, 52
Gipfeltreffen	138
Gobert, Boy	46
Golfkrieg	130
Goodman, Benny	42
Gorbatschow, Michail	138
Gösgen, Demonstration	10, 84
Grant, Cary	48
Greenpeace	70
Grimaldi, Stéphanie	28
Grubenunglück	256
Guardia Civil	198
Günthör, Werner	292

Register

H

Hagelschäden	76
Haiti	122
Halley, Komet	5, 52
Halsall, Dano	276
Haltiner, Peter	286
Hasenfus, Eugene	128
Haug, Felix	222
Hausschwein	72
Hefner, Hugh	234
Hochmoore	84
Hofstetter, Benjamin	106
Hotelbrand	248
Hoteleinsturz	252
Hundekot	102

I

Imhof, Eduard	46
Irak	130
Iran	130

K

Kamerun	64
Karachi	190
Kathafi	114
Kekkonen, Urho	46
Khomeini, Ayatollah	130
Kinder der Landstrasse	112
Kinross-Mine	256
Knonaueramt	104
Knüsel, Harry	282
Koller, Arnold	98
Komet Halley	5, 52
Kopfsalat	66
Kugelstossen	292
Kunstherz	176

L

Laurel, Salvador	118
Lendl, Ivan	270
Leuenberger, Lukas	218
Leyvraz, Ivan	126
Liberty-Statue	21
Libyen	114
Lind, Eva	220
Literatur-Nobelpreis	234

M

Machel, Samora	48
Mafiaprozess	196
Maloo, Kurt	222
Maradona, Diego	258
Marcos, Ferdinand	118
Matterhorn	160
McAuliff, Christa	146
Messmer, Reinhold	24
Militärischer Frauendienst	112
Mitterrand, François	142, 168
Molotow	40
Monet, Claude	228
Moore, Henry	224
Müller, Richard	46
Mummenschanz	232

N

N4	104
Nationale Aktion	108
Navette Suisse	152
Nicaragua	126
Nobel, Guido	50

O

Oehen, Valentin	108

P

Pakistan	190
Palme, Olof	178
Palmer, Lilli	46
Paris—Dakar	240
Peru	192
Pferdeschinderei	290
Philippinen	118
Physik-Nobelpreis	170
Pinochet, Augusto	136
Playboy	234
Preminger, Otto	46
Prinz Andrew	18
Prinzessin Caroline	30
Prinzessin Stéphanie	28
Pro Juventute	112

Q

Qualtinger, Helmut	48

R

Radrennsport	278
Rainier von Monaco	30
Rassismus	132
Raster-Tunnel-Mikroskop	170
Ratti, André	48
Raumschiffahrt	146
Reagan, Ronald	138, 50
Reykjavik	138
Robert, Leni	106
Rock Watch	166
Rohrer, Heinrich	170
Royal Wedding	18
Ruska, Ernst	170

Register

S

Sabine, Thierry	240
Sahel-Zone	78
Sandoz-Brandkatastrophe	14, 242
Sartre, Jean Paul	44
Schenk, Simon	272
Schiffskatastrophe	256
Schock, Rudolf	46
Schröder, William	176
Schweizer Kampfflieger	156
Schweizerhalle	14, 242
Schwimmen	276
Schwingerkönig	282
Sea Shepherd	84
Segelregatta	266
Sempach-Schlachtfeier	206
Sexualverbrechen	280
Sherpa Tensing	48
Sindona, Michele	50
Sinowatz, Fred	36
Solarrennen	162
Soyinka, Wole	234
Spanien	198
Stamm, Judith	98
Stratosphärenballon	152
Südafrika	280, 132
Superphénix	176
Surer, Marc	280
Surfen	296
Szondi, Leopold	48

T

Terrorismus	140, 180, 186
Thatcher, Magareth	168
Theater	218
Thomas, Debi	288
Tierquälerei	290
Tiriac, Ion	270
Todeskrater	64
Tour de Sol	162
Traber, Hans A.	48
Trottmann, René	102
Tschanun, Günther	188
Tschernobyl	236

U

UNO-Abstimmung	100

V

Van Burg, Lou	46
Volery, Stefan	276
Von Braunmühl, Gerold	186
Vranitzky, Franz	36

W

Waldbrände	58
Waldheim, Kurt	36
Waldrodung	70
Waldsterben	84
Walliser, Maria	296
Wanderheuschrecken	78
Weinschwemme	88
Wiesel, Elie	32
Wimbledon	270
Wyder, Michel	280

Z

Zimmermann, Urs	278
Zürcher Zoo	74
Zürich, 2000 Jahre	202
Zweitwohnungen	112

Chronik

Die wichtigsten Ereignisse von Tag zu Tag und die Sportranglisten des Jahres 1986

BUCH
DES JAHRES
1986

SCHWEIZER ILLUSTRIERTE

Januar

1.1. Der libysche Revolutionsführer Kathafi droht mit einem «Krieg ohne Ende», falls sein Land angegriffen werde.

3.1. Bei einem Lawinenunglück oberhalb von Château d'Oex kommen drei junge Leute ums Leben.

3.1. Die Gesellschaft Schweizer Zahlenlotto ändert die Spielformel «6 aus 42» auf «6 aus 45».

4.1. Beim Bruch eines mit radioaktivem Gas gefüllten Tanks ist in einer Uran-Anreicherungsanlage in den USA ein Arbeiter ums Leben gekommen.

5.1. Bei einem Helikopterabsturz am Passwang fanden beide Insassen den Tod.

6.1. Am Vortag seines 65. Geburtstags wird in Zürich der Schriftsteller Friedrich Dürrenmatt geehrt.

7.1. In Mexico-City ist der mexikanische Schriftsteller Juan Rulfo im Alter von 67 Jahren gestorben.

7.1. US-Präsident Ronald Reagan verhängt einen Wirtschaftsboykott gegen Libyen und ordnet die Ausreise der 1500 dort lebenden US-Bürger an.

9.1. Der britische Verteidigungsminister Michael Heseltine tritt im Zusammenhang mit der Westland-Affäre (Helikopter-Beschaffung) zurück.

9.1. Ein Diplomat der tschechoslowakischen Botschaft in Bern wird wegen verbotener nachrichtendienstlicher Aktivitäten zur unerwünschten Person erklärt.

9.1. Zwei sowjetische Aufklärungsflugzeuge werden beim Anflug auf Sizilien von italienischen Jagdflugzeugen abgefangen.

10.1. Die italienische Regierung verfügt einen unbefristeten Stop aller Waffenausfuhren nach Libyen.

10.1. Das Bundesgericht entscheidet, dass auch eine Dirne nach einem Verkehrsunfall Anspruch auf Lohnausfall-Entschädigung hat.

10.1. Jaroslav Seifert, der tschechoslowakische Literatur-Nobelpreisträger des Jahres 1984, stirbt im Alter von 84 Jahren.

12.1. Der Schweizer Tennisspieler Heinz Günthardt wird mit seinem ungarischen Partner Balazs Taroczy zum dritten Mal WCT-Doppel-Weltmeister.

13.1. Libyen verbietet US-Firmen die Ölförderung auf seinem Gebiet.

13.1. In der Demokratischen Republik Jemen (Südjemen) scheitert ein Putschversuch.

13.1. Drei Basler Polizisten jagen im Elsass fünf junge Tresordiebe, was eine diplomatische Auseinandersetzung zwischen der Schweiz und Frankreich zur Folge hat.

13.1. Der viermalige mexikanische Boxweltmeister Ruben Olivares wird in Mexico-City wegen eines bewaffneten Raubüberfalls verhaftet.

13.1. Zwei libysche Kampfflugzeuge fangen eine Aufklärungsmaschine der US-Marine vor der libyschen Küste ab.

14.1. «Superphenix», der grösste schnelle Brutreaktor der Welt, wird bei Lyon an das Stromnetz angeschlossen.

15.1. Der sowjetische Parteichef Michail Gorbatschow unterbreitet einen auf 15 Jahre begrenzten Zeitplan zum Verbot von Atomwaffen.

17.1. Spanien nimmt als letztes Land Westeuropas diplomatische Beziehungen zu Israel auf.

18.1. Bei einem Flugzeugabsturz in Guatemala werden alle 93 Insassen getötet.

19.1. Eine radioaktive Gaswolke entweicht aus einem geplatzten Kessel einer Uranverarbeitungsanlage im US-Bundesstaat Ohio.

20.1. Frankreich und Grossbritannien beschliessen den Bau eines Eisenbahntunnels unter dem Ärmelkanal.

20.1. In einem Spital in Bellinzona stirbt der 62jährige italienische Mafioso Nino Salvo.

22.1. Der Kanton Nidwalden bewirbt sich aus wirtschaftlichen Gründen um ein Endlager für radioaktive Abfälle.

23.1. Ein Grossbrand im Luxushotel «Siddharth Continental» in Delhi fordert 37 Todesopfer.

23.1. Der frühere Direktionspräsident der Swissair, Walter Berchtold, stirbt im Alter von 79 Jahren.

23.1. Der international bekannte deutsche Bildhauer und Maler Joseph Beuys stirbt im Alter von 64 Jahren in Düsseldorf.

24.1. Wegen der Westland-Affäre tritt auch der britische Handels- und Industrieminister Leon Brittan zurück.

24.1. Der bekannte Psychoanalytiker und Forscher Leopold Szondi stirbt im Alter von 92 Jahren.

24.1. Ronald Hubbard, der Gründer der umstrittenen Scientology-Kirche, stirbt im Alter von 74 Jahren.

26.1. Die Nationale Widerstandsarmee (NRA) Ugandas nimmt die Hauptstadt Kampala ein.

27.1. Die Zürcher Bhagwan-Kommune meldet für ihre Betriebe Konkurs an.

28.1. Kurz nach dem Start von Cape Canaveral explodiert die US-Raumfähre Challenger. Die siebenköpfige Besatzung kommt ums Leben.

31.1. Nach schweren Unruhen verhängt Präsident Duvalier das Ausnahmerecht über Haiti.

31.1. Die Hamburger Erstaufführung des Films «Stammheim – Baader-Meinhof vor Gericht» wird durch Krawalle verhindert.

31.1. Mehrere Walliser und Tessiner Dörfer sind wegen Lawinenniedergangs abgeschnitten.

Februar

1.2. Die schwedische Friedensnobelpreisträgerin Alva Myrdal stirbt im Alter von 84 Jahren in Stockholm.

1.2. Beim Staatsbesuch von Papst Johannes Paul II. in Indien kommt es zu Protesten militanter Hindus.

1.2. Mit einem dreifachen sowjetischen Erfolg im Eistanzen gehen die Kunstlauf-Europameisterschaften in Kopenhagen zu Ende.

2.2. Der Sozialist Oscar Arias Sanchez gewinnt die Präsidentschaftswahlen in Costa Rica.

4.2. Israelische Kampfflugzeuge fangen ein libysches Zivilflugzeug über dem Mittelmeer ab und zwingen es zur Landung im Norden Israels.

5.2. Der Bundesrat verfügt eine Einreisesperre gegen den haitischen Diktator Jean-Claude Duvalier.

5.2. Der Konsumverein Zürich stellt den Verkauf von Winterkopfsalat aus Frankreich wegen zu hohen Bromidgehaltes ein.

6.2. Beamte des Kantonalen Labors Zürich beschlagnahmen auf dem Engrosmarkt Herdern 2000 Kisten mit Kopfsalat und ziehen 60 Kisten wegen zu hoher Bromidwerte aus dem Verkehr.

6.2. Die frühere Vertraute des Sektenführers Bhagwan, Sheela Birnstiel, wird von Frankfurt an die USA ausgeliefert. Sie ist des versuchten Mordes angeklagt.

7.2. Nach 14jähriger diktatorischer Herrschaft wird der haitianische Staatspräsident Jean-Claude Duvalier zum Verlassen des Landes gezwungen. Er flieht nach Frankreich.

8.2. Bei einem der schwersten Eisenbahnunglücke in der Geschichte Kanadas kommen in der Nähe der Kleinstadt Hinton rund 40 Menschen ums Leben.

11.2. Auf der Glienicker Brücke zwischen West-Berlin und Potsdam werden der sowjetische Bürgerrechtler Anatoli Schtscharanski und drei im Osten verurteilte Spione gegen fünf im Westen enttarnte Ostagenten ausgetauscht.

12.2. Die brtische Hubschrauberfirma Westland wird an das amerikanisch/italienische Konsortium Sikorsky/Fiat verkauft.

14.2. Marco Färber wird vom Regionalvorstand DRS zum Chefredaktor für die Informationssendungen von Radio DRS ernannt. Erich Gysling wird Leiter der gesamten TV-Information.

16.2. Nach den Wahlen auf den Philippinen wird Ferdinand Marcos zum Wahlsieger proklamiert. Die Oppositionskandidatin Corazon Aquino ruft zum Widerstand auf.

16.2. Der Sozialist Mario Soares gewinnt die Präsidentschaftswahlen in Portugal.

16.2. Der Schweizer Entwicklungshelfer Maurice Demierre wird in Nicaragua an der Grenze zu Honduras bei einem Hinterhalt der Contras getötet.

17.2. Der Generaldirektor der US-Raumfahrtbehörde NASA, Philip Culbertson, wird im Anschluss an die Challenger-Katastrophe entlassen.

17.2. Der Historiker Marcel Beck stirbt im Alter von 78 Jahren in Winterthur.

17.2. Beim Zusammenstoss zweier Personenzüge in Chile kommen 69 Menschen ums Leben.

18.2. Bei Kämpfen im Osten El Salvadors kommt der Guerillaführer der Befreiungsfront Farabundo Martì, Dagoberto Soto, ums Leben.

19.2. Der Nationale Regierungsrat von Haiti verstaatlicht den gesamten Besitz des gestürzten Diktators Jean-Claude Duvalier.

20.2. Der US-Senat stellt «weitverbreiteten Betrug» bei den philippinischen Wahlen fest. Die militärische Hilfe an Präsident Marcos soll gestoppt werden.

23.2. 750 000 Spanier demonstrieren in Madrid gegen den Verbleib Spaniens in der NATO.

25.2. Der philippinische Präsident Ferdinand Marcos flieht nach tagelangem Machtkampf mit seiner Familie von den Philippinen auf die Pazifikinsel Guam.

26.2. Nach einer Revolte mehrerer tausend wehrpflichtiger Bereitschaftspolizisten kommt es in Kairo zu heftigen Strassenkämpfen, die 36 Tote und 321 Verletzte fordern.

26.2. Bundespräsident Alphons Egli gratuliert im Namen des Bundesrates der philippinischen Präsidentin Corazon Aquino zur Übernahme der Präsidentschaft.

27.2. In Kairo werden im Anschluss an die Meuterei 2000 Bereitschaftspolizisten und 700 Zivilisten verhaftet.

28.2. Der schwedische Ministerpräsident Olof Palme wird von einem Unbekannten in der Stockholmer Innerstadt erschossen.

März

1.3. Der HC Lugano wird nach einem 7:5 Sieg gegen den HC Davos erstmals Schweizer Meister im Eishockey.

1.3. Erich Schärer wird mit seinem Team Weltmeister im Viererbob in Königssee (BRD).

2.3. In Zürich werden Ursula Koch (SP) und Wolfgang Nigg (CVP) neu in den Stadtrat gewählt.

3.3. Bei einem Flugzeugabsturz in Muri bei Bern kommen alle acht Insassen ums Leben.

5.3. Der Schweizer «Ausbrecherkönig» Walter Stürm wird von der Waadtländer Kantonspolizei auf dem Bahnhof Lausanne verhaftet.

5.3. Der indische Sektenführer Bhagwan Shree Rajneesh wird in Agios Nikolaos im Nordosten Kretas festgenommen. Die Athener Regierung ordnet seine Ausweisung an.

5.3. Der Bundesrat hebt den generellen Ausschaffungsstop für Tamilen auf den 15. März auf.

6.3. Der sowjetische Amerikaexperte Anatoli Dobrynin wird in das Zentralkomitee der KPdSU gewählt. Alexandra Birjukowa wird neue ZK-Sekretärin.

7.3. 6000 Hostessen der US-Fluggesellschaft TWA streiken wegen geplatzter Lohnverhandlungen.

8.3. In West-Beirut wird ein vierköpfiges französisches Fernsehteam von Antenne 2 von einem Kommando der Hezbollah (Partei Gottes) entführt.

8.3. Vor der Küste Floridas wird die Kabine der Raumfähre Challenger geborgen. Darin werden sterbliche Überreste der Besatzung gefunden.

9.3. Die Schauspielerin Blanche Aubry stirbt in Wien im Alter von 65 Jahren.

12.3. Zum Nachfolger des ermordeten schwedischen Premiers Olof Palme wird der Sozialdemokrat Ingvar Carlsson gewählt.

12.3. Die Spanier stimmen dem Beitritt zur NATO zu.

12.3. Ein Untersuchungsausschuss des britischen Unterhauses bezeichnet die nukleare Wiederaufbereitungsanlage von Sellafield als die grösste Quelle radioaktiver Umweltverschmutzung der Welt.

13.3. Aus Geldnot steigt der Eishokkey-Club Arosa freiwillig in die 1. Liga ab.

13.3. Der Start des sowjetischen Raumschiffes Sojus T-15 wird live im Sowjetfernsehen übertragen.

14.3. Nach einem Bericht der «New York Times» hat die neue philippinische Regierung ein Bankguthaben von Präsident Marcos in der Höhe von 800 Millionen Dollar auf Schweizer Bankkonten identifiziert.

15.3. Beim Einsturz eines sechsstöckigen Hotels in Singapur kommen 33 Menschen ums Leben.

16.3. 75,7 Prozent der Stimmenden sind gegen einen Beitritt der Schweiz zur UNO.

16.3. Die Stimmberechtigten von St. Moritz und Davos sprechen sich gegen die Durchführung von Olympischen Winterspielen in ihren Gemeinden aus.

18.3. Jacques Chirac, Führer der gaullistischen Sammelbewegung für die Republik (RPR), wird neuer französischer Premierminister.

18.3. Die italienischen Behörden lassen 5000 Flaschen vergifteten Wein beschlagnahmen, nachdem drei Menschen starben, die mit Methylalkohol vermischten Wein getrunken hatten.

19.3. Das Bundesgericht erteilt die Bewilligung für eine Waldrodung in Crans-Montana, damit dort die Ski-Weltmeisterschaft 1987 durchgeführt werden kann.

19.3. Das britische Königshaus gibt offiziell die Verlobung von Prinz Andrew mit der bürgerlichen Sarah Ferguson bekannt.

19.3. Ein des Mordes an Olof Palme bezichtigter Schwede wird mangels Beweisen wieder freigelassen.

20.3. Der wegen Anstiftung zum Mord verurteilte italienische Bankier Michele Sindona stirbt im Krankenhaus von Voghera nach der Einnahme von Gift.

21.3. Anlässlich des Jahrestages des Massakers von Shaprville und der Schiesserei von Langa treten in Südafrika Hunderttausende von Schwarzen in Streik.

21.3. Innerhalb der Nationalen Aktion kommt es zwischen dem extremen Fremdengegner Markus Ruf und seinem Parteikollegen Valentin Oehen zum offenen Konflikt.

24.3. Der finnische Präsident Mauno Koivisto trifft zu einem dreitägigen Staatsbesuch in der Schweiz ein.

24.3. Der Film «Out of Africa» wird mit 7 Oscars ausgezeichnet.

24.3. Der stärkste orkanartige Frühlingssturm seit 20 Jahren verursacht in der Schweiz in weiten Landesteilen starke Schäden.

26.3. Die Eidgenössische Bankenkommission veranlasst die Einfrierung des Marcos-Vermögens bei allen in der Schweiz tätigen Banken und ihren ausländischen Tochtergesellschaften.

28.3. Die Schweizer Eishockey-Nationalmannschaft steigt nach einer Serie von sechs Siegen beim B-Turnier in Eindhoven in die A-Gruppe auf.

30.3. Der amerikanische Filmschauspieler James Cagney stirbt im Alter von 85 Jahren.

31.3. 365 000 Menschen nehmen in der BRD an Ostermärschen teil und demonstrieren gegen Atom und SDI.

31.3. Beim Absturz einer dreistrahligen Boeing 727 in Mexico kommen alle 158 Passagiere und acht Besatzungmitglieder ums Leben.

April

1.4. Gegen Mitarbeiter des Tessiner Strassenverkehrsamtes wird wegen des Verkaufs von Antiradargeräten ein Strafverfahren eingeleitet.

2.4. Bei einer Bombenexplosion an Bord einer TWA-Maschine werden in 3300 Metern Höhe über Athen vier Passagiere aus dem Flugzeug gerissen.

2.4. Die französischen Surfer Stephane Peyron und Alain Pichavant brechen auf der Strecke Dakar-Miami den Rekord für Antlantiküberquerungen.

4.4. Bei einem Überfall auf einen Geldtransport der PTT erbeuten vier maskierte Männer in Chur zwei Millionen Franken.

5.4. Ein Erdbeben in der alten Inkastadt Cuzco in den peruanischen Anden fordert 16 Todesopfer und 170 Verletzte.

6.4. In Italien sind bereits 17 Menschen durch den mit Methylalkohol gepanschten Wein gestorben.

7.4. Es wird bekannt, dass auf dem Höhepunkt der amerikanisch-libyschen Auseinandersetzungen in der Grossen Syrte libysche Raketen auf fünf in Italien liegende Nato-Stützpunkte gerichtet waren.

7.4. In der zentralindischen Stadt Bhopal findet zum ersten Mal seit 100 Jahren ein Kongress der Eunuchen statt.

8.4. Soldanella Rey, Präsidentin der Nationalen Aktion, tritt aus der NA aus, nachdem der Zentralvorstand beschlossen hat, Markus Ruf nicht auszuschliessen.

9.4. Im Länderspiel Schweiz–BRD verliert die Fussballnationalmannschaft unter Trainer Jeandupeux in Basel 0:1. Im Anschluss an das Spiel kommt es zu krawallartigen Ausschreitungen.

9.4. Nach siebenjähriger Bauzeit wird der Kerenzerbergtunnel der N3 am Walensee dem Verkehr übergeben.

11.4. Der Tessiner Kassationshof erhöht die Strafen gegen die Angeklagten im Pizza-Connection Prozess von Lugano, indem es das Betäubungsmittelgesetz schärfer anwendet.

12.4. Nationalrat Valentin Oehen tritt nach dem Konflikt mit Nationalrat Markus Ruf aus der Nationalen Aktion aus.

13.4. Papst Johannes Paul II. besucht als erstes katholisches Kirchenoberhaupt die jüdische Synagoge in Rom.

14.4. Die französische Schriftstellerin Simone de Beauvoir stirbt im Alter von 78 Jahren in Paris.

14.4. Zehn Tage nach dem Überfall auf den PTT-Geldtransport in Chur werden die vier Täter und ein Komplize verhaftet. Die zwei Millionen Franken werden sichergestellt.

14.4. Beim grössten hinduistischen Pilgerfest in der nordindidschen Ganges-Stadt Hardwar kommen im Gedränge 50 Menschen ums Leben.

15.4. US-Bomber greifen Tripolis und andere libysche Städte an. Über 100 Menschen kommen dabei ums Leben.

15.4. Der französische Schriftsteller Jean Genet stirbt im Alter von 76 Jahren in Paris.

16.4. Der ehemalige Walliser CVP-Ständerat Odilo Guntern wird vom Bundesrat zum neuen Preisüberwacher gewählt.

16.4. Der Chef der städtischen Baupolizei Zürich, Günther Tschanun, erschiesst vier Mitarbeiter und flüchtet.

16.4. Bei einer Kollision eines Pinzgauers der Schweizer Armee mit einem Personenwagen kommen zwei Soldaten und ein Zivilist ums Leben.

18.4. Sieben von neun Berner Stadträten der Nationalen Aktion treten wegen des Nichtausschlusses von Markus Ruf aus der Partei aus und bilden eine eigene Fraktion.

18.4. Der französische Flugzeugkonstrukteur Marcel Dassault stirbt im Alter von 94 Jahren in Paris.

20.4. Die Tessiner Stimmberechtigten lehnen ein Hochschulzentrum für Nachdiplomstudien in der italienischen Schweiz ab.

21.4. Königin Elizabeth II. von England feiert ihren 60. Geburtstag.

23.4. Der amerikanische Regisseur und Filmproduzent Otto Preminger stirbt im Alter von 79 Jahren.

23.4. Beim Absturz eines Hunters der Schweizer Armee im Gebiet des Oberalppasses kommt der Pilot ums Leben.

24.4. Die Herzogin von Windsor stirbt im Alter von 89 Jahren in Paris.

25.4. Deutschlands Grüne erheben Strafanzeige gegen den ehemaligen Bundeskanzler Helmut Schmidt und andere Politiker, nachdem bekannt wurde, dass die bundesdeutsche Antiterroreinheit GSG 9 im Auftrag des Verfassungsschutzes 1978 in Celle einen Sprengstoffanschlag auf ein Gefängnis verübte, um einen Häftling als V-Mann in die Terroristenszene einzuschleusen.

26.4. Der niederländische Showmaster und Schauspieler Lou van Burg stirbt im Alter von 68 Jahren in München.

26.4. Im sowjetischen Tschernobyl kommt es zu einem für ganz Europa folgenschweren Reaktorunglück.

28.4. Mit einem 3:2-Sieg im Finalspiel gegen Schweden wird die Sowjetunion in Moskau zum 20. Mal Eishockey-Weltmeister.

Mai

3.5. Bei einem Bombenanschlag auf ein Passagierflugzeug der Air Lanka im Flughafen von Colombo werden 22 Menschen getötet.

3.5. Kurz nach dem Start in Cape Canaveral muss eine ausser Kontrolle geratene Delta-Rakete gesprengt werden.

5.5. Die wegen des ehemaligen Hilfswerks «Kinder der Landstrasse» unter Beschuss geratene Stiftung «Pro Juventute» distanziert sich von ihrer damaligen Arbeitsweise. Seinerzeit waren 600 Kinder jenischer Abstammung von ihren Eltern zwangsgetrennt worden.

5.5. Im Zürcher Zoo kommt erstmals ein Flachlandgorilla zur Welt.

6.5. Die Schweizer Fussballnationalmannschaft besiegt Algerien 2:0.

7.5. Der flüchtige ehemalige Chef der Zürcher Baupolizei Günter Tschanun, der vier Mitarbeiter erschossen hat, wird im Burgund verhaftet.

7.5. Der frühere französische Innenminister Gaston Defferre stirbt im Alter von 75 Jahren in Marseille.

9.5. In der Zürcher Sihlpost entwendet ein Angestellter Bargeld, Goldstücke und Wertpapaiere im Betrag von 2,2 Millionen Franken.

9.5. Der Schweizer Schriftsteller Friedrich Dürrenmatt wird mit dem Georg-Büchner-Preis der Deutschen Akademie für Sprache und Dichtung ausgezeichnet.

9.5. Der Sherpa Tensing Norgay, Erstbezwinger des Mount Everest mit Edmund Hillary, stirbt im Alter von 72 Jahren in Darjeeling im Himalaja.

10.5. Gegen das Zürcher Kino «Plaza» wird ein Buttersäureanschlag verübt. Das Kino zeigte den deutschen Film «Stammheim» über den Terroristenprozess.

11.5. Im zweiten Wahlgang für die kantonale Exekutive in Bern werden Leni Robert und Benjamin Hofstetter von der «Freien Liste» gewählt. Der Freisinn ist nicht mehr in der Regierung vertreten.

12.5. Nachdem die EG-Staaten die Zahl der Angestellten auf libyschen Botschaften in Europa reduziert haben, weist Libyen 36 europäische Diplomaten aus.

12.5. Als Folge des Reaktorunglücks von Tschernobyl verbietet die EG die Einfuhr von Frischwaren aus dem Ostblock.

12.5. Die Schweizer Alpinisten Michel Darbellay und Ami Giroud sowie der Brite Anthony of Shaftesbury geben die Bezwingung des 7200m hohen Li-Xing im Himalaya bekannt.

13.5. Unbekannte zerstören den Film «Stammheim» im Zürcher Kino Plaza.

14.5. Andija Artukovic, ehemaliger Innenminister des faschistischen Ustascha-Staates im Zweiten Weltkrieg, wird wegen Massenmordes zum Tode verurteilt.

15.5. Der 28jährige Formel-1-Rennfahrer Elio De Angelis stirbt in Marseille an den Folgen eines Reifentestunfalls.

15.5. Der Schweizer Schriftsteller Max Frisch wird 75 Jahre alt.

15.5. Der ehemalige SS-Oberscharführer Wolfgang Otto wird wegen Beihilfe zum Mord am Kommunistenführer Ernst Thälmann zu vier Jahren Zuchthaus verurteilt.

15.5. Der amtierende Direktor der Schweizerischen Rettungsflugwacht, Christian Bühler, wird wegen umstrittenen Führungsstils beurlaubt.

16.5. Der nicaraguanische Rebellenführer Eden Pastora gibt seinen Kampf gegen die Sandinisten auf und stellt sich der costaricanischen Zivilgarde.

17.5. Contra-Rebellen verschleppen acht junge deutsche Entwicklungshelfer in Nicaragua.

19.5. Auf dem Baugelände für die geplante atomare Wiederaufbereitungsanlage bei Wackersdorf in Bayern kommt es zu den bisher schwersten Zusammenstössen zwischen Demonstranten und Polizei.

19.5. Südafrikanische Truppen fallen in Sambia, Botswana und Simbabwe ein.

19.5. Der FC Sitten gewinnt den Cupfinal gegen Servette mit 3:1.

20.5. Die USA lehnen den von der Contadora-Gruppe ausgearbeiteten Friedensplan für Nicaragua ab.

20.5. Acht Menschen sterben in Nicaragua bei einem Überfall der Contras auf ein Projekt des Schweizerischen Arbeiterhilfswerks.

22.5. Die Nato-Verteidigungsminister beschliessen in Brüssel, die Produktion chemischer Waffen in ihre Rüstungsplanung aufzunehmen.

23.5. Durch ein vertrauliches Dokument wird bekannt, dass die Contra-Propaganda in Europa vom US-Geheimdienst CIA finanziert wird. Bei den Kontaktpersonen in der Schweiz handelt es sich um Nationalrat Peter Sager sowie den Unternehmer Alexander Eugster.

24.5. Die Young Boys werden seit 26 Jahren erstmals wieder Schweizer Meister im Fussball.

26.5. Robert Eibel, Politiker und Gründer der Aktion «Trumpf-Buur», stirbt im Alter von 79 Jahren.

30.5. Papst Johannes Paul II. veröffentlicht eine Enzyklika gegen Rüstungswettlauf, Hunger, Terrorismus und Krieg.

30.5. Das dänische Parlament beschliesst, den Handel mit Südafrika einzustellen.

31.5. Der Untergrundführer der polnischen Gewerkschaft «Solidarnosc», Zbigniew Bujak, wird verhaftet.

Juni

1.6. Beim 24-Stunden-Rennen in Le Mans kommt der 32jährige Österreicher Jo Gartner ums Leben.

2.6. Das Kernkraftwerk Mühleberg muss wegen Korrosionsschäden abgeschaltet werden. Die Reparaturkosten werden auf 35 Mio, die Produktionsausfälle auf 17 Mio Franken veranschlagt.

3.6. Laut einer Statistik der Weltbank leben die Schweizer am längsten und haben die drittniedrigste Kleinkinder-Sterblichkeit.

3.6. Bundesrat Alphons Egli entschuldigt sich bei den Jenischen wegen der Tätigkeit des 1973 aufgelösten Hilfswerks «Kinder der Landstrasse».

4.6. Christian Bühler, der Direktor der Schweizerischen Rettungsflugwacht, muss wegen seines umstrittenen Führungsstils zurücktreten.

7.6. Der 55jährige, aus Airolo stammende Eugenio Corecco wird zum neuen Bischof von Lugano ernannt.

8.6. Im zweiten Wahlgang wird der wegen seiner Kriegsvergangenheit umstrittene Kurt Waldheim zum neuen österreichischen Bundespräsidenten gewählt.

8.6. Zum ersten Mal wird ein Vertreter der Grünen in den Glarner Landrat gewählt.

9.6. Der österreichische Kanzler Fred Sinowatz tritt wegen der Wahl von Kurt Waldheim zum Bundespräsidenten von seinem Amt zurück.

10.6. «Energiepapst» Michael Kohn gibt seinen Rücktritt als Verwaltungsratspräsident der Aare-Tessin AG bekannt.

11.6. Acht von den Contras entführte bundesdeutsche Aufbauhelfer werden in Nicaragua freigelassen.

11.6. Mitglieder der Umweltschutzorganisation Greenpeace protestieren gegen die Rodung von Wald für die Ski-Weltmeisterschaft, indem sie sich bei Crans Montana an Bäume anketten.

12.6. Der Generaldirektor des Chemiefaserherstellers Viscosuisse schmückt sich mit einem ETH-Titel, obwohl er die entsprechenden Prüfungen nie abgelegt hat.

13.6. Der amerikanische Klarinettist Benny Goodman stirbt in New York im Alter von 77 Jahren.

13.6. Zum 600. Jahrestag der Schlacht von Sempach wird am Ufer des Sempachersees ein Festspiel aufgeführt.

14.6. Die Progressiven Organisationen der Schweiz (POCH) beschliessen die Einführung einer Frauenquote von 60 Prozent in den nationalen Parteigremien.

14.6. Rudolf Keller wird zum neuen Zentralpräsidenten der Nationalen Aktion gewählt.

14.6. Der argentinische Schriftsteller Jorge Luis Borges stirbt im Alter von 86 Jahren in Genf.

16.6. Mehrere Millionen Schwarze Südafrikas streiken zum zehnten Jahrestag des Aufstandes von Soweto.

16.6. Der Bundesrat beschliesst die Verteuerung der Milch um 10 Rappen pro Liter ab. 1. Juli.

19.6. Der französische Komiker Coluche kommt bei einem Motorradunfall in Südfrankreich ums Leben.

19.6. Bei einem Häftlingsaufstand in Lima werden über 350 Menschen getötet.

20.6. Der 24jährige Amerikaner Andrew Hampsten gewinnt die Tour de Suisse.

21.6. Die spanischen Sozialisten unter Ministerpräsident Felipe Gonzalez können bei den Parlamentswahlen ihre absolute Mehrheit bewahren.

24.6. Die US-Schauspielerin Raquel Welch erhält von der Filmgesellschaft MBM 10,8 Millionen Dollar Schadenersatz, weil sie ungerechtfertigterweise aus einem Filmvertrag entlassen worden war.

25.6. Das US-Repräsentantenhaus bewilligt 100 Millionen Dollar Hilfe für die Contra-Rebellen, die gegen Nicaragua kämpfen.

27.6. Der Internationale Gerichtshof in Den Haag verurteilt die USA wegen Verminung nicaraguanischer Häfen und Unterstützung der Contras.

27.6. Der Kommandant der Stadtpolizei Chur muss seine Amtstätigkeit einstellen, nachdem eine Untersuchung gegen ihn schwerwiegende Führungsmängel bestätigt hat.

28.6. Das Rennsolarmobil der Ingenieurschule Biel gewinnt die Tour de Sol 1986.

29.6. Mit einem 3:2 Sieg gegen die BRD wird Argentinien Fussballweltmeister in Mexiko.

Juli

1.7. Der 38jährige Melchior Ehrler wird zum neuen Direktor des Schweizerischen Bauernverbandes gewählt.

2.7. Ein Hunter-Kampfflugzeug der Schweizer Luftwaffe stürzt in der Nähe von Bellelay im Berner Jura ab. Der Pilot kommt dabei ums Leben.

2.7. Bei einem zweitägigen Generalstreik in Chile kommen acht Menschen ums Leben. Ein Fotograf wird von der Polizei mit Benzin übergossen und angezündet.

3.7. Fritz Leutwiler, amtierender Konzernchef der Brown, Boveri & Cie., legt sein Vermittlermandat zwischen Südafrika und den Gläubigerbanken nieder.

3.7. Tibor Kasics, Komponist, Pianist und Theatermann, stirbt im 82. Altersjahr in Zürich.

4.7. Mit einem grossen Volksfest feiert Zürich sein 2000jähriges Bestehen.

5.7. Die Luzernerinnen und Luzerner feiern das 600-Jahr-Jubiläum der Schlacht bei Sempach und den Zusammenschluss von Stadt und Land Luzern.

5.7. Der deutsche Tennisstar Boris Becker gewinnt zum zweitenmal in Folge das Wimbledon-Turnier.

7.7. Bei einem Hausbrand im Dorfzentrum von Scuol GR kommen sechs Menschen ums Leben.

7.7. 1100 Touristen müssen wegen Waldbränden vom Campingplatz bei Pierrefeu in Südfrankreich evakuiert werden.

8.7. In Afrika herrscht die grösste Heuschreckenplage seit 50 Jahren.

9.7. Der Direktor des Bundesamtes für Aussenwirtschaft, Cornelio Sommaruga, wird ab 1987 Präsident des Internationalen Komitees vom Roten Kreuz.

9.7. Ein Kommando der Roten Armee Fraktion ermordet den Siemens-Manager Karl-Heinz Beckurts und seinen Fahrer in Strasslach BRD.

11.7. Im kalifornischen Sequoia-Naturschutzgebiet stürzt ein hochgeheimes US-Kampfflugzeug ab, das für gegnerische Radars unsichtbar sein soll.

12.7. Der Taifun «Peggy» hat in Ostasien mindestens 120 Todesopfer und Hunderte von Verletzten gefordert.

12.7. Ein 16 Jahre altes Mädchen wird im US-Bundesstaat Indiana wegen Mordes zum Tode verurteilt.

14.7. Bei einem Bombenanschlag der baskischen Separatistenorganisation ETA in Madrid sterben zehn Angehörige der paramilitärischen Guardia Civil.

14.7. Der Schweizer Beat Meister fährt einen neuen 100-km-Weltrekord auf offener Velorennbahn in Zürich-Oerlikon.

16.7. Die US-Regierung gibt die Entsendung von US-Soldaten nach Bolivien bekannt, die dort im Kampf gegen Drogenproduzenten eingesetzt werden sollen.

19.7. Der Schweizer Hans Künzli und seine philippinische Begleiterin Adelina Gamboa werden auf der philippinischen Insel Santa Cruz von Rebellen entführt.

21.7. Beim Zusammenstoss zweier Segelflugzeuge im Obergoms VS kommen beide Piloten ums Leben.

21.7. Der israelische Ministerpräsident Shimon Peres reist zu König Hassan II. nach Marokko. Syrien bricht aus Protest die Beziehungen zu Marokko ab.

22.7. Der 71jährige Schweizer Pfarrer Guy Subilia wird 37 Tage nach seiner Festnahme in Potchefstroom in Südafrika aus der Haft entlassen.

22.7. Ma Anand Sheela, die ehemalige Vertraute des indischen Sektenführers Bhagwan, wird in den USA wegen versuchter Vergiftung zu neuneinhalb Jahren Zuchthaus verurteilt.

23.7. Prinz Andrew und Sarah Ferguson heiraten in der Westminster-Kathedrale in London.

24.7. Die Commonwealth-Spiele in Edinburgh werden aus Protest gegen die britische Südafrika-Politik von 31 Ländern boykottiert.

24.7. Durch Brandstiftung wird der berühmte Münchner Löwenbräukeller weitgehend zerstört.

24.7. Vier Schweizer, eine Schweizerin und ein Österreicher werden in Sambia wegen angeblicher Spionage für Südafrika verhaftet und von der Polizei gefoltert.

25.7. Das EMD hat nach Bundesgerichtsentscheid im Enteignungsverfahren für den geplanten Waffenplatz in Rothenturm das rechtliche Gehör der Einsprecher verletzt. Das Einspracheverfahren muss vollständig durchgeführt werden.

26.7. An einem Rockfestival gegen die atomare Wiederaufbereitungsanlage Wackersdorf nehmen im bayrischen Burglengenfeld rund 90 000 Personen teil.

27.7. Der amerikanische Velorennfahrer Greg Lemond gewinnt die Tour de France.

28.7. Im christlichen Beiruter Vorort Ain Remmaneh sterben 32 Menschen bei der Explosion einer Autobombe.

28.7. Bei einem Angriff der antisandinistischen Contras in Nicaragua kommen der Schweizer Aufbauhelfer Yvan Leyvraz sowie ein Westdeutscher und drei Nicaraguaner ums Leben.

29.7. Im vorwiegend von Muslims bewohnten Westen der Stadt Beirut sterben mindestens 25 Menschen bei der Explosion einer Autobombe.

30.7. In Skandinavien müssen Zehntausende von Rentieren und Schafen wegen Cäsium-Verstrahlung durch die AKW-Katastrophe von Tschernobyl notgeschlachtet werden.

August

2.8. Nach zweijähriger Fahndung nimmt die Polizei in Rüsselsheim BRD die 32jährige RAF-Terroristin Eva Sibylle Haule-Frimpong und zwei Begleiter fest.

3.8. Charlotte Marie Pomeline, Tochter der Prinzessin von Monaco, kommt auf die Welt.

5.8. Ein Helikopter der Walliser Rettungsfluggesellschaft Air Glacier stürzt im Gebiet des Eigergletschers ab. Der Pilot kommt dabei ums Leben.

6.8. Innerhalb von fünf Tagen sterben am Montblanc zwölf Bergsteiger.

6.8. Der 54jährige Amerikaner William Schroeder, der bisher am längsten — nämlich 620 Tage — mit einem Kunstherz überlebte, stirbt in Louisville, Kentucky.

8.8. Erneut sterben 25 Menschen bei der Explosion einer Autobombe im vorwiegend von Muslims bewohnten Westen Beiruts.

10.8. Südafrikanische Truppen fallen in Angola ein und greifen einen Militärstützpunkt bei der Stadt Cuito Cuanavale an.

12.8. Der Bundesrat beschliesst, ab 1987 den Sold der 600 000 Schweizer Armeeangehörigen zu erhöhen.

12.8. 152 Flüchtlinge aus Sri Lanka treffen nach mysteriöser Fahrt auf Rettungsbooten in Kanada ein. Es stellt sich heraus, dass die Flüchtlinge per Schiff von Deutschland nach Kanada gefahren worden sind.

13.8. Vor 25 Jahren wurde die Berliner Mauer gebaut.

13.8. Die Waadtländer Gymnasiallehrerin Mariette Paschoud, die öffentlich Zweifel an der Existenz der Gaskammern im Dritten Reich geäussert hatte, wird als Geschichtslehrerin in Lausanne suspendiert.

13.8. Nach dem Repräsentantenhaus spricht sich auch der US-Senat für einen Kredit von 100 Millionen Dollars an die antisandinistischen Contra-Rebellen aus.

14.8. Laut Eidgenössischem Departement des Innern haben in der Schweiz die Waldschäden erneut deutlich zugenommen. Insbesondere die Laubbäume sind stärker geschädigt.

14.8. Nach Demonstrationen der Opposition zum Unabhängigkeitstag in Pakistan verhaftet die Polizei in Karachi die Oppositionsführerin Benazir Bhutto.

14.8. Bei der Explosion einer Autobombe im vorwiegend von Christen bewohnten Osten Beiruts sterben mindestens 19 Menschen.

15.8. Peter Müller gewinnt im ersten Ski-Weltcuprennen der Saison 86/87 in Las Lenas in Argentinien das Abfahrtsrennen.

15.8. Peru wird als fünftes Land der Welt vom Internationalen Währungsfonds wegen ausstehender Schuldenzahlungen für kreditunwürdig erklärt.

16.8. Rebellen der Sudanesischen Volksbefreiungsarmee schiessen im Südsudan eine Verkehrsmaschine mit 57 Menschen an Bord ab.

16.8. Der polnische Spielfilm «Bodensee» wird an den Filmfestspielen von Locarno mit dem Goldenen Leoparden ausgezeichnet.

18.8. Die Sowjetunion verlängert den Stop der Atomversuche bis zum 1.1.87.

18.8. Die Zahl der Verkehrstoten in der Schweiz hat im ersten Halbjahr 1986 gegenüber dem Vorjahr drastisch zugenommen.

18.8. Schwere Hagelgewitter verursachen am Genfersee, im Entlebuch, in Vitznau LU sowie im Berner Oberland Schäden in Millionenhöhe.

19.8. Die Schweizer-Fussballnationalmannschaft schlägt in einem Freundschaftsspiel den Fussball-Europameister Frankreich 2:0.

20.8. Ein 44jähriger Angestellter einer Post in Edmond im US-Bundesstaat Oklahoma erschiesst bei einem Amoklauf an seinem Arbeitsort 14 Kollegen.

22.8. Die Regierung von Zimbabwe erklärt die internationale Gefangenen-Hilfsorganisation Amnesty International zum Staatsfeind.

23.8. Im südfranzösischen Tanneron-Massiv werden annähernd 7000 Hektaren Wald durch Feuer vernichtet.

23.8. 1746 Menschen sterben durch vulkanische Gase in der Gegend des Nios-Sees im Nordwesten Kameruns.

24.8. Heinrich Knüsel wird Schwingerkönig am Eidgenössischen Schwingfest in Sitten.

26.8. Johannes Rau wird zum Kanzlerkandidaten der SPD gewählt.

28.8. Der Schweizer Werner Günthör wird Europameister im Kugelstossen bei den Leichtathletik-Europameisterschaften in Stuttgart.

28.8. Zwei Felsblöcke von je 15 Tonnen Gewicht fallen auf die N2-Autobahn am Lopper bei Hergiswil.

30.8. Der ehemalige Zentralpräsident der Nationalen Aktion, Valentin Oehen, gründet die Ökologische Freiheitliche Partei der Schweiz.

30.8. Als Folge des AKW-Unglücks von Tschernobyl sind die Fische im Luganersee stark radioaktiv verseucht.

31.8. Der britische Bildhauer Henry Moore stirbt im Alter von 88 Jahren in London.

31.8. Der ehemalige finnische Staatspräsident Urho Kekkonen stirbt im Alter von 86 Jahren.

31.8. Beim Zusammenstoss einer DC-9 mit einem Kleinflugzeug bei Los Angeles kommen 53 Menschen ums Leben. Brennende Trümmer fallen auf ein Wohnquartier.

September

1.9. Wegen einer Steueraffäre tritt der Zürcher FDP-Kantonsrat Hans Bremi aus dem Parlament zurück.

1.9. 400 Menschen sterben beim Zusammenstoss eines Passagierdampfers mit einem Getreidefrachter auf dem Schwarzen Meer.

2.9. Der Schweizer Urs Freuler wird Weltmeister im Punktefahren an der Bahn-Weltmeisterschaft in Colorado Springs.

3.9. Bundesrat Alphons Egli gibt seinen Rücktritt aus gesundheitlichen Gründen bekannt.

3.9. Wegen zu hoher Cäsium-Belastung infolge des AKW-Unglücks von Tschernobyl erlässt der Bundesrat ein Fischereiverbot für den Luganersee.

3.9. Der Zürcher Regierungsrat erlaubt ab sofort die Abgabe von sterilen Injektionsspritzen an Fixer.

4.9. Die Schweizer Bischöfe wollen nicht, dass Katholiken am evangelischen Abendmahl teilnehmen und dass Nicht-Katholiken zur Kommunion eingeladen werden.

5.9. Die Kaperung eines Jumbos der PanAm durch Terroristen in Karachi endet mit einem Blutbad, bei dem fünf Passagiere und zwei Luftpiraten ums Leben kommen.

5.9. Beim Grossbrand im norwegischen Hotel «Caledonien» in Kristiansand kommen 14 Menschen ums Leben.

6.9. Bei einem Terroranschlag auf eine Synagoge in Istanbul kommen 21 Menschen ums Leben.

7.9. Chiles Diktator General Augusto Pinochet wird bei einem Angriff der Guerilla-Organisation FMPR leicht verletzt.

8.9. Bei einem Erd- und Felsrutsch an der Brünigpassstrasse kommen bei Giswil zwei Personen ums Leben.

8.9. Es wird bekannt, dass in der unbewilligten Sondermülldeponie «Bärengraben» in Würenlingen AG fünf Jahre lang illegal Giftmüll gelagert worden ist.

8.9. Bei einem Sprengstoffanschlag auf das Pariser Stadthaus kommt eine Frau ums Leben.

10.9. Der Naturforscher und Fernsehschaffende Hans A. Traber stirbt im Alter von 65 Jahren in Zürich.

11.9. Der polnische Innenminister Czeslaw Kiszczak gibt die Amnestierung von 225 politischen Gefangenen bekannt.

12.9. Mit 113 000 beglaubigten Unterschriften wird in Bern die Initiative «für eine Schweiz ohne Armee» eingereicht.

12.9. Der Ende August in Moskau wegen angeblicher Spionage festgenommene amerikanische Journalist Nicholas Daniloff wird freigelassen. Im Gegenzug lassen die Amerikaner den russischen UNO-Beamten Gennadi Sacharow frei.

13.9. Laut Sanasilva-Studie sind zwei Drittel aller Buchen in der Nordwestschweiz geschädigt.

14.9. Wegen der andauernden Terroranschläge führt Frankreich den Visumszwang für Ausländer ein. Ausgenommen sind Bürger der EG-Staaten und der Schweiz.

15.9. Bei einem Bombenanschlag auf das Polizei-Hauptquartier in Paris stirbt ein Mensch und 51 weitere werden verletzt.

16.9. In der südafrikanischen Kinross-Goldmine ersticken 177 Bergleute durch giftige Dämpfe.

17.9. Bei einem Bombenanschlag aus einem fahrenden Auto in der Rue de Rennes in Paris kommen fünf Menschen ums Leben, 17 werden verletzt.

17.9. Die USA verweisen 25 Mitglieder der sowjetischen UNO-Mission in New York des Landes.

21.9. Der Schweizer Automobil-Rennfahrer Marc Surer gibt seinen Rücktritt aus der Formel-1 bekannt.

21.9. Acht Menschen sterben in Sizilien bei Vergeltungsanschlägen durch Killerkommandos der Mafia.

23.9. Der Ständerat sagt Ja zur N4-Autobahn durch das Knonaueramt und Nein zur Rawilstrasse.

23.9. Bei einem missglückten Putschversuch in Togo kommen 13 Menschen ums Leben.

24.9. Der libysche Grossaktionär Lafico verkauft sein Fiat-Aktienpaket für rund 5 Milliarden Franken an die Finanzholding der Familie Agnelli.

25.9. Frankreich schickt auf Ersuchen des Präsidenten von Togo, Ghassinghe Eyadema, Kampfflugzeuge und Bodentruppen in das westafrikanische Land.

26.9. Wegen Zweckentfremdung von Geldern führt das US-Justizministerium eine Untersuchung gegen die US-Botschafterin in Bern, Faith Ryan Whittlesey, durch.

26.9. Nachträglich wird bekannt, dass aus dem AKW Mühleberg am 16. September radioaktives Material aus einem defekten Filtersystem ausgetreten ist.

28.9. Die eidgenössischen Stimmberechtigten lehnen die Kulturinitiative, die Neuordnung der inländischen Zuckerwirtschaft und die Einrichtung staatlicher Lehrwerkstätten ab.

29.9. Eine Sendung des Fernsehens DRS über den Verdienst von Schweizer Fussballern führt zu einem Konflikt mit dem Nationalligaverband.

29.9. Der österreichische Schauspieler, Regisseur und Kabarettist Helmut Qualtinger stirbt in Wien im Alter von 57 Jahren.

30.9. Nach dem Nationalrat spricht sich auch der Ständerat für das doppelte Ja bei Abstimmungen aus.

30.9. Die Tessiner Polizei verhaftet rund 30 Menschenschmuggler und stellt über 200 illegal von Italien eingereiste Türken an die Grenze.

Oktober

1.10. 250 000 schwarze Bergleute streiken in Südafrika im Gedenken an die Opfer der Brandkatastrophe in der Kinross-Goldmine.

2.10. Der US-Senat verhindert durch Abstimmung das Veto von Präsident Reagan für Sanktionen gegen Südafrika.

3.10. Die Berner Regierung will mittel- oder langfristig auf Atomenergie verzichten. Das AKW Graben soll nicht gebaut werden.

3.10. Der Genfer Privatbankier Claude de Saussure wird neuer Präsident der Schweizerischen Bankiervereinigung.

3.10. Auf einem sowjetischen Atom-U-Boot im Atlantik bricht Feuer aus. Das Unterseeboot, mit zwei Atomreaktoren und Raketen bestückt, versinkt.

5.10. Die Londoner Zeitung «Sunday Times» liefert erstmals Beweise, dass Israel nicht nur Atombomben besitzt, sondern sie auch selber herstellen kann.

5.10. Nicaragua schiesst ein amerikanisches Waffentransportflugzeug ab und nimmt den Militärberater Eugene Hasenfus fest.

6.10. Der russische Schachweltmeister Garri Kasparow verteidigt in Leningrad erfolgreich seinen Titel gegen Herausforderer Anatoli Karpow.

9.10. Nach dem Ständerat lehnt auch der Nationalrat die POCH-Initiative zur Herabsetzung des AHV-Rentenalters ab.

9.10. Der österreichische Filmregisseur Harald Reinl wird auf Teneriffa von seiner Frau erstochen.

10.10. Der auf den Philippinen entführte Schweizer Hans Künzli wird freigelassen.

10.10. In Bonn wird Gero von Braunmühl, Leiter der politischen Abteilung im Auswärtigen Amt, von unbekannten Terroristen erschossen.

10.10. Über 1000 Menschen sterben bei einem Erdbeben in El Salvadors Hauptstadt San Salvador.

12.10. Ein Gipfeltreffen der beiden Supermächte USA und UdSSR scheitert in Reykjavik am Streit über das amerikanische Weltraumwaffen-Programm SDI.

13.10. Die italienische Biologin Rita Levi-Montalcini und der amerikanische Biochemiker Stanley Cohen erhalten für ihre Entdeckung der Wachstumsfaktoren den Nobelpreis für Medizin.

13.10. In der Altstadt von Bern wird der 443 Jahre alte Gerechtigkeitsbrunnen mit der Figur der Justitia zerstört.

14.10. Der in den USA lebende 58jährige jüdische Schriftsteller Elie Wiesel erhält den Friedensnobelpreis.

15.10. Der Schweizer IBM-Forscher Heinrich Rohrer sowie die Deutschen Gerd Binnig und Ernst Ruska erhalten den Physik-Nobelpreis für die Entwicklung der Elektronenmikroskopie.

15.10. Der Amerikaner Dudley Herschbach, der Taiwanese Yuan Lee und der Kanadier John Polanyi erhalten den Chemie-Nobelpreis für Forschungsarbeiten auf dem Gebiet der Dynamik chemischer Reaktionen.

16.10. Der Nobelpreis für Wirtschaftswissenschaften geht an den Amerikaner James McGill Buchanan für Arbeiten über die Theorie wirtschaftlicher und politischer Entscheidungsprozesse.

16.10. Der 52jährige nigerianische Schriftsteller Wole Soyinka erhält den Nobelpreis für Literatur.

16.10. Der Südtiroler Alpinist Reinhold Messner erreicht die Spitze des 8515 Meter hohen Lhotse in Nepal und hat damit als erster Mensch alle 14 Achttausender der Welt bezwungen.

19.10. Die Sowjetunion weist fünf US-Diplomaten wegen illegaler Aktivitäten aus.

19.10. Samora Machel, der Präsident von Moçambique, kommt mit 37 weiteren Personen bei einem Flugzeugabsturz in Südafrika ums Leben.

21.10. Die USA weisen 55 sowjetische Diplomaten aus dem Land.

22.10. Bundesrat Kurt Furgler gibt seinen Rücktritt auf Ende 1986 bekannt.

23.10. Zwischen Biasca und Bellinzona wird das letzte Teilstück der N2 eröffnet.

23.10. Alt-Nationalrat und Gewerkschafter Richard Müller stirbt im Alter von 74 Jahren in Muri bei Bern.

25.10. Südafrika wird aus der IKRK-Konferenz in Genf ausgeschlossen und fodert seinerseits die IKRK-Delegierten auf, Südafrika zu verlassen.

25.10. André Ratti, Journalist und ehemaliger Präsident der Aids-Hilfe Schweiz, stirbt im Alter von 51 Jahren an der Immunschwäche Aids.

26.10. Alain Prost wird auf McLaren Weltmeister im Formel-1-Automobilrennsport.

29.10. Die Schweizer Fussball-Nationalmannschaft erzielt in Bern im Spiel gegen Portugal ein 1:1.

29.10. Der saudiarabische Erdölminister Scheich Ahmed Saki Jamani wird von seinem Amt enthoben.

30.10. Der Schweizer Tierschutz reicht seine Initiative «Weg vom Tierversuch» mit 133 000 Unterschriften ein.

31.10. Südkoreanische Polizei stürmt in Seoul die Universität und nimmt 1219 oppositionelle Studenten fest.

November

1.11. In Schweizerhalle kommt es zu einem Grossbrand in einer Lagerhalle der Sandoz AG. Das mit Chemikalien versetzte Löschwasser vergiftet den Rhein von Basel bis an die Nordsee.

3.11. Der bisherige Aussenminister Joaquim Chissano wird zum neuen Staatsoberhaupt von Moçambique ernannt.

3.11. Unter dem Namen «Dreizack» beginnt eine Gesamtverteidigungsübung des Feldarmeekorps 4, an der 40 000 Männer und Frauen teilnehmen.

4.11. Es wird bekannt, dass die USA eine im Libanon freigelassene US-Geisel mit Waffenlieferungen an den Iran freigekauft haben. In der Folge wird der geheime USA-Iran-Waffenhandel aufgedeckt, der sich auch via Schweiz abwickelte.

4.11. Bei den Senatswahlen in den USA erobern die Demokraten die Mehrheit.

5.11. Der Badener Elektrokonzern BBC gibt den Abbau von 1500 Arbeitsplätzen bekannt.

6.11. Die britische Popgruppe «Pink Floyd» gibt ihre Auflösung bekannt.

7.11. Wegen eines Lecks in einer Rohrleitung fliessen erneut Chemikalien aus dem abgebrannten Sandoz-Lager in den Rhein.

9.11. Die israelische Regierung bestätigt, dass der Atomtechniker Mordechai Vanunu, der Einzelheiten über Israels Atombewaffnung enthüllte, in Haft ist.

9.11. Bei den Hamburger Bürgerschaftswahlen verliert die SPD massiv Stimmen an die CDU und die Grünen.

11.11. Es wird bekannt, dass am Tag vor der Umweltkatastrophe von Schweizerhalle bei der Ciby Geigy in Basel 400 Liter Atrazin in den Rhein geflossen sind.

11.11. Aus einem vertraulichen Bericht der Zürich-Versicherung geht hervor, dass die Sandoz bereits vor fünf Jahren vor einem Grossbrand in Schweizerhalle gewarnt wurde.

12.11. Das Konsortium Greina-Wasserkräfte zieht sich aus Wirtschaftlichkeitsgründen vom Projekt eines Staudammes in der Greina-Hochgebirgsebene zurück.

12.11. Der Zürcher Fussballclub Grasshoppers entlässt den Trainer Timo Konietzka.

12.11. Bundesrat Aubert unterzeichnet auf seiner Chinareise ein Abkommen über nukleare Zusammenarbeit und eines zum Schutz von Investitionen.

13.11. Der Kammersänger Rudolf Schock stirbt im Alter von 71 Jahren.

13.11. US-Präsident Reagan bestätigt, dass die USA Waffen in den Iran geliefert haben.

13.11. Der Präsident der linksgerichteten philippinischen Volkspartei, Rolando Olalia, wird am Stadtrand von Manila ermordet aufgefunden.

14.11. Die katholischen Bischöfe der USA bezeichnen in einem Hirtenbrief die Armut in den USA als Skandal.

14.11. Als erste Gemeinde der Schweiz verbietet Coldrerio TI den Gebrauch von Unkrautvertilgungsmitteln.

15.11. Die Schweizer Fussball-Nationalmannschaft verliert in Mailand gegen Italien mit 3:2 Toren.

15.11. Der US-Söldner Eugene Hasenfus wird vom Volkstribunal in Managua wegen Verbrechen gegen die nationale Sicherheit zu 30 Jahren Haft verurteilt.

17.11. 1985 gaben die Schweizer rund 7,3 Milliarden Franken für Ferien und Reisen im Ausland aus.

18.11. Das Berner Kantonsparlament beschliesst, auf das geplante Kernkraftwerk Graben zu verzichten.

19.11. Nördlich von Manila wird der ehemalige philippinische Abgeordnete David Puzon, eine Vertrauter von Verteidigungsminister Enrile, erschossen.

20.11. Der Bundesrat verhängt eine Einreisesperre gegen den ehemaligen Präsidenten der Philippinen, Ferdinand Marcos, sowie zwölf Mitglieder seiner Familie.

20.11. Auf Grund einer Fehlmanipulation entweicht aus einer Versuchsanlage der Ciba Geigy in Schweizerhalle eine beissende und übelriechende Phenolwolke.

21.11. 75 000 Zuschauer nehmen in Dübendorf am Defilee der Gesamtverteidigungsübung «Dreizack» des Feldarmeekorps 4 teil.

23.11. Die rechtsnationale «Freiheitliche Partei Österreichs» kann bei den Nationalratswahlen die Zahl ihrer Mandate erheblich steigern.

23.11. Die philippinische Präsidentin Corazon Aquino entlässt den umstrittenen Verteidigungsminsiter Juan Ponce Enrile.

25.11. US-Präsident Reagans Sicherheitsberater John Poindexter und Oberstleutnant Oliver North aus dem Stab des Sicherheitsrates, treten wegen der Waffenlieferungen an Iran zurück. Der Gewinn aus den Lieferungen wurde teilweise via Schweiz den Contra-Rebellen von Nicaragua zugespielt.

28.11. Nach einer Intervention des Preisüberwachers verzichtet der Schweizerische Bierbrauerverein vorläufig auf eine Erhöhung des Bierpreises.

30.11. Der amerikanische Filmschauspieler Cary Grant stirbt im Alter von 82 Jahren.

30.11. In der bernischen Jurageminde Moutier gewinnen die Separatisten die Gemeindewahlen.

Dezember

1.12. Nach dem Ständerat spricht sich auch der Nationalrat für den Bau der N4 durch das Knonaueramt aus.

2.12. Aus dem Lonza-Werk im süddeutschen Waldshut-Tiengen fliessen 5000 Liter einer stark färbenden Kunststoffemulsion in den Rhein.

3.12. Argentiniens ehemaliger Polizeichef wird wegen Folterungen zu 25 Jahren Haft verurteilt.

4.12. Mehrere hunderttausend französische Studenten protestieren in Paris gegen die geplante Hochschulreform.

6.12. Bei den Studentenunruhen in Frankreich wird ein Student von der Polizei zu Tode geprügelt.

7.12. Das Schweizervolk stimmt dem Mieterschutzartikel zu und lehnt die Schwerverkehrsinitiative des VCS ab.

8.12. Die französische Regierung zieht ihr Hochschulreformprojekt zurück.

8.12. Ivan Lendl gewinnt im Masters-Final in New York gegen den deutschen Boris Becker.

9.12. Nach dem Ständerat spricht sich auch der Nationalrat für den Bau der Vereinabahn aus.

10.12. Die Vereinigte Bundesversammlung wählt den Appenzeller Arnold Koller und den Tessiner Flavio Cotti in den Bundesrat.

11.12. Die südafrikanische Regierung verschärft die Zensurbestimmungen für Medien.

11.12. Das Agentenehepaar Johann und Ingeborg Hübner aus der DDR wird wegen Spionage in Luzern zu je sechs Jahren Zuchthaus verurteilt.

12.12. Bei einem Flugzeugabsturz auf dem Ostberliner Flughafen Schönefeld kommen 70 Menschen ums Leben.

14.12. Die von der südafrikanischen Polizei aus Swaziland verschleppten Schweizer Corinne Bischoff und Daniel Schweizer werden auf Intervention der Schweizer Behörden befreit.

14.12. Zehntausende von Umweltschützern demonstrieren zwischen Basel und Rotterdam gegen die Chemische Industrie.

15.12. In Kalifornien starten Dick Rutan und Jeana Yaeger mit dem Fluggerät «Voyager». Sie wollen in zwölf Tagen und ohne aufzutanken die Welt umfliegen.

16.12. Tommy Kiefer, Mitbegründer der bekannten Schweizer Rockband «Krokus», nimmt sich das Leben, nachdem bei ihm die Immunschwäche Aids diagnostiziert wurde.

17.12. In Vietnam demissionieren Partei- und Staatschef Truong Chinh, Ministerpräsident Pham Van Dong und Politbüromitglied Le Duc Tho.

17.12. In Bern wird bekannt, dass die Regierungsparteien SVP, FDP und SP während Jahren mit Parteispenden «aus dunklen Quellen» gestützt wurden.

18.12. In Cambridge (GB) wurde erstmals einem Menschen, nämlich der 35jährigen Davina Thomspon, gleichzeitig Herz, Lunge und Leber verpflanzt.

18.12. Nicaragua begnadigt den zu 30 Jahren Zuchthaus verurteilten amerikanischen Contra-Waffenlieferanten Eugene Hasenfus.

18.12. Der 71jährige Nguyen Van Linh wird zum neuen Generalsekretär und Chef des Politbüros der vietnamesischen KP gewählt.

19.12. Bei der Neuverteilung der sieben Departemente im Bundesrat übernimmt Jean-Pascal Delamuraz das Volkswirtschaftsdepartement, Arnold Koller das EMD und Flavio Cotti das Departement des Innern.

19.12. Das Präsidium des Obersten Sowjets hebt die Verbannung des 65jährigen Friedensnobelpreisträgers und Regimekritikers Andrei Sacharow auf.

19.12. Der Nationalrat lehnt Sanktionen gegen das südafrikanische Apartheid-Regime ab.

21.12. In Shanghai protestieren Zehntausende von Jugendlichen für eine Beschleunigung des Demokratisierungsprozesses.

22.12. Der Bundesrat ernennt den Urner Regierungsrat Hansheiri Dahinden zum neuen Direktor der Zentralstelle für Gesamtverteidigung (ZGV).

23.12. Die bekannte Fernsehschaffende Heidi Abel stirbt im Alter von 57 Jahren in Zürich.

23.12. Nach neuneinhalb Tagen und 40 000 Kilometern Flug landet das Spezialflugzeug «Voyager» mit den Piloten Dick Rutan und Jeana Yeager in Kalifornien.

25.12. Nach einem missglückten Entführungsversuch stürzt eine irakische Boeing bei einer Notlandung in Saudiarabien ab. 62 Menschen kommen ums Leben, 45 überleben.

26.12. Der im Rahmen der «Pizza-Connection» zu fünfeinhalb Jahren Zuchthaus verurteilte Sizilianer Vito Palazzolo benützt in Lugano einen Hafturlaub zur Flucht.

27.12. Bei einer Gasexplosion im Hotel «Riessersee» im bayrischen Garmisch-Partenkirchen kommen sieben Menschen ums Leben.

28.12. Das US-Nachrichtenmagazin «Time» ernennt die philippinische Präsidentin Corazon Aquino zur «Frau des Jahres».

29.12. Im Pariser Exil stirbt der sowjetische Filmregisseur Andrei Tarkowskij im Alter von 54 Jahren.

30.12. Der ehemalige britische Premierminister Harold Macmillan stirbt im Alter von 92 Jahren.

31.12. Bei einem Hotelgrossbrand in Puertorico kommen über 90 Gäste und Angestellte ums Leben.

Sporttabellen

Fussball WM in Mexiko

Vorrunden

Gruppe A
1. Argentinien*   3 2 1 0 6:2 5
2. Italien*   3 1 2 0 5:4 4
3. Bulgarien*   3 0 2 1 2:4 2
4. Südkorea   3 0 1 2 4:7 1

Gruppe B
1. Mexiko*   3 2 1 0 4:2 5
2. Paraguay*   3 1 2 0 4:3 4
3. Belgien*   3 1 1 1 5:5 3
4. Irak   3 0 0 3 1:4 0

Gruppe C
1. UdSSR*   3 2 1 0 9:1 5
2. Frankreich*   3 2 1 0 5:1 5
3. Ungarn   3 1 0 2 2:9 2
4. Kanada   3 0 0 3 0:5 0

Gruppe D
1. Brasilien*   3 3 0 0 5:0 6
2. Spanien*   3 2 0 1 5:2 4
3. Nordirland   3 0 1 2 2:6 1
4. Algerien   3 0 1 2 1:5 1

Gruppe E
1. Dänemark*   3 3 0 0 9:1 6
2. BRD*   3 1 1 1 3:4 3
3. Uruguay*   3 0 1 2 2:7 2
4. Schottland   3 0 1 2 1:3 1

Gruppe F
1. Marokko*   3 1 2 0 3:1 4
2. England*   3 1 1 1 3:1 3
3. Polen*   3 1 1 1 1:3 3
4. Portugal   3 1 0 2 2:4 2

* = Für die Achtelfinals qualifiziert

Halbfinals

Frankreich — BRD   0:2 (0:1)
 Tore: 9. Brehme 0:1, 90. Völler 0:2
Argentinien — Belgien   2:0 (0:0)
 Tore: 52. Maradona 1:0, 63. Maradona 2:0

Final 3./4. Platz

Belgien — Frankreich   2:4 (1:2, 2:2) n.V.
 Tore: 11. Ceulemans 1:0, 27. Ferreri 1:1, 43. Papin 1:2, 73. Claesen, 2:2, 104. Genghini 2:3, 109. Amoros (Foulpenalty) 2:4.

Final 1./2. Platz

Argentinien — BRD   3:2 (1:0)
 SR.: Arpi (Brasilien)
 Argentinien: Pumpido; Brown; Ruggeri, Cuciuffo; Enrique, Giusti, Batista, Olarticoechea; Burruchaga (90. Tobbiani), Maradona, Valdano.
 BRD: Schumacher; Jakobs; Förster, Matthäus, Eder, Berthold, Brehme, Magath (61. Hoeness), Briegel, Allofs (46. Völler), Rummenigge.
 Tore: 22. Brown 1:0, 56. Valdano 2:0, 74. Rummenigge 2:1, 82. Völler 2:2, 85. Burruchaga 3:2

Fussball Schweizer Meisterschaft 1985/86

Nationalliga A — Total

1. YB*   30 18 8 4 72 28 44
2. Xamax**   30 18 6 6 78 32 42
3. Luzern**   30 16 9 5 56 39 41
4. Zürich   30 15 9 6 64 43 39
5. GC   30 15 8 7 64 32 38
6. Lausanne   30 13 9 8 59 50 35
7. Aarau   30 14 6 10 62 47 34
8. Sion+   30 14 5 11 54 39 33
9. Servette   30 14 3 13 49 50 31
10. Basel   30 10 10 10 44 40 30
11. St. Gallen   30 12 6 12 48 46 30
12. Wettingen   30 8 8 14 35 42 24
13. Ch.-de-Fds   30 8 12 15 24 61 18
14. Vevey   30 6 5 19 36 76 17
15. Grenchen§   30 5 6 19 33 81 16
16. Baden§   30 1 6 23 14 86 8

* Meister   + Cupsieger
** Teilnehmer am UEFA-Cup   § Absteiger

Torschützen NL A

	h	a
1. Thychosen (Lausanne)	12	9
2. Lunde (YB)	9	11
3. Brigger (Sion)	9	9
4. Cina (Sion)	8	9
5. Matthey (GC)	8	8
6. Lüthy (Xamax)	12	4
7. Zuffi (YB)	5	10
8. Gretarsson (Luzern)	10	5
9. W. Rufer (Zürich)	8	6
10. Maissen (Basel)	11	3

h = home   a = away

Nationalliga B — Total

1. Locarno*   30 20 5 5 96 33 45
2. Bellinzona*   30 18 9 3 58 24 45
3. Lugano   30 19 5 6 74 45 43
4. Chênois   30 15 11 4 71 44 41
5. Chiasso   30 13 9 8 48 41 35
6. Winterthur   30 12 7 11 57 56 31
7. Bulle   30 10 8 12 45 51 28
8. Biel   30 9 9 12 45 55 27
9. Martigny   30 10 6 14 48 56 26
10. SC Zug   30 8 9 13 41 49 25
11. Renens   30 10 5 15 42 53 25
12. Carouge   30 8 9 13 34 47 25
13. Schaffhausen   30 8 9 13 36 51 25
14. FC Zug§   30 7 11 14 39 51 23
15. Laufen§   30 6 8 16 42 70 20
16. Le Locle§   30 7 2 20 39 89 16

* Aufsteiger in die NLA
§ Absteiger in die 1. Liga

Torschützen NL B

	h	a
1. Vöge (Lugano)	18	11
2. Fargeon (Bellinzona)	13	11
3. Kurz (Locarno)	16	8

Schweizer Cupfinal

Sion — Servette 3:1
 Tore: 24. Schnyder 0:1, 42. Balet 1:1, 51. Balet 2:1, 82. Bonvin 3:1

1. Liga

Gruppe 1

1. Malley   26 17 4 5 79:39 38
2. Fribourg   26 14 8 4 54:23 36
3. Lancy   26 12 7 7 61:55 31
4. Yverdon   26 11 9 6 52:49 31
5. Montreux   26 10 8 8 53:46 28
6. Monthey   26 11 5 10 46:43 27
7. Savièse   26 8 10 8 35:36 26
8. St-Jean   26 9 7 10 50:50 25
9. Stade Laus.   26 10 4 12 46:50 24
10. Leytron   26 10 4 12 37:56 24
11. Echallens   26 7 8 11 37:39 22
12. Vernier   26 8 6 12 42:46 22
13. Payerne   26 6 7 13 37:63 19
14. Nyonnais   26 4 3 19 27:61 11

Gruppe 2

1. Bern   26 16 6 4 44:16 38
2. Lengnau   26 11 9 6 47:38 31
3. Colombier   26 10 10 6 45:36 30
4. Old Boys   26 11 5 10 46:39 27
5. Burgdorf   26 8 11 7 30:36 27
6. Breitenbach   26 9 7 10 38:37 25
7. Köniz   26 8 9 9 43:45 25
8. Thun   26 7 10 9 39:40 24
9. Solothurn   26 6 12 8 28:34 24
10. Delémont   26 7 10 9 38:48 24
11. Nordstern   26 8 7 11 44:43 23
12. Langenthal   26 7 9 10 41:42 23
13. Concordia   26 6 11 9 39:55 23
14. Bümpliz   26 7 6 13 36:49 20

Gruppe 3

1. Kriens   26 16 5 5 68:36 37
2. Olten   26 16 5 5 57:31 37
3. Mendrisio   26 13 9 4 48:23 35
4. Buochs   26 12 8 6 43:35 32
5. Sursee   26 10 10 6 48:36 30
6. Ibach   26 9 7 10 41:48 25
7. Ascona   26 7 10 9 26:34 24
8. Suhr   26 8 8 10 30:43 24
9. Emmenbrücke   26 8 7 11 48:44 23
10. Klus/Balsthal   26 6 11 9 33:40 23
11. Altdorf   26 7 9 10 41:49 23
12. Muri   26 7 9 10 36:52 23
13. Reiden   26 3 9 14 28:48 15
14. Tresa   26 2 9 15 25:53 13

Gruppe 4

1. Einsiedeln   26 14 8 4 52:30 36
2. Red Star   26 14 7 5 54:23 35
3. Rorschach   26 13 6 7 44:32 32
4. Vaduz   26 11 6 9 46:38 28
5. Gossau   26 9 9 8 40:37 27
6. Stäfa   26 9 8 9 36:34 26
7. Rüti   26 8 9 9 33:33 25
8. Dübendorf   26 8 7 11 38:39 23
9. Brüttisellen   26 10 3 13 38:49 23
10. Küsnacht   26 9 5 12 35:49 23
11. Altstätten   26 8 6 12 36:48 22
12. Frauenfeld   26 8 6 12 35:51 22
13. Balzers   26 8 5 13 39:47 21
14. Brühl   26 7 7 12 31:47 21

Fussball-Länderspiele der Schweizer Nationalmannschaft

Türkei – Schweiz 1:0 (1:0)
Sehir-Stadion, Adana. – Tor: 23. Yusuf 1:0.

Schweiz – BRD 0:1
St. Jakob, Basel. – Tor: 35. Hoeness 0:1

Schweiz – Algerien 2:0 (2:0)
Charmilles, Genf. – Tore: 8. Hermann (Wehrli) 1:0, 14. Hermann (Sulser) 2:0.

Schweiz – Frankreich 2:0 (0:0)
Pontaise, Lausanne. – Tore: 72. Hermann (Sutter) 1:0, 75. Sutter (Wittwer) 2:0.

Österreich – Schweiz 1:1 (1:0)
Tivoli, Innsbruck. – Tore: 8. Polster 0:1, 50. Bickel 1:1.

Schweden – Schweiz 2:0 (1:0)
Rasunda, Stockholm. – Tore: 20. Ekström, 80. Ekström.

Schweiz – Portugal 1:1 (1:0)
Wankdorf, Bern. – Tore: 7. Bregy 1:0, 86. Manuel Fernandez 1:1.

Schweiz – Norwegen 1:0 (0:0)
Allmend, Luzern. – Tor: 55. Martin Müller (Mottiez/René Müller) 1:0.

Italien – Schweiz 3:2 (1:1)
San Siro, Mailand. – Tore: 1. Donadoni 1:0, 32. Brigger 1:1, 53. Altobelli 2:1, 86. Altobelli 3:1, 89. Weber 3:2.

Handball Schweizer Meisterschaft

Nationalliga A

1. St. Otmar SG*	18	15	1	2	454:371	31
2. Amicitia Zürich+	18	14	3	1	406:314	31
3. BSV Bern°	18	12	2	4	403:332	26
4. Zofingen	18	9	3	6	385:366	21
5. Pfadi Winterthur	18	9	1	8	400:395	19
6. HC Emmenstrand	18	8	0	10	397:396	16
7. RTV Basel	18	5	3	10	366:380	13
8. HC Horgen	18	5	2	11	336:406	12
9. Grasshoppers**	18	3	2	13	313:375	8
10. HC Basilisk**	18	1	1	16	345:470	3

Entscheidungsspiel um die Meisterschaft
Amicitia Zürich – St. Otmar 21:25 (10:10).

* = Meister
+ = Teilnehmer am Europacup der Cupsieger
° = Teilnehmer am IHF-Cup
** Absteiger in die Nationalliga B

Nationalliga B

Westgruppe:
Schlussklassement (18 Spiele): 1. Möhlin* 34 (392:307). 2. Borba Luzern* 29 (330:266). 3. ATV Basel-Stadt 22 (376:321). 4. Wacker Thun 21 (388:361). 5. Biel 16 (301:335). 6. Suhr 15 (320:337). 7. Zofingen II 15 (338:367). 8. Lyss 13 (345:382). 9. Bödeli§ 8 (285:338). 10. RTV Basel II § 7 (297:356).

* Teilnehmer an der Finalrunde
§ Absteiger in die 1. Liga

Ostgruppe:
Schlussklassement (18 Spiele): 1. Unterstrass Zürich* 28 (363:308). 2. Dietikon* 26 (359:296). 3. Fides St. Gallen 22 (350:301). 4. Kadetten Schaffhausen 22 (410:394). 5. Urdorf/Stapo 20 (353:326). 6. Muotathal 19 (389:378). 7. Goldach 15 (349:384). 8. Baden 14 (326:366). 9. Grünweiss Effretikon§ 12 (337:351). 10. Lägern Wettingen§ 10 (270:397).

* Teilnehmer der Finalrunde
§ Absteiger in die 1. Liga

Aufstiegsspiele: Schlussrangliste: 1. TV Möhlin 12 Punkte (122:106). 2. Borba Luzern 8 (111:105). 3. TV Unterstrass 6 (102:109). 4. HC Dietikon 4 (101:115). Möhlin und Borba steigen in die NLA auf.

Handball-WM in St. Gallen

Resultate der Schweizer in der Hauptrunde
DDR	– Schweiz	23:16	(11:6)
Jugoslawien	– Schweiz	27:19	(15:7)
UdSSR	– Schweiz	24:15	(8:8)

Spiel um den 11. Platz:
Schweiz – Korea 27:22 (14:11)

Endstand*
(in Klammern die Plazierung bei der WM 1982)

1. Jugoslawien	(2.)	9. Rumänien	(5.)
2. Ungarn	(9.)	10. UdSSR	(1.)
3. DDR	(6.)	11. Schweiz	(12.)
4. Schweden	(11.)	12. Korea	(—)
5. Spanien	(8.)	13. CSSR	(9.)
6. Island	(—)	14. Polen	(3.)
7. BRD	(7.)	15. Kuba	(13.)
8. Dänemark	(4.)	16. Algerien	(16.)

* Die ersten sechs haben sich für die Olympischen Spiele qualifiziert. Neben der BRD nehmen Dänemark, Rumänien, die UdSSR, Schweiz, die CSSR und Polen an der B-WM teil.

Eishockey Schweizer Meisterschaften

Nationalliga A nach der Qualifikation

1. HC Lugano*	36	27	4	5	204:108	58
2. HC Davos*	36	24	5	7	202:129	53
3. EHC Kloten*	36	19	3	14	214:140	41
4. HC Siders*	36	16	5	15	155:167	37
5. EHC Biel	36	14	5	17	181:199	33
6. HC Fribourg Gottéron	36	14	3	19	157:190	31
7. EHC Arosa	36	12	5	19	166:191	29
8. HC Ambri	36	11	7	18	161:190	29
9. EHC Olten	36	12	2	22	132:215	26
10. Zürcher SC**	36	11	1	24	136:179	23

* Qualifiziert für Play-offs ** Absteiger in die NLB

Play-off-Halbfinals	Lugano—Siders	7:2, 7:3
	Davos—Kloten	4:2, 5:8, 8:1
Play-off-Final	Lugano*—Davos	5:0, 7:5
Final um Platz 3	Kloten—Sierre	9:1, 4:4

* Schweizer Meister 1985/86

Nationalliga B nach der Qualifikation

1. SC Bern*	36	25	4	7	190:103	54
2. EHC Dübendorf*	36	19	8	9	178:133	46
3. EHC Chur*	36	18	7	11	156:121	43
4. EHC Basel*	36	19	4	13	173:140	42
5. SC Rapperswill	36	17	6	13	177:160	40
6. SC Langnau	36	15	4	17	151:163	34
7. HC Ajoie	36	14	5	17	135:170	33
8. EV Zug	36	13	6	17	131:142	32
9. HC Lausanne**	36	14	2	20	138:176	30
10. HC Servette**	36	2	2	32	121:242	6

* Qualifiziert für Play-offs ** Absteiger in die 1. Liga

Play-off-Halbfinals	Bern—Basel	6:3, 6:4
	Dübendorf—Chur	3:5, 3:6
Play-off-Final	Bern**—Chur	5:0, 3:4 nach Verlängerung, 2:4

* Steigt in die Nationalliga A auf.
** Steigt nach freiwilligem Abstieg des EHC Arosa in die 1. Liga ebenfalls in die Nationalliga A auf.

Sporttabellen

Eishockey Schweizer Meisterschaft 1. Liga

Gruppe 1

1. Herisau*	22	17	2	3	153: 59	36
2. St. Moritz°	22	15	2	5	129: 79	32
3. Urdorf°	22	14	3	5	109: 80	31
4. W'felden*	22	13	4	5	119: 81	30
5. Illnau	22	13	2	7	110: 79	28
6. Küsnacht	22	12	2	8	94: 92	26
7. Wil	22	10	1	11	78: 86	21
8. Uzwil	22	8	3	11	87:100	19
9. Schaffh.	22	9	0	13	84: 86	18
10. Mittelrh.	22	5	1	16	86:132	11
11. Seewen§	22	4	0	18	58:137	8
12. Ascona§	22	2	0	20	51:147	4

* = Finalist   § = Abstieg   ° = Verzicht

Gruppe 2

1. Thun*	22	19	2	1	171: 67	40
2. Gri'wald*	22	17	2	3	152: 87	36
3. Aarau	22	16	1	5	162: 93	33
4. Wiki	22	14	1	7	151:103	29
5. Langenthal	22	12	1	9	117: 93	25
6. Bülach	22	12	0	10	132: 86	24
7. Adelboden	22	9	4	9	96:136	22
8. Burgdorf	22	8	4	10	103:101	20
9. Marzili	22	6	4	12	86:167	16
10. Zunzgen	22	5	0	17	91:131	10
11. Rot-Blau§	22	3	2	17	63:146	8
12. HCM§	22	0	1	21	70:184	1

Gruppe 3

1. ChdF*	22	17	4	1	167: 65	38
2. Villars**	22	16	3	3	144: 68	35
3. Martigny	22	15	4	3	156: 75	34
4. Visp	22	15	2	5	133: 79	32
5. Lyss	22	12	6	4	118: 76	30
6. Monthey	22	10	1	11	133:123	21
7. Morges	22	7	3	12	88:112	17
8. Champéry	22	6	2	14	79:118	14
9. Yverdon	22	5	2	15	98:150	12
10. Fleurier†	22	5	1	16	60:133	11
11. Moutier†	22	4	3	15	87:175	11
12. Sion§	22	4	1	17	61:150	9

** = Finalist oder Abstieg   † = Entscheidungsspiel

Schlussrangliste

1. Herisau*	10	8	1	1	67:38	17
2. Ch.-de-Fds.*	10	5	4	1	64:50	14
3. Grindelwald	10	5	1	4	56:57	11
4. Martigny	10	4	1	5	50:47	9
5. Thun	10	3	1	6	53:71	7
6. Weinfelden	10	1	0	9	31:58	2

* Aufstieg in die Nationalliga B

Eishockey A-Weltmeisterschaft in Moskau

Vorrunde

1. UdSSR	7	7	0	0	32:9	14:0
2. Schweden	7	5	1	1	34:18	11:3
3. Finnland	7	4	2	1	28:18	10:4
4. Kanada	7	3	0	4	24:22	6:8
5. CSSR	7	2	1	4	17:17	5:9
6. USA	7	2	0	5	27:28	4:10
7. BRD	7	2	0	5	17:39	4:10
8. Polen	7	1	0	6	15:43	2:12

Meisterrunde

Schweden – Finnland	4:4
UdSSR – Kanada	7:4
Schweden – Kanada	6:5
Finnland – UdSSR	0:8
Finnland – Kanada	3:4
UdSSR – Schweden	3:2

1 (1) UdSSR	3	3	0	0	18:6	6:0
2 (2) Schweden	3	1	1	1	12:12	3:3
3 (4) Kanada	3	1	0	2	13:16	2:4
4 (3) Finnland	3	0	1	2	7:16	1:5

Eishockey B-Weltmeisterschaft in Eindhoven

1. Schweiz	7	6	0	1	38:20	12:2
2. Italien	7	4	0	3	21:18	8:6
3. DDR	7	4	0	3	25:21	8:6
4. Frankreich	7	3	0	4	22:25	6:0
5. Niederlande	7	3	0	4	25:32	6:8
6. Österreich	7	3	0	4	24:27	6:8
7. Jugoslawien	7	3	0	4	24:27	6:8
8. Japan	7	2	0	5	15:26	4:10

Schweiz – Italien	4:1
Schweiz – Japan	6:4
Schweiz – Frankreich	8:2
Schweiz – Österreich	4:3
Schweiz – Holland	11:3
Schweiz – Jugoslawien	4:2
Schweiz – DDR	1:5

Eishockey Länderspiele

Mailand: Italien – Schweiz	2:6
Lugano: Schweiz – Italien	4:2
Sierre: Schweiz – Schweden	3:7
Valascia/Ambri: Schweiz – Schweden	2:4

Curling Schweizer Meisterschaften

Herren

Final 1./2. Platz: Lausanne-Ouchy (Gross, Lörtscher, Hürlimann, Tanner) s. Stäfa (Fritz Luchsinger, Streiff, Grendelmeier, Felix Luchsinger) 7:5 nach Zusatzend. – Spiel 3./4. Platz: Solothurn-Wengi (Däppen, Schneider, Jürg Dick, Urs Dick) s. Zürich-Greystone (Bernhard Keim, Hofer, Danieli, Urs Heim) 6:5.

Damen

Final 1./2. Platz: Bern-Egghölzli (Lestander-Wirz, Meier, Bürgi, Skip Müller) s. Wetzikon (Frewein, Luchsinger, Attinger, Skip Kienast) 9:4. – 3./4. Platz: Genf (Raisin, Pochon, Orizet, Skip Burkhalter) s. Biel-Sporting (Benoit-Koller, Uhlmann, Krieg, Skip Landolt) 7:6.

Curling WM Kelowna

Damen

Final: Kanada–BRD 12:5. – Spiel um Platz drei: Schweden–Norwegen 10:9. – Schlussklassement: 1. Kanada (Jan Augustyn, Christine Jurgenson, Kathy McEdward, Skip Marilyn Darte). 2. BRD. 3. Schweden. 4. Schottland. 5. Norwegen. 6. Schweiz. 7. USA. 8. Dänemark. 9. Frankreich. 10. Holland.

Curling WM Toronto

Herren

Final 1./2. Platz: Kanada (Syme, Houston, Ferguson, Skip Lukowich) s. Schottland (P. Smith, Hay, McMillan, D. Smith) 4:3. – Spiel 3./4. Platz: USA (Mackel, Godfrey, Henry, Brown) s. Schweden (Wernblom Nordin, M. Hasselborg, S. Hasselborg) 7:2. – Schlussklassement: 1. Kanada. 2. Schottland. 3. USA. 4. Schweden. 5. Schweiz. 6. Norwegen, 7. Frankreich, 8. Dänemark, 9. BRD, 10. Italien.

Curling EM Grindelwald

Herren

Final: BRD (Joachim Burba, Johnny Jahr, Wolfgang Burba, Skip Gustav Schmidt)–Schweden (Göran Aberg, Bo Andersson, Per Lindeman, Skip Connie Oestlund) 7:5. 3./4. Platz: Norwegen (Morten Skaug, Gunnar Meland, Sjur Loen, Eigil Ramsfeill)–Dänemark (Ivan Frederiksen, Peter Anderesen, Per Berg, Skip Tommy Stjerne) 5:4 – Schlussklassement: 1. BRD. 2. Schweden. 3. Norwegen. 4. Dänemark. 5. Schweiz. 6. Schottland.

Damen

Final: Schweiz (Silvia Benoit, Marianne Uhlmann, Christine Krieg, Jacqueline Landolt)–Schottland (Ela Gallanders, Marjorie Kidd, Catherine Dodds, Skip Jeanette Johnston) 7:3. – 3./4. Platz: Norwegen (Mette Halvorsen, Hanne Pettersen, Dordi Nordby, Skip Trine Trulsen)–Dänemark (Lone Bagge, Hanne Olsen, Jane Bidstrup, Skip Mai-Brit Rejnholdt) 7:3. – Schlussklassement: 1. Schweiz. 2. Schottland. 3. Norwegen. 4. Dänemark. 5. Schweden. 6. BRD.

Ski-Weltcup Alpin

Herren	Total	A	S	R	G	K
1. Marc Girardelli (Lux)	294	76	45	57	56	60
2. **Pirmin Zurbriggen** (Sz)	284	55	79	30	55	65
3. Markus Wasmeier (BRD)	214	41	9	34	70	60
4. **Peter Müller** (Sz)	204	115	—	—	40	49
5. Ingemar Stenmark (Sd)	196	—	100	96	—	—
6. Leonard Stock (Ö)	174	74	—	10	35	55
7. Rok Petrovic (Jug)	170	—	125	45	—	—
8. Peter Wirnsberger (Ö)	148	120	—	—	—	28
9. Hubert Strolz (Ö)	147	—	28	90	29	—
10. Günther Mader (Ö)	143	—	66	24	20	33
11. Michael Mair (It)	129	92	—	—	10	27
12. Robert Erlacher (It)	125	—	27	77	21	—
13. **Franz Heinzer** (Sz)	124	68	—	—	24	32
14. **Andy Wenzel** (Lie)	119	6	43	12	8	50
15. Bojan Krizaj (Jug)	115	—	100	15	—	—

Damen	Total	A	S	R	G	K
1. **Maria Walliser** (Sz)	287	115	2	76	24	70
2. Erika Hess (Sz)	242	13	110	52	11	56
3. **Vreni Schneider** (Sz)	216	—	51	110	20	35
4. Olga Charvatova (CSSR)	199	21	56	72	28	22
5. **Brigitte Oertli** (Sz)	181	82	52	6	—	41
6. **Michaela Figini** (Sz)	178	53	—	58	24	43
7. Mateja Svet (Jug)	159	—	49	84	19	7
8. Marina Kiehl (BRD)	157	43	—	31	60	23
9. Traudl Hächer (BRD)	153	—	—	88	40	25
10. Michaela Gerg (BRD)	151	48	—	41	37	25
11. Katrin Gutensohn (Ö)	145	110	—	—	12	23
12. Liisa Savijarvi (Ka)	136	65	—	12	49	10
13. Perrine Pelen (Fr)	117	—	77	30	—	10
14. Laurie Graham (Ka)	116	105	—	—	11	—
15. Roswitha Steiner (Ö)	110	—	110	—	—	—

Für die Gesamtwertung zählen je die fünf besten Ergebnisse in Abfahrt (A), Slalom (S) und Riesenslalom (R) sowie je die drei besten Ergebnisse in Super-G (G) und Kombination (K).

Abfahrt Herren
1. Peter Wirnsberger (Ö) — 120
2. **Peter Müller** (Sz) — 115
3. Michael Mair (It) — 92
4. Marc Girardelli (Lux) — 76
5. **Karl Alpiger** (Sz) — 75

Slalom Herren
1. Rok Petrovic (Jug) — 125
2. Paul Frommelt (Lie)
   Ingemar Stenmark (Sd)
   Bojan Krizaj (Jug) — alle je 100
5. Jonas Nilsson (Sd) — 87

Super-G Herren
1. Markus Wasmeier (BRD) — 105
2. **Pirmin Zurbriggen** (Sz) — 67
3. Marc Girardelli (Lux) — 56
4. Leonard Stock (Ö) — 52
5. **Peter Müller** (Sz) — 40

Riesenslalom Herren
1. **Joël Gaspoz** (Sz) — 97
2. Ingemar Stenmark (Sd) — 96
3. Hubert Strolz (Ö) — 90
4. Robert Erlacher (It) — 77
5. Marc Girardelli (Lux) — 57

Kombination Herren
1. Markus Wasmeier (BRD) — 90
2. Leonard Stock (Ö) — 88
3. **Pirmin Zurbriggen** (Sz) — 77
4. **Peter Müller** (Sz) — 61
5. Marc Girardelli (Lux) — 60

Abfahrt Damen
1. **Maria Walliser** (Sz) — 115
2. Katrin Gutensohn (Ö) — 110
3. Laurie Graham (Ka) — 105
4. **Brigitte Oertli** (Sz) — 82
5. Liisa Savijarvi (Ka) — 65

Slalom Damen
1. Roswitha Steiner (Ö) — 110
2. **Erika Hess** (Sz) — 110
3. Perrine Pelen (Fr) — 77
4. Olga Charvatova (CSSR) — 56
5. **Brigitte Oertli** (Sz)
   Ida Ladstätter (Ö) — beide je 52

Super-G Damen
1. Marina Kiehl (BRD) — 75
2. Liisa Savijarvi (Ka) — 56
3. Michela Marzola (It) — 47
4. Traudl Hächer (BRD) — 40
5. Michela Gerg (BRD) — 37

Riesenslalom Damen
1. **Vreni Schneider** (Sz) — 110
2. Traudl Hächer (BRD) — 88
3. Mateja Svet (Jug) — 84
4. **Maria Walliser** (Sz) — 76
5. Olga Charvatova (CSSR) — 72

Kombination Damen
1. **Maria Walliser** (Sz) — 85
2. **Erika Hess** (Sz) — 63
3. **Michela Figini** (Sz) — 43
4. **Brigitte Oertli** (Sz) — 41
5. **Vreni Schneider** (Sz) — 35

Nationencup
1. Schweiz 2826 (327 Streichpunkte). 2. Österreich 2223 (325). 3. BRD 1175 (107). 4. Italien 964 (51). 5. Frankreich 642 (19). 6. Jugoslawien 579 (60). 7. Schweden 482 (39). 8. USA 443 (—). 9. Kanada 381 (56). 10. Luxemburg 310 (21).

Herren: 1. Schweiz 1296. 2. Österreich 1293. 3. Italien 771. 4. BRD 484. 5. Schweden 437. 6. Jugoslawien 356. 7. Luxemburg 310. 8. Frankreich 276. 9. USA 150. 10. Kanada 46.

Damen: 1. Schweiz 1530. 2. Österreich 930. 3. BRD 691. 4. Frankreich 366. 5. Kanada 335. 6. USA 293. 7. Jugoslawien 223. 8. Italien 193. 10. Luxemburg 0.

Schweizer Meisterschaften Alpin

		Gold	**Silber**	**Bronze**
Herren	Abfahrt	Karl Alpiger	Peter Müller	Bruno Kernen
	Slalom	Jacques Lüthy	Christophe Berra	Bernhard Fahner
	Riesenslalom	Pirmin Zurbriggen	Max Julen	Hans Pieren
	Kombination	Gustav Oehrli	Christof Wachter	Paul Accola
Damen	Abfahrt	Zoë Haas	Maria Walliser	Ariane Ehrat
	Slalom	Corinne Schmidhauser	Erika Hess	Christine von Grünigen
	Riesenslalom	Erika Hess	Heidi Zeller	Chantal Bournissen
	Kombination	Maria Walliser	Chantal Bournissen	Heidi Zeller

Sporttabellen

Ski-Weltcup Nordisch Langlauf

Gesamtklassement Herren

		1	2	3	4	5	6	7	8	9	10
1.	G. Svan, Swe	25	25	25	20	25	20	20	—	25	145
2.	T. Mogren, Swe	9	11	7	25	11	8	25	—	20	101
3.	W. Smirnov, Sov	15	8	20	—	—	25	—	—	10	78
4.	E. Øestlund, Swe	4	4	15	—	—	12	8	12	6	57
	P.G. Mikkelsplass, Nor	20	10	10	3	5	—	—	3	9	57
6.	T. Eriksson, Swe	—	—	—	10	8	—	4	20	8	50
7.	C. Majbæck, Swe	10	—	11	—	—	4	—	10	12	47
8.	V. Ulvang, Nor	—	5	—	15	—	7	1	—	15	43
9.	P. Harvey, Can	12	12	—	—	6	—	10	—	—	40
10.	M. Hole, Nor	—	—	—	—	1	10	—	15	3	29
21.	**G. Guidon**, Sui	11	9	—	—	—	—	—	—	—	20
26.	**A. Grünenfelder**, Sui	—	7	—	—	9	—	2	—	—	18
49.	**D. Sandoz**, Sui	—	1	—	—	—	—	—	—	—	1

S = Skating,
K = klassische Lauftechnik
1 = K 15 km Labrador City (USA)
2 = S 30 km Biwabik (USA)
3 = K 30 km La Bresse (Fra)
4 = S 15 km Bohinj (Jug)
5 = S 50 km Oberstdorf (BRD)
6 = K 15 km Leningrad (Sov)
7 = S 15 km Lahti (Fin)
8 = K 30 km Falun (Swe)
9 = K 50 km Oslo (Nor)
10 = TOTAL PUNKTE

Gesamtklassement Damen

		1	2	3	4	5	6	7	8	9	10
1.	M. Matikainen, Fin	25	15	6	11	6	6	25	20	11	107
2.	M. Dahlmo, Nor	9	20	7	15	20	20	15	11	7	106
3.	B. Pettersen, Nor	2	25	12	—	20	10	12	25	6	104
4.	A. Jahren, Nor	—	12	11	5	4	25	20	—	15	88
5.	S. Opitz, DDR	—	—	15	25	—	—	—	—	20	60
6.	**E. Kratzer**, Sui	8	—	8	12	11	5	3	10	—	54
	G. Nestler, DDR	—	—	25	20	—	—	—	—	9	54
8.	J. Savolainen, Fin	15	—	—	—	—	—	4	—	25	44
9.	N. Koroljewa, Sov	11	7	4	9	—	11	—	—	—	42
	P. Mættæ, Fin	10	10	—	—	—	9	7	6	—	42
33.	**K. Thomas**, Sui	—	—	—	6	—	—	—	—	1	7
43.	**C. Brügger**, Sui	—	—	—	—	—	—	—	3	—	3
50.	**G. Scheidegger**, Sui	—	—	—	—	—	—	—	1	—	1

S = Skating,
K = klassische Lauftechnik
1 = K 5 km Labrador City (USA)
2 = S 10 km Biwabik (USA)
3 = K 10 km Les Saisies (Fra)
4 = S 20 km Nove Mesto (Tch)
5 = S 20 km Oberstdorf (BRD)
6 = K 10 km Leningrad (Sov)
7 = S 5 km Lahti (Fin)
8 = K 30 km Falun (Swe)
9 = K 10 km Oslo (Nor)
10 = TOTAL PUNKTE

Nordische Kombination

		1	2	3	4	5	6	7	8
1.	H. Weinbuch, BRD	20	15	25	25	25	20	25	120
2.	T. Müller, BRD	15	25	20	15	11	—	—	86
3.	G. Andersen, Nor	25	11	2	6	20	10	15	81
4.	H. Boegseth, Nor	11	—	5	20	5	25	12	73
5.	H. Schwarz, BRD	—	8	8	—	—	12	20	48
6.	**F. Glanzmann**, Sui	8	—	15	10	—	5	6	44
7.	K. Sulzenbacher, Aut	2	—	—	—	15	15	11	43
8.	GP. Mosele, Ita	12	6	11	12	—	—	—	41
9.	**A. Schaad**, Sui	9	9	12	2	—	8	—	40
	E. Andersen, Nor	10	—	10	8	1	4	8	40
25.	**H. Kempf**, Sui	—	—	1	—	8	—	—	9

1 = Tarvisio (Ita)
2 = Oberwiesenthal (DDR)
3 = Schonach (BRD)
4 = Murau (Aut)
5 = Lahti (Fin)
6 = Oslo (Nor)
7 = Strbské Pleso (Tch)
8 = TOTAL PUNKTE

Nationencup 1985/86

		Einzel-punkte	Team-Wettkämpfe			
		1	2	3	4	5
1.	BRD	344	60	80	140	484
2.	Norwegen	247	70	70	140	387
3.	**Schweiz**	99	30	40	70	169
4.	Österreich	44	50	60	110	154
5.	Sowjetunion	39	80	—	80	119
6.	Finnland	45	—	50	50	95
7.	DDR	75	—	—	—	75
8.	Polen	13	20	30	50	63
9.	Italien	41	—	20	20	61
10.	Tschechoslowakei	20	40	—	40	60

1 = Total Nationenwertung
2 = Nesselwang (BRD)
3 = Falun (Swe)
4 = TOTAL
5 = Einzel- und Team-Wettkämpfe

Skispringen

		1	2	3	4	5	6	7	8	9	10	11	12	13	14	15	16	17	18	19	20	21	22	23	24	25	26	27	28
1.	Matti Nykänen, Fin	15	12	9	—	—	—	—	—	—	25	5	25	—	25	25	115	20	15	4	15	20	25	25	20	25	15	135	250
2.	Ernst Vettori, Aut	3	15	8	20	—	12	20	7	25	20	20	—	25	6	20	110	12	20	—	25	12	15	—	25	—	25	122	232
3.	Andreas Felder, Aut	—	—	4	—	—	—	6	—	—	10	—	6	9	—	35	25	25	20	—	25	—	—	15	20	20	135	170
4.	Franz Neuländtner, Aut	11	20	2	25	—	20	3	—	20	—	—	—	—	—	96	1	—	7	6	—	11	11	11	15	1	61	157
5.	Pekka Suorsa, Fin	—	8	12	12	25	25	9	—	8	7	—	—	—	—	83	—	11	5	7	1	11	20	6	—	10	65	148
6.	Primoz Ulaga, Jug	25	25	20	2	—	15	9	12	12	11	20	—	—	—	105	8	10	—	—	—	—	1	9	12	40	145
7.	Vegard Opaas, Nor	20	10	25	—	—	8	—	3	9	5	—	—	—	6	72	7	9	1	—	15	8	5	7	11	9	59	131
8.	Rolf-Age Berg, Nor	8	11	11	6	—	4	1	—	15	6	—	—	—	—	51	11	12	25	20	9	9	10	—	—	—	78	129
9.	Jiri Parma, Tch	2	2	—	10	—	—	11	—	11	15	9	11	3	12	15	64	5	—	—	6	10	3	—	15	3	8	6	50	114
10.	Ladislaw Dluhos, Tch	—	—	—	12	—	—	—	—	—	10	15	—	—	20	7	64	—	—	—	—	7	—	12	2	5	11	37	101

1 = 70 m Thunder Bay (Can)
2 = 90 m Thunder Bay (Can)
3 = 90 m Lake Placid (USA)
4 = 70 m Lake Placid (USA)
5 = 90 m Chamonix (Fra)
6 = 90 m Oberstdorf (BRD)
7 = 90 m Garmisch (BRD)
8 = 90 m Innsbruck (Aut)
9 = 90 m Bischofshofen (Aut)
10 = 90 m Harrachov (Tch)
11 = 90 m Liberec (Tch)
12 = 90 m Klingenthal (DDR)
13 = 70 m Oberwiesenthal (DDR)
14 = 70 m Sapporo (Jap)
15 = 70 m Sapporo (Jap)
16 = TOTAL 1. Periode
17 = FI Vikersund (Nor)
18 = FI Vikersund (Nor)
19 = 70 m St. Moritz (Sui)*
20 = 70 m Gstaad (Sui)*
21 = 90 m Engelberg (Sui)
22 = 70 m Lahti (Fin)
23 = 90 m Lahti (Fin)
24 = 90 m Oslo (Nor)
25 = 70 m Planica (Jug)
26 = 90 m Planica (Jug)
27 = TOTAL 2. Periode
28 = GESAMTWERTUNG

71 klassiert, darunter keine Schweizer.
* Zwei Bestresul

Schweizer Meisterschaften Nordisch

		Gold	Silber	Bronze
Herren	15 m	Giachem Guidon	Jeremias Wigger	Joos Ambühl
	30 km	Andy Grünenfelder	Giachem Guidon	Jürg Capol
	50 km	Daniel Sandoz	Paul Grünenfelder	Joos Ambühl
	4×10 km	Alpina St. Moritz	Davos	Saignelégier
	Skisprung	Pascal Reymond	Christian Hauswirth	Gérard Balanche
	Kombination	Andreas Schaad	Hippolyt Kempf	Fredy Glanzmann
Damen	5 km	Evi Kratzer	Marianne Irniger	Karin Thomas
	5 km Jun.	Marianne Irniger	Silvia Honegger	Elisabeth Glanzmann
	10 km	Evi Kratzer	Gaby Scheidegger	Karin Thomas
	20 km	Evi Kratzer	Karin Thomas	Christine Brügger
	3×5 km	Alpina St. Moritz	BOSV	OSSV

18. Engadiner Skimarathon

Herren	Club	Zeit
1. Konrad Hallenbarter	Obergoms	1:43:39,2
2. Peter Zipfel	SV Kirchzarten	1:43:41,2
3. Oerjan Blomkvist	JFK Lidingoe	1:43:42,1
4. Andre Blatter	Österr. Skiverband	1:43:44,4
5. Ola Hassis	Orsa IF	1:43:45,1
6. Bengt Hassis	Orsa	1:43:45,6
7. Anders Blomquist	JFK Lidingoe	1:43:46,3
8. Audun Endestad	Park City UT 84061	1:43:49,0
9. Franz Schoebel	Trak-Team	1:43:50,0
10. Hans Persson	Club Aarsana	1:43:51,3

Damen	Club	Zeit
1. Karin Thomas	SSV	1:55:51,7
2. Blanka Paulu	Kneissl Skiteam	1:56:44,7
3. Sandra Parpan	SSV	1:57:58,4
4. Martina Schönbächler	SSV	1:59:15,5
5. Mihoko Shimizume	Recruit Ski Team	2:01:02,7
6. Heidi Niederberger	SC Melchtal	2:02:18,3
7. Karin Knecht	SC Rätia Chur	2:02:13,4
8. Silvia Baumann	Gossau	2:04:21,8
9. Ursula Tall-Zini	Alpina St. Moritz	2:04:36,8
10. Monika Germann	SSV	2:06:00,2

Eiskunstlauf-EM in Kopenhagen

Damen

1. Katarina Witt (DDR) 3,4 Punkte. 2. Kira Iwanowa (UdSSR) 4,4. 3. Anna Kondraschowa (UdSSR) 4,8. 6. **Claudia Villiger** (Sz) 14,6.

Herren

1. Jozef Sabovcik (CSSR) 2,0 Punkte. 2. Wladimir Kotin (UdSSR) 5,2. 3. Alexander Fadejew (UdSSR) 5,4. 14. **Oliver Höner** (Sz) 29,8.

Paare

1. Elena Walowa/Oleg Wassiljew (UdSSR) 1,4 Punkte. 2. Ekaterina Gordejewa/Sergej Grinkow (UdSSR) 2,8. 3. Elena Bechke/Walerie Kornienko (UdSSR) 4,6.

Eistanz

1. Natalia Bestemianowa/Andrej Bukin (UdSSR) 2,4 Punkte. 2. Marina Klimowa/Sergej Ponomarenko (UdSSR) 3,6. 3. Natalia Annenko/Genrikh Sretensky (UdSSR) 6,0. 14. **Claudia und Daniel Schmidlin** (Sz) 28,0.

Eiskunstlauf-WM in Genf

Damen

1. Debi Thomas (USA) 3,6 Punkte. 2. Katarina Witt (DDR) 4,4. 3. Tiffany Chin (USA) 7,2. 16. **Claudia Villiger** (Sz) 30,2.

Herren

1. Brian Boitano (USA) 5,4 Punkte. 2. Brian Orser (Kanada) 5,4. 3. Alexander Fadejew (UdSSR) 6,4. 14. **Oliver Höner** (Sz) 28,2.

(Bei Punktgleichheit entschied für Boitano die bessere Kürwertung.)

Paare

1. Ekaterina Gordeewa/Sergej Grinkow (UdSSR) 1,4 Punkte. 2. Elena Walowa/Oleg Wasiliew (UdSSR) 2,8. 3. Cynthia Coull/Mark Rowson (Kanada) 4,6.

Eistanz

1. Natalia Bestemianowa/Andrej Bukin (UdSSR) 2,4 Punkte. 2. Marina Klimowa/Sergej Ponomarenko (UdSSR) 3,6. 3. Tracy Wilson/Robert McCall (Kanada) 7,0. 18. **Claudia und Daniel Schmidlin** (Sz) 36,0.

Reiten

Schweizer Meister 1986

Springreiten: Thomas Fuchs, Bietenholz. **Dressur:** Christine Stückelberger, Kirchberg. **Military:** Adrian Kunz, Wallisellen. **Gespannfahren Einer:** Heini Syffrig, Langnau a. Albis. **Gespannfahren Zweier:** Arthur Zaugg, Riet bei Kerzers. **Gespannfahren Vierer:** Rolf Kellenberger, Wilen. **Galopp Amateure:** Josef Stadelmann, Niederglatt. **Galopp Trainer:** Hans Woop, Niederhasli. **Galopp Besitzer:** Peter Baumgartner, St. Gallen. **Berufsrennreiter:** Urs Suter, Niederhasli.

Weltcup der Springreiter in Göteborg

1. Leslie Burr-Lenehan (USA), McLain. 2. Ian Millar (Can), Big Ben. 3. Conrad Homfeld (USA), Maybe. 35. **Thomas Fuchs** (Sz), El Lute.

WM im Springreiten in Aachen

1. Gail Greenough (Can), Mister T. 2. Conrad Homfeld (USA), Abdullah. 3. Nick Skelton (Gb), Apollo. 18. **Thomas Fuchs** (Sz), El Lute.

Dressur-WM in Toronto

1. Anne Grethe Jensen (Dän), Marzog. 2. Johana Hinnemann (BRD), Ideaal. 3. **Christine Stückelberger** (Sz), Gauguin de Lully.

Mannschaften: 1. BRD, 2. Holland, 3. Schweiz.

Sporttabellen

Kunstturnen Schweizer Meisterschaften

Herren

Mehrkampf: 1. Zellweger (St. Margrethen) 115,90 (58,15 Pflicht + 57,75 Kür/9,55 Boden, 9,65 Pauschen, 9,75 Ringe, 9,60 Sprung, 9,80 Barren, 9,40 Reck). 2. Lehmann (Bern) 113,40 (56,70 + 57,70/9,45, 9,30, 9,80, 9,20, 9,60, 9,35). 3. Rota (Le Locle) 112,50 (56,00 + 56,50/9,35, 9,75, 9,25, 9,45, 9,40, 9,30). 4. Müller (Diepoldsau) 109,15 (53,50 + 55,65). 5. Dardel (Serrières) 108,25 (53,70 + 54,55). 6. Wanner (Beggingen) 107,50 (52,95 + 54,55). 7. Von Allmen (Bönigen) 107,25 (53,00 + 54,25). 8. Moser (Appenzell) 106,70 (53,30 + 53,40). 9. Plüss (Glarus) 106,50 (52,40 + 54,10). 10. Tinner (Trasadingen) 105,70 (52,55 + 53,15).

Pferdpauschen: Rota 19,300. **Ringe:** Zellweger 19,700. **Pferdsprung:** Zellweger 18,950. **Barren:** Zellweger 19,575. **Reck:** Cavelti 19,575.

Damen

Achtkampf: 1. Dessena (Corsier) 72,30 (35,45 Pflicht + 36,85 Kür). 2. Latanzio (Hinwil) 72,20 (35,75 + 36,45). 3. Seiler (Engstringen) 72,00 (35,05 + 36,95). 4. Benigni (Solothurn) 70,35 (35,20 + 35,15). 5. Streule (Rapperswil) 70,00 (34,60 + 35,40). 6. Comandini (Ascona) 68,80 (34,15 + 34,65). 7. Bachmann (Aarau) 68,35 (33,15 + 35,20). 8. Lasserre (Genf) 68,15 (34,30 + 33,85). 9. Ammon (Uetendorf) 68,00 (32,95 + 35,05). 10. Oberli (Luzern) 67,85 (33,20 + 34,65).

Pferdsprung: Seiler 18,750. **Stufenbarren:** Streule 18,200. **Schwebebalken:** Dessena 18,300.

Trampolinturnen Schweizer Meisterschaften

Herren

Einzel: 1. und Schweizer Meister Stadelmann (Sursee) 97,4. 2. Armati (Liestal) 97,2.

Damen

Einzel: 1. ohne Titel Keller (Liestal) 81,6. 2. Pleisch (Luzern) 81,2.

Synchronspringen: 1. ohne Titel Stadelmann/Armati 44,1. 2. Pleisch/Keller 33,8.

Rudern Schweizer Meisterschaften

Herren

Elite (Offene Klasse). Skiff: 1. Paltenghi (Lugano) 7:08,98.

Zweier-ohne: 1. Kovacs / Zentner (Vevey) 6:50,86.

Zweier-mit: 1. Madritsch-Madritsch Stm. Csonka (GC Zürich) 7:25,86.

Doppelzweier: 1. Steinemann / Weitnauer (Rorschach/Thalwil) 6:37,35.

Vierer-ohne: 1. Keller / Ballet / Wüst / Wüthrich (Neuchâtel/Lausanne) 6:20,31.

Vierer-Yole-de-Mer: 1. Bamberg / Henriksson / Knobel / Serck Hanssen / Stm. Serck Hanssen (Nordiska Zürich) 7:5074.

Vierer-mit: 1. Turner / Hockenjos / Martin / André / Stm. Noverraz (Morges) 6:42,57.

Doppelvierer: 1. Z'Rotz / Hess / Orthaber / Schwerzmann (Stansstad/Bern) 6:02,73.

Achter: 1. RC Thalwil 5:59,33.

Leichtgewichte. Skiff: 1. Wyss (Aarburg) 7:33,68.

Doppelzweier: 1. Häberlin / Thut (SC/Zürich/RIZ) 6:57,11.

Vierer-ohne: 1. Fabian / Pfamatter / Leber / Walser (Blauweiss Basel/Basler RC) 6:41,51.

Vierer-ohne: Lugano 5:01,14.

Doppelzweier: Aarburg/Sursee 5:14,96.

Vierer-mit: Thalwil 5:05,64.

Zweier-ohne: Stansstad/Reuss 5:28,56.

Doppelvierer: Solothurn/Richterswil 4:38,94.

Achter: Lugano/Wädenswil 4:37,62.

Damen

Offene Klasse. Skiff: 1. Buol (Baden) 8:03,67.

Doppelzweier: 1. Buol / Häberlin (Baden) 7:40,69.

Doppelvierer: 1. Bischoff / Derrer / Nicolet / Dieffenbach (Belvoir Zürich) 7:09,28.

Leichtgewichte. Skiff: 1. Potrykus (Blauweiss Basel) 8:32,76.

Doppelzweier: 1. Fröhlich/Medinis (Genf) 7:51,35.

Juniorinnen. Skiff: Vogel (Sursee) 6:08,60.

Doppelzweier: Basler RC 5:54,19.

Schweizer Bob-Meisterschaft

Zweierbob

1. Pichler/Poltera (Zürich/Savognin)
4:40,24 1:10,75 1:10,60 1:09,12 1:09,77

2. Hiltebrand/Leuthold (Dielsdorf/Zürich)
0,57 Sek. zur. 1:10,45 1:10,82 1:09,75 1:09,97

3. Schärer/Kiser (Herrliberg/Sarnen)
2,79 Sek. zur. 1:11,36 1:11,02 1:10,14 1:10,51

Viererbob

1. Pichler/Notter/Poltera/Berli (Zürich)
2:17,69 1:08,77 1:08,92 1:09,92 1:09,49

2. Hiltebrand/Müller/Ott/Hitz (Dielsdorf)
0,68 Sek. zur. 1:09,05 1:08,84 1:09,77 1:10,16

3. Schärer/Meuwly/Fassbinder/Kiser (Herrliberg)
1,15 Sek. zur. 1:09,21 1:08,84 1:10,04 1:10,16

Zweierbob-WM in Königssee

1. Hoppe/Schauerhammer (DDR I)
49,90 50,02 50,06 51,13 **3:21,11**

2. **Pichler/Poltera** (Schweiz I)
49,65 50,39 50,90 51,26 **3:22,20**

3. Richter/Grummt (DDR II)
50,04 50,50 50,74 51,08 **3:22,36**

Viererbob-WM in Königssee

1. Schweiz II (Schärer, Meier, Fassbind, Kiser)
48,80 48,95 49,08 49,45 **3:16,28**

2. Österreich I (Kienast, Siegl, Redl, Mark)
48,77 49,21 49,30 49,49 **3:16,77**

3. Schweiz I (Pichler, Notter, Poltera, Berli)
48,90 49,35 49,37 49,46 **3:17,08**

Zweierbob-EM in Innsbruck-Igls

1. Hoppe/Schauerhammer (DDR)
54,11 54,79 54,98 55,67 **3:39,55**

2. Lehmann/Musiol (DDR)
54,25 54,82 55,54 55,36 **3:40,07**

3. Richter/Grummt (DDR)
54,65 54,92 55,23 55,82 **3:40,47**

Viererbob-EM in Innsbruck-Igls

1. Schweiz II (Hiltebrand, Meier, Fassbind, Kiser)
54,04 54,04 53,52 53,60 **3:35,20**

2. DDR I (Lehmann, Trübner, Voge, Musiol)
53,82 54,28 53,60 53,91 **3:35,61**

3. Österreich I (Kienast, Siegl, Redl, Mark)
53,61 54,43 53,68 54,04 **3:35,76**

Leichtathletik-Europameisterschaft in Stuttgart

Herren

100 m: 1. Christie (Grossbritannien) 10,15. 2. Bringmann (DDR) 10,20. 3. Marie-Rose (Frankreich) 10,21.

20 km Gehen: 1. Pribilinec (CSSR) 1:21:15. 2. Damilano (Italien) 1:21:17. 3. Prieto (Spanien) 1:21:36.

Speerwerfen: 1. Tafelmeier (BRD) 84,76. 2. Michel (DDR) 81,90. 3. Jewsjukow (UdSSR) 81,80.

200 m: 1. Krylow (UdSSR) 20,52. 2. Evers (BRD) 20,75. 3. Fedoriw (UdSSR) 20,84.

400 m: 1. Black (Grossbritannien) 44,49. 2. Schönlebe (DDR) 44,63. 3. Schersing (DDR) 44,85.

1500 m: 1. Cram (Grossbritannien) 3:41,09. 2. Coe (Grossbritannien) 3:41,67. 3. Kulker (NL) 3:42,11.

5000 m: 1. Buckner (Grossbritannien) 13:10,15. 2. Mei (Italien) 13:11,57. 3. Hutchings (Grossbritannien) 13:12,88. 7. **Deleze** (Schweiz) 13:28,80.

110 m Hürden: 1. Caristan (Frankreich) 13,20 (Europarekord). 2. Arto Bryggare (Finnland) 13,42. 3. Sala (Spanien) 13,50.

3000 m Hindernis: 1. Melzer (DDR) 8:16,65. 2. Panetta (Italien) 8:16,85. 3. Ilg (BRD) 8:16,92.

Marathon: 1. Bordin (Italien) 2:10:54. 2. Pizzolato (Italien) 2:10:57. 3. Steffny (BRD) 2:11:30.

50 km Gehen: 1. Gauder (DDR) 3:40:55. 2. Iwanenko (UdSSR) 3:41:54. 3. Sunzow (UdSSR) 3:42:83.

4 × 100 m: 1. UdSSR (Jewgenjew, Juschmanow, Marawjow, Brysgin) 38,29. 2. DDR (Schröder, Bringmann, Prenzler, Emmelmann) 38,64., 3. Grossbritannien (Bunney, Thompson, McFarlane, Christie) 38,71.

4 × 400 m: 1. Grossbritannien 2:59,84. 2. BRD 3:00,17. 3. UdSSR 3:00,47.

Stabhochsprung: 1. Sergej Bubka (UdSSR) 5,85. 2. Wassili Bubka (UdSSR) 5,75. 3. Collet (F) 5,75.

Weitsprung: 1. Emmijan (UdSSR) 8,41. 2. Lajewski (UdSSR) 8,01. 3. Evangelisti (Italien) 7,92.

Hochsprung: 1. Paklin (UdSSR) 2,31. 2. Maltschenko (UdSSR) 2,31. 3. Thränhardt (BRD) 2,31.

Dreisprung: 1. Markov (Bulgarien) 17,66. 2. Bruschiks (UdSSR) 17,33. 3. Prozenko (UdSSR) 17,28.

Diskuswerfen: 1. Ubartas (UdSSR) 67,08. 2. Kolnootchenko (UdSSR) 67,02. 3. Kidikas (UdSSR) 66,32.

Hammerwurf: 1. Sedych (UdSSR) 86,74 (Weltrekord). 2. Litwinow (UdSSR) 85,74. 3. Nikulin (UdSSR) 82,00.

800 m: 1. Coe (Grossbritannien) 1:44,50. 2. McKean (Grossbritannien) 1:44,61. 3. Cram (Grossbritannien) 1:44,88.

400 m Hürden: 1. Schmid (BRD) 48,65. 2. Wassiliew (UdSSR) 48,76. 3. Nylander (Schweden) 49,38.

Zehnkampf: 1. Thompson (Grossbritannien) 8811 Punkte. 2. Hingsen (BRD) 8730. 3. Wentz (BRD) 8676.

Kugelstossen: 1. **Günthör** (Schweiz) 22,22. 2. Timmermann (DDR) 21,84. 3. Beyer (DDR) 20,74.

10 000 m: 1. Mei (Italien) 27:56,79. 2. Cova (Italien) 27:57,93. 3. Antibo (Italien) 28:00,25.

Damen

100 m: 1. Göhr (DDR) 10,91. 2. Nuneva (Bulgarien) 11,04. 3. Flere-Cooman (Niederlande) 11,08.

Weitsprung: 1. Drechsler (DDR) 7,27. 2. Tschistjakowa (UdSSR) 7,09. 3. Radtke (DDR) 6,89.

200 m: 1. Drechsler (DDR) (Weltrekord) 21,71. 2. Cazler (Frankreich) 22,32. 3. Gladisch (DDR) 22,49.

1500 m: 1. Agletdinowa (UdSSR) 4:01,19. 2. Samolenko (UdSSR) 4:02,36. 3. Melinte (Rumänien) 4:02,44.

10 000 m: 1. Kristiansen (Norwegen) 30:23,25. 2. Bondarenki (UdSSR) 30:57,1. 3. Bruns (DDR) 31:19,76.

100 m Hürden: 1. Donkova (Bulgarien) 12,38. 2. Oschkenat (DDR) 12,55. 3. Sagortscheva (Bulgarien) 12,70.

400 m Hürden: 1. Stepanowa (UdSSR) 53,32 (Weltrekord). 2. Busch (DDR) 53,60. 3. Feuerbach (DDR) 54,13.

4 x 100 m: 1. DDR (Gladisch, Günther, Auerswald, Göhr) (Weltjahresbestzeit) 41,84. 2. Bulgarien (Sagortschewa, Nunewa, Georgiewa, Donkowa) 42,68. 3. UdSSR (Nastoburko, Botschina, Schirowa, Solotarjewa) 42,74.

4 x 400 m: 1. DDR (Emmelmann, Busch, Müller, Koch) 3:16,87. 2. BRD (Kinzel, Thimm, Gaugel, (DLV-Rekord) 3:22,80. 3. Polen (Kasprzyk, Wojdecka, Kapusta, Blaszak) 3:24,65.

Speerwerfen: 1. Whitbread (Grossbritannien) 76,32. 2. Felke (DDR) 72,52. 3. Peters (BRD) 68,04. 12. **Thiemard** (Schweiz) 55,32.

Siebenkampf: 1. Behmer (DDR) 6717 Punite (100 m Hürden 13,25 – Hochsprung 1,77 m – Kugel 14,50 – 200 m 23,46 – Weitsprung 6,79 m – Speerwerfen 40,24 m – 800 m 2:03,96), 2. Schubenkowa (UdSSR) 6645 Punkte (13,33 – 1,80 – 13,68 – 23,92 – 6,54 – 44,98 – 2:04,40), 3. Simpson (Grossbritannien) 534 (13,05 – 1,92 m – 14,73 – 25,09 – 6,56 – 40,92 – 800 m: 2:11,70).

400 m: 1. Koch (DDR) 48,22 (Jahresweltbestzeit). 2. Wladykina (UdSSR) 49,67. 3. Müller (DDR) 49,88.

800 m: 1. Olisarenko (UdSSR) 1:57,15. 2. Wodars (DDR) 1:57,42. 3. Gurina (UdSSR) 1:57,73.

3000 m: 1. Bondarenko (UdSSR) 8:33,99. 2. Puica (Rumänien) 8:35,92. 3. Murray (Grossbritannien) 8:37,15. 7. **Bürki** (Schweiz) 8:44,44.

Hochsprung: 1. Kostadinowa (Bulgarien) 2,00. 2. Issaewa (Bulgarien) 1,93. 3. Turtschak (UdSSR) 1,95.

Diskuswerfen: 1. Sachse (DDR) 71,36. 2. Christowa (Bulgarien) 69,52. 3. Hellmann (DDR) 68,26.

10 km Gehen: 1. Diaz (Spanien) 46,09. 2. Jansson (Schweden) 46,14. 3. Ybanez (Schweden) 49,49.

Marathon: 1. Mota (Portugal) 2:28:38. 2. Fogli (Italien) 2:32:52. 3. Schramkowa (UdSSR) 2:34:18.

Kugelstossen: 1. Krieger (DDR) 21,10. 2. Müller (DDR) 20,81. 3. Achrimenko (UdSSR) 20,68.

Leichtathletik Schweizer Meisterschaften

Herren

100 m: Burkhart (Zürich) 10,62.

400 m Hürden: Wil (Bern) 51,49.

3000 m Steeple: Hertner (Liestal) 8:48,47.

Hoch: Dalhäuser (Zürich) 2,21.

Drei: von Stockar (Bern) 15,36.

Kugel: Günthör (Bern) 21,12.

Diskus: Erb (Winterthur) 54,04.

200 m: Gloor (Bern) 21,36.

400 m: Arnold (Zürich) 45,69 (EM-Limite und Saisonbestleistung).

800 m: Kilbert (Unterstrass) 1:47,31.

1500 m: Wirz (Bern) 3:46,10.

5000 m: Ryffel (Bern) 14:06,14.

100 m Hürden: Niederhäuser (Courtelary) 14,08.

Hammer: Obrist (Bern) 63,12.

Weit: Ulrich (Sitten) 7,62.

Stab: Aebischer (Genf) 4,80.

Speer: Steiner (Bern) 75,52 (Schweizer Rekord, erstmals anerkannt mit neuem Speer).

Damen

100 m: Vroni Werthmüller (Gösgen) 11,39 (EM-Limite und Schweizer Rekord, bisher Brigitte Senglaub 11,45/1979).

400 m Hürden: Caroline Plüss (Bern) 57,46 (EM-Limite).

10 000 m: Margrit Isenegger (Zug) 35:22,39.

Weit: Rita Heggli (Zürich) 6,35.

Speer: Denise Thiémard (Bern) 62,10.

200 m: Vroni Werthmüller (Gösgen) 23,59.

400 m: Patricia Duboux (Lausanne) 54,23.

800 m: Sandra Gasser (Bern) 2:04,93.

1500 m: Cornelia Bürki (Rapperswil) 4:13,45.

100 m Hürden: Rita Heggli (Zürich) 13,41.

Hoch: Anja Barelkowski (Zürich) 1,87.

Kugel: Ursula Stäheli (Basel) 16,96.

Diskus: Claudia Elsener (Unterstrass) 51,46.

Vereinsmeisterschaft

Männer. Nationalliga A: ST Bern 14 697,5
Frauen. Nationalliga A: LC Zürich 9199,5

Sporttabellen

Schwimmen Weltmeisterschaften in Madrid

Herren

50 m Freistil: 1. Tom Jager (USA) 22,49 Sekunden, 2. **Dano Halsall** (Schweiz) 22,80, 3. Matt Biondi (USA) 22,85.

100 m Freistil: 1. Matt Biondi (USA) 48,94, 2. Stephan Caron (Frankreich) 49,73, 3. Tom Jager (USA) 49,79.

400 m Freistil: 1. Rainer Henkel (BRD) 3:50,05 Minuten, 2. Uwe Dassler (DDR) 3:51,26, 3. Dan Jorgensen (USA) 3:51,33.

1500 m Freistil: 1. Rainer Henkel (BRD) 15:05,31 Minuten, 2. Stefano Batistelli (Italien) 15:14,80, 3. Dan Jorgensen (USA) 15:16,23.

200 m Brust: 1. Jozsef Szabo (Ungarn) 2:14,27 Minuten (Jahresweltbestzeit), 2. Victor Davis (Kanada) 2:14,93, 3. Steve Bentley (USA) 2:16,51.

200 m Schmetterling: 1. Michael Gross (BRD) 1:56,53 Minuten, 2. Anthony Mosse (Neuseeland) 1:58,36, 3. Benny Nielsen (Dänemark) 1:59,09.

100 m Rücken: 1. Igor Poljanski (UdSSR) 55,58 Sekunden (Jahresweltbestzeit), 2. Dirk Richter (DDR) 56,49, 3. Sergej Zabolotnow (UdSSR) 56,57.

200 m Rücken: 1. Igor Poljanski (UdSSR) 1:58,78 Minuten, 2. Frank Baltrusch (DDR) 2:01,11, 3. Frank Hoffmeister (BRD) 2:02,42.

200 m Lagen: 1. Tamas Darnyi (Ungarn) 2:01,57 Minuten (Europarekord), 2. Alex Baumann (Kanada) 2:02,34, 3. Wadim Jarostschuk (UdSSR) 2:02,61.

4 × 100 m Freistil: 1. USA 3:19,89 (Jahresweltbestzeit), 2. UdSSR 3:21,14, 3. DDR 3:21,47.

4 × 100 m Lagen: 1. USA 3:41,25 (Jahresweltbestzeit), 2. BRD 3:42,26, UdSSR 3:42,63.

Wasserspringen, Zehn-Meter-Turm: 1. Greg Louganis (USA) 668,58 Punkte, 2. Li Kongzheng (China) 624,33, 3. Bruce Kimball (USA) 599,91.

200 m Freistil: 1. Michael Gross (BRD) 1:47,92 (Jahresweltbestzeit), 2. Sven Lodziewski (DDR) 1:49,12, 3. Matt Biondi (USA) 1:49,43.

100 m Schmetterling: 1. Pablo Morales (USA) 53,54 Sekunden, 2. Matt Biondi (USA) 53,67, 3. Andrew Jameson (Grossbritannien) 53,81.

10 m Brust: 1. Victor Davis (Kanada) 1:02,71 Minuten, 2. Gianni Minervini (Italien) 1:03,00, 3. Dimitri Wolkow (UdSSR) 1:03,30.

400 m Lagen: 1. Tamas Darnyi (Ungarn) 4:18,98 Minuten, 2. Wadim Jarostschuk (UdSSR) 4:22,03, 3. Alex Baumann (Kanada) 4:22,58.

4 × 200 m Freistil: 1. DDR 7:15,91 Minuten (Jahresweltbestzeit), 2. BRD 7:15,96, 3. USA 7:18,29.

Damen

50 m Freistil: 1. Tamara Costache (Rumänien) 25,28 Sekunden (Weltrekord), 2. Kristin Otto (DDR) 25,50, 3. **Marie-Therese Armentero** (Schweiz) 25,93.

400 m Freistil: 1. Heike Friedrich (DDR) 4:07,45 Minuten, 2. Astrid Strauss (DDR) 4:09,16, 3. Sarah Hardcastle (Grossbritannien) 4:09,85.

800 m Freistil: 1. Astrid Strauss (DDR) 8:28,24 Minuten, 2. Katja Hartmann (DDR) 8:28,44, 3. Debbie Babashoff (USA) 8:34,04.

100 m Brust: 1. Sylvia Gerasch (DDR) 1:08,11 Minuten (Weltrekord), 2. Silke Hörner (DDR) 1:08,41, 3. Tania Bogomilova (Bulgarien) 1:08,52 (50-m-Zwischenzeit von 32,05 Sekunden, Europarekord).

100 m Schmetterling: 1. Kornelia Gressler (DDR) 59,51 Sekunden, 2. Kristin Otto (DDR) 59,66, 3. Mary T. Meagher (USA) 59,98.

200 m Schmetterling: 1. Mary T. Meagher (USA) 2:08,41 Minuten, 2. Kornelia Gressler (DDR) 2:10,66, 3. Birte Weigang (DDR) 2:10,68.

100 m Rücken: 1. Betsy Mitchell (USA) 1:01,74 Minuten, 2. Kathrin Zimmermann (DDR) 1:02,17, 3. Natalja Schibajewa (UdSSR) 1:02,25.

200 m Rücken: 1. Cornelia Sirch (DDR) 2:11,37 Minuten, 2. Betsy Mitchell (USA) 2:11,39, 3. Kathrin Zimmermann (DDR) 2:11,45.

200 m Lagen: 1. Kristin Otto (DDR) 2:15,56 Minuten (Jahresweltbestzeit), 2. Elena Dendeberowa (UdSSR) 2:15,84, 3. Kathleen Nord (DDR) 2:16,05.

4 × 100 m Freistil: 1. DDR 3:40,57 Minuten (Weltrekord), 2. USA 3:44,04, 3. Niederlande 3:46,89.

4 × 100 m Lagen: 1. DDR 4:04,82 Minuten (Jahresweltbestzeit), 2. USA 4:07,75, 3. Niederlande 4:10,70.

100 m Freistil: 1. Kristin Otto (DDR) 53,05 (Jahresweltbestzeit), 2. Jenna Johnson (USA) 55,70, 3. Conny van Bentum (Niederlande) 55,79.

200 m Freistil: 1. Heike Friedrich (DDR) 1:58,26 Minuten, 2. Manuela Stellmach (DDR) 1:58,90, 3. Mary T. Meagher (USA) 2:00,14.

200 m Brust: 1. Silke Hörner (DDR) 2:27,40 Minuten (Weltrekord), 2. Tania Bogomilova (Bulgarien) 2:27,66, 3. Allison Higson (Kanada) 2:31,34.

400 m Lagen: 1. Kathleen Nord (DDR) 4:43,75, 2. Michelle Griglion (USA) 4:44,07, 3. Noem Lung (Rumänien) 4:45,44.

4 × 200 m Freistil: 1. DDR 1:59,33 Minuten (Weltrekord), 2. USA 8:02,12, 3. Niederlande 8:09,59.

Schwimmen Schweizer Meisterschaften

Herren

50 m Crawl: 1. Volery (Neuenburg) 22,87.

200 m Crawl: 1. Volery (Neuenburg) 1:53,31.

200 m Brust: 1. Dagon (Genf) 2:21,93.

100 m Rücken: 1. Ferland (Renens) 59,61.

400 m Lagen: 1. Senn (Kreuzlingen) 4:40,08 (Schweizer Rekord, bisher Müller/Winterthur 4:41,94).

4mal 100 m Crawl: 1. Genève-Natation (Dagon, David, Hosennen, Halsall) 3:33,52.

100 m Crawl: 1. Volery (Neuenburg) 50,80.

1500 m Crawl: 1. Neiger (Bellinzona) 16:09,74 (Schweizer Saisonbestleistung).

200 m Delfin: 1. David (Genf) 2:05,61.

200 m Lagen: 1. Ferland (Renens) 2:1,19.

4mal 100 m Lagen: 1. Genève-Natation (Weyer, Dagon, David, Halsall) 3:57,35.

Damen

50 m Crawl: 1. Armentero (Genf) 26,77.

200 m Crawl: 1. Krüger (Bern) 2:05,60 (Schweizer Rekord, bisher Schrepfer/Winterthur 2:05,81).

200 m Brust: 1. Nydegger (Uster) 2:37,12 (Schweizer Rekord, bisher Nydegger 2:38,20).

100 m Rücken: 1. Vuistiner (Lausanne) 1:07,39 (Schweizer Saisonbestleistung).

400 m Lagen: 1. Mächler (Genf) 5:01,94 (Schweizer Rekord, bisher Krüger/Bern 5:03,80).

4mal 100 m Crawl: 1. SK Bern (Aeschlimann, Moosmann, Brook, Krüger) 4:00,20 (Schweizer Rekord, bisher Genève-Natation 4:02,77).

100 m Crawl: 1. Späti (Mendrisio) 58,27.

800 m Crawl: 1. Krüger (Bern) 9:05,38.

200 m Delfin: 1. Brook (Bern) 2:19,52.

200 m Lagen: 1. Mächler (Genf) 2:23,06 (Schweizer Rekord, bisher Mächler 2:24,35).

4mal 100 m Lagen: 1. SK Bern (Aeschlimann, Kohler, Brook, Krüger) 4:28,94 (Schweizer Rekord, bisher Genève-Natation 4:31,64).

Radsport

Giro d'Italia

1. Roberto Visentini (Italien)	102.33.55
2. Guiseppe Saronni (Italien)	zur. 1.02
3. Francesco Moser (Italien)	2.14
4. Greg Lemond (USA)	2.26
5. Claudio Corti (Italien)	4.49
6. Franco Chioccioli (Italien)	6.58
7. Acacio Da Silva (Portugal)	7.12
8. Marco Giovannetti (Italien)	8.03
9. **Niki Rüttimann** (Schweiz)	9.15
10. Pedro Munoz (Spanien)	11.52

Tour de France

1. Greg Lemond (USA)	110.35.19
2. Bernard Hinault (Frankreich)	zur. 3.10
3. **Urs Zimmermann** (Schweiz)	10.54
4. Andrew Hampsten (USA)	18.44
5. Claude Criquielion (Belgien)	24.36
6. Ronan Pensec (Frankreich)	25.59
7. **Niki Rütimann** (Schweiz)	30.52
8. Alvaro Pino (Spanien)	33.00
9. Steven Rooks (Niederlande)	33.24
10. Yvon Madiot (Frankreich)	33.27

Meisterschaft von Zürich

Profi: 1. Acacio da Silva (Portugal), 273,5 km in 6.49.23 (40,084 km/h). 2. Bauer (Kanada). 3. Van der Poel (Holland). 4. Lemond (USA). 5. Vandenbrande (Belgien). 6. Worre (Dänemark). 7. D.-E. Pedersen (Norwegen). 8. **Bruggmann** (Schweiz). 9. Van der Velde (Holland). 10. T. Van Vliet (Holland).

Rad-Amateure

Füllinsdorf. Schweizer Meisterschaft. **Elite-Amateure:** 1. Wegmüller, 10 Runden = 181 km in 4.23.02 (41,29 km/h). 2. Steinmann 0.44 zurück. 3. Trinkler 1.54. 4. Küttel (Wohlen). 5. Hürlimann, alle gl. Zeit. 6. Fuchs 3.41. 7. Ansermet 4.37. 8. Holdener 5.31. 9. Jolldon 5.40. 10. Diem.

Tour de Suisse

1. Andrew Hampsten (USA)	48.24.12
2. Robert Miller (Grossbritannien)	0.53
3. Greg Lemond (USA)	1.21
4. **Urs Zimmermann** (Schweiz)	1.34
5. Franco Chioccioli (Italien)	3.34
6. Pedro Delgado (Spanien)	7.34
7. Stefan Brykt (Schweden)	8.28
8. **Gody Schmutz** (Schweiz)	9.25
9. Jean-Claude Leclerq (Frankreich)	11.18
10. **Jörg Müller** (Schweiz)	12.00

Tour de Romandie

1. Criquielion (Belgien)	28.34.29
2. Bernard (Frankreich)	zur. 2.35
3. Cornillet (Frankreich)	2.38
4. Emonds (Belgien)	3.13
5. **Grezet** (Schweiz)	3.27
6. Vallet (Frankreich)	4.18
7. **Müller** (Schweiz)	4.27
8. **Zimmermann** (Schweiz)	4.58
9. **Breu** (Schweiz)	4.59
10. Sergeant (Belgien)	5.03

Rad-Profi

Drei-Nationen-Meisterschaft in Nyon. 9 Runden zu 23,8 km = 214,2 km. 2800 m HD 41 **Profi** (27 Schweizer, 12 Bundesdeutsche, 2 Luxemburger) am Start. Wichtigste Absenzen: Braun, Matt, Dill-Bundi, Freuler, Häfliger, Mutter, Rüttimann, Schönenberger, Seiz Wyder. – Wetter: Sonnig, sehr warm.
1. Dietzen (BRD, Meister), 214,2 km in 5:30,17 (38,912 km/h). 2. Zimmermann (Sz. Meister). 3. Hilse (BRD, 2.). 4. J. Müller (Sz, 2.), alle gl. Zeit. 5. Grezet (Sz, 3.) 2,47. 6. Rominger (Sz) 4,08. 7. Richard (Sz), gl. Zeit. 8. Gutmann (Sz) 4,57. 9. Glaus (Sz) 6,16. 10. Massard (Sz) 9,19.

Rad-WM Bahn/Strasse in Colorado-Springs

Amateure: Punktefahren (50 km): 1. Dan Frost (Dänemark) 1:00:15,88 Stunden, 2. Olaf Ludwig (DDR), 3. Leonard Harvey Nitz (USA)

Tandem: 1. CSSR (Vitezslav Voboril/Roman Rehounek), 2. USA (Kit Kyle/David Lindsey), 3. Italien (Andrea Faccini/Roberto Nicotti).

Frauen/3000-m-Einerverfolgung: 1. Jeannie Longo (Frankreich) 3:39,32 Minuten, 2. Rebecca Twigg-Whitehead (USA) 3:40,42, 3. **Barbara Ganz** (Schweiz) 3:48,39.

Profis/Sprint: 1. Koichi Nakano (Japan), 2. Hidejuki Matsui (Japan), 3. Nobujuki Tawara (Japan).

Punktefahren (50 km): 1. **Urs Freuler** (Schweiz) 1:03:12 Stunden, 2. Michel Vaarten (Belgien), 3. Stefano Allocchio (Italien).

Querfeldein-WM in Lembeek

Professionals

1. **Albert Zweifel** (Schweiz) 1:16,33. 2. **Pascal Richard** (Schweiz) 0,38 zurück. 3. Hennie Stamsnijder (Holland) 1:15. 4. Reinier Grönendaal (Holland) 3:16. 5. Martial Gayant (Frankreich) 3:44. 6. Paul De Brauwer (Belgien) 4:10. 7. **Beat Breu** (Schweiz) 4:29. 8. Frank van Bakel (Holland) 5:16. 9. Patrice Thévenard (Frankreich) 5:26. 10. Robert Vermeire (Belgien) 5:31.

Amateure

1. Vito di Tano (Italien) 1:08.30. 2. Ivan Messelis (Belgien) 1:19 zurück. 3. Ludo De Rey (Belgien) 1:36. 4. **Hansruedi Büchi** (Schweiz) 2:01. 5. Damiano Grego (Italien) 2:12. 6. Alain Daniel (Frankreich) 2:26. 7. Dirk Pauwels (Belgien), gleiche Zeit. 8. Peter Kloucek (CSSR) 2:37. 9. Peter Hric (CSSR) 2:38. 10. Laurent Cailleau (Frankreich) 3:03.

Eidg. Schwingfest

Schlussrangliste (alle Kranzgewinner): 1. Heinrich Knüsel (Abtwil) 78,25 Punkte. 2. Hans Hämmerli (Niederwil) 76,75. 3.a Niklaus Gasser (Bäriswil) 76,50. 3.b Kurt Schneiter (Schmerikon) 76,50. 4. Armin Thomi (Neuhausen) 76,25. 5.a Ernst Schläpfer (Herisau) 76,00. 5.b Michel Rouiller (Belfaux) 76,00. 5.c Johann Santschi (Seedorf) 76,00. 6.a Clemens Jehle (Zürich) 75,75. 6.b Hans Lüthi (Igis). 6.c Urs Geissbühler (Eriswil). 6.d Walter Moser (Landiswil). 6.e Josef Suter (Sattel). 6.f Ferdinand Christen (Läufelfingen). 6.g Richard Heinzer (Muotathal). 6.h Gabriel Yerly (Berlens). 6.i Leo Betschart (Sins), alle 75,75. 7.a Hans Mühlethaler (Unterlangenegg). 7.b Franz Odermatt (Ennetmoos). 7.c Walter Stoll (Schwarzenburg). 7.d Matthäus Huber (Eppenberg). 7.e Fritz Rietberger (Malans) je 75,50. 8.a Emil Giger (Teufen). 8.b Fritz Hurni (Frutigen). 8.c Silvio Rüfenacht (Hettiswil). 8.d Leo Schuler (Sattel). 8.e Hansueli Joder (Münchenbuchsee). 8.f Mathias Vetsch (Grabs). 8.g Jörg Schneider (Rudolfingen) je 75,25. 9.a Daniel Krebs (Riggisberg). 9.b Josef Burch (Rotkreuz). 9.c Johann-Martin Engi (Davos). 9.d Ueli Emch (Kammersrohr). 9.e André Riedo (Plaffeien). 9.f Martin Suter (Sattel). 9.g Lothar Herrsche (Altstätten). 9.h Hanspeter Rufer (Wald) je 75,00. 10.a Alain Biffrare (Muraz-Collombey). 10.b Walter Lötscher (Baar). 10.c Stefan Schlachter (Möhlin). 10.d Johann Graf (Gstaad). 10.e Martin Odermatt (Engelberg) je 75,00. 10.f Josef Reichmuth (Zug). 10.g Walter Vogt (Eglisau). 10.h Peter von Gunten (Grindelwald), je 74,75.

Kranzauszeichnungen: Angetretene Schwinger: 277. — Kranzauszeichnung: 46 (16,60 Prozent). — Die Zahlen der Verbände im einzelnen: Bern: 59 Schwinger / 12 mit Kranzauszeichnung; Innerschweiz: 79/12; Nordostschweiz: 72/14; Nordwestschweiz: 33/4; Südwestschweiz: 32/4; Auslandschwinger: 2/0.

Notenblätter

Knüsel (1.)	78,25	Hämmerli (2.)	76,75
+ Schneider	10,00	− Mühlethaler	8,75
0 Schläpfer	8,75	+ Keller	10,00
+ Schätti	10,00	− Rüfenacht	9,00
+ Rufer	10,00	+ Amstutz	10,00
+ Herrsche	9,75	+ Durrer	9,75
+ Geissbühler	10,00	+ von Gunten	9,75
+ Santschi	9,75	+ Rouiller	9,75
+ Schläpfer	10,00	+ Heinzer	9,75

Stein-Stossen

Unspunnenstein-Stossen (83,5 kg): 1. Ambauen (Beckenried) 3,74 m. 2. Spichtig (Sarnen) 3,49 m. 3. Abegg (Rothenthurm) 3,49 m.

Hornussen

Gesellschaften: 1. Wichtrach 0/1649. 2. Oeschenbach 0/1592 (beide mit Trinkhorn). 3. Studen 0/1495. **Einzelschläger:** 1. Wälti (Wichtrach) 128. 2. Jeremias (Oeschenbach) 124. 3. Gosteli (Dicki) 116.

Sporttabellen

Motorsport Rennwagen WM-Schlussklassement der Formel 1

		1	2	3	4	5	6	7	8	9	10	11	12	13	14	15	16	Total
1. Prost	McLaren-Porsche	0	4	9	9	(1)	6	4	6	4	(1)	0	9	0	6	6	9	72
2. Mansell	Williams-Honda	0	6	0	3	9	9	(2)	9	9	4	4	0	6	9	2	0	70
3. Piquet	Williams-Honda	9	0	6	0	0	4	0	4	6	9	9	0	9	4	3	6	69
4. Senna	Lotus Renault	6	9	0	4	6	2	9	0	0	6	6	0	0	3	4	0	55
5. Johansson	Ferrari	0	0	3	0	4	0	0	0	0	0	3	4	4	1	0	4	23
6. Rosberg	McLaren-Porsche	0	3	2	6	0	3	0	3	0	2	0	0	3	0	0	0	22
7. Berger	Benetton BMW	1	1	4	0	0	0	0	0	0	0	0	0	2	0	9	0	17
8. Laffite	Ligier Renault	4	0	0	1	2	0	6	1	0	0	0	0	0	0	0	0	14
Arnoux	Ligier Renault	3	0	0	2	0	1	0	2	3	3	0	0	0	0	0	0	14
Alboreto	Ferrari	0	0	0	0	3	0	3	0	0	0	0	6	0	2	0	0	14
11. Brundle	Tyrrell Renault	2	0	0	0	0	0	0	0	2	0	1	0	0	0	0	3	8
12. Jones	Lola Ford	0	0	0	0	0	0	0	0	0	0	0	3	1	0	0	0	4
13. Dumfries	Lotus-Renault	0	0	0	0	0	0	0	0	0	0	2	0	0	0	0	1	3
Streiff	Tyrrell Renault	0	0	0	0	0	0	0	1	0	0	0	0	0	0	0	2	3
15. Fabi	Benetton BMW	0	2	0	0	0	0	0	0	0	0	0	0	0	0	0	0	2
Tambay	Lola Ford	0	0	0	0	0	0	0	0	0	0	0	2	0	0	0	0	2
Patrese	Brabham BMW	0	0	1	0	0	0	1	0	0	0	0	0	0	0	0	0	2
18. Danner	Arrows BMW	0	0	0	0	0	0	0	0	0	0	0	1	0	0	0	0	1
Alliot	Ligier Renault	0	0	0	0	0	0	0	0	0	0	0	0	0	0	1	0	1

1 = Brasilien in Rio
2 = Spanien in Jerez
3 = San Marino in Imola
4 = Monte Carlo in Monaco
5 = Belgien in Spa
6 = Kanada in Montreal
7 = USA in Detroit
8 = Frankreich in Le Castellet
9 = England in Brands Hatch
10 = BRD in Hockenheim
11 = Ungarn in Budapest
12 = Österreich in Zeltweg
13 = Italien in Monza
14 = Portugal in Estoril
15 = Mexiko in Mexico City
16 = Australien in Adelaide
( ) = Streichresultat (gewertet werden die 11 besten Ergebnisse)

Markentrophäe: 1. Williams 141. 2. McLaren 96. 3. Lotus 60. 4. Ferrari 37. 5. Ligier 29. 6. Benetton 19. 7. Tyrell 11. 8. Lola Ford 6. 9. Brabham BMW 2. 10. Arrows 1.

Motorrad WM-Schlussklassement

80 ccm		125 ccm		250 ccm		500 ccm		Seitenwagen	
1. Martinez (Sp)	94	1. Cadalora (It)	122	1. Lavado (Ven)	114	1. Lawson (USA)	139	1. Streuer (Ho)	75
2. Herreros (Sp)	85	2. Gresini (It)	114	2. Pons (Sp)	108	2. Gardner (Aus)	117	2. Michel (Fr)	75
3. Dörflinger (Sz)	82	3. Brigaglia (It)	80	3. D. Sarron (Fr)	72	3. Mamola (USA)	105	3. Webster (Gb)	71

Motocross WM-Schlussklassement

125 ccm		250 ccm		500 ccm		Seitenwagen	
1. Strijbos (Ho)	358	1. Vimond (Fr)	315	1. Thorpe (Gb)	316	1. **Bächtold**/Fuss (Sz)	389
2. Van de Berk (Ho)	297	2. Rinaldi (It)	222	2. Malherbe (Be)	311	2. Muller/Van Heek (Ho)	282
3. Contini (It)	259	3. Van Doorn (Ho)	188	3. Geboers (Be)	299	3. Van Hengten/Van Deuteham (Ho)	246

Tennis

European Indoors in Zürich. (150 000 Dollar). Einzel, Viertelfinals: McNeil (USA/Nummer 7) s. Gildemeister (Per) 7:6 (11:9), 7:5. Graf (BRD/1) s. Rehe (USA/6) 6:3, 6:1. Pfaff (BRD/Lucky Looser) s. Kim (USA) 6:1, 6:2. Sukova (Tsch/2) s. Garrison (USA/5) 6:2, 6:2. – Einzel, Halbfinals: Graf (BRD/Nr. 1) s. Pfaff (BRD) 6:0, 6:1. Sukova (Tsch/2) s. McNeil (USA/7) 6:3, 6:3. Final. Graf s. Sukova 4:6, 6:2, 6:4. – Doppel, Final: Graf/Sabatini s. McNeil/Moulton 1:6, 6:4, 6:4.

Lugano. 100 000 Dollar-GP-Turnier. Letzter Viertelfinal: Manuela Malejeva (Bulg/1) s. Kanellopoulos (Gr) 7:5, 6:1. – Halbfinals: Malejeva s. Goles (Jug) 6:2, 6:3. Reggi (It/14) s. Bunge (BRD/6) 7:5, 3:6, 7:6 (7:2). – Final: Reggi s. Malejeva 5:7, 6:3, 7:6 (8:6). – Doppel, Final: Burgin/Nagelsen s. Byrne/Thompson 6:2, 6:3.

Basel. Grand-Prix-Turnier «Swiss Indoors» (210 000 Dollar). Einzel. Viertelfinals: Smid (Tsch) s. Visser (SA) 6:3, 6:2, Edberg (Sd/1) s. Eriksson (Sd) 6:3, 3:6, 6:3. Noah (Fr/2) s. Krickstein (USA/8) 6:4, 0:6, 6:4. Gilbert (USA/3) s. Muller (SA) 6:3, 7:5. – Halbfinals: Edberg (Sd/1) s. Gilbert (USA/3) 7:6 (7:3), 6:2. Noah (Fr/2) s. Smid (CSSR) 7:6 (7:2), 5:7, 6:1. – Final: Edberg s. Noah 7:6 (7:5), 6:2, 6:7 (7:9), 7:6 (7:5). – Doppel. Final: Forget/Noah s. Gunnarson/Smid 7:6, 6:4.

Gstaad. Grand-Prix-Turnier (231 000 Dollar). Einzel, Viertelfinal: Stadler (Sz) s. Smid (Tsch/Nr. 8) 6:2, 6:4 – Halbfinals: Stadler s. Sanchez (Sp/4) 4:6, 6:4, 6:4. Edberg (Sd/1) s. Gunnarsson (Sd) 6:3, 6:2. – Final: Edberg s. Stadler 7:5, 4:6, 6:1, 4:6, 6:2. –Doppel, Final: Casal/Sanchez s. Edberg/Nyström 6:3, 3:6, 6:3.

Genf. Männer-GP. 231 000 Dollar. Viertelfinals: Tulasne (2) s. Bardou 6:2, 6:2. Miniussi s. Luna (4) 4:6, 6:4, 6:4. Bengoechea s. Avendano 6:3, 7:6 (7:1). Leconte (1) s. Wostenholme 6:4, 6:3. – Halbfinals: Leconte (1) s. Bengoechea 6:4, 6:4. Tulasne (2) s. Miniussi 6:2, 6:0. – Final: Leconte (1) s. Tulasne (2) 7:5, 6:3. – Doppel, Final: Maurer/Windahl s. Luza/Tiberti 6:4, 3:6, 6:4.

Romanel. Hallenmeisterschaften. **Männer.** Halbfinals: Stadler (Dübendorf/1) s. Bienz (Horgen/3) 6:2, 7:5. Hertzog (Urdorf/8) s. Kuharszky (Küsnacht/2) 6:1, 1:6, 6:3. – Final: Stadler s. Hertzog 6:1, 6:1, 6:1. – Doppel. Viertelfinals: Markus Günthardt/Kuharszky (Herrliberg/Küsnacht/1) s. Samuel und Stanislav Rotman (Lausanne) 6:4, 6:3. Schmitz/Farda (Grenchen/Adlikon/4) s. Hufschmid/Sturdza (Genf) 6:3, 7:6 (7:4). Grin/Fragnière (Belmont/Jongny) s. Bienz/Christoph Meyer (Horgen/Visp/3) w. o: (Meyer verletzt). Stadler/Hertzog (2) s. Blondel/Morard (Morges/Bulle) 6:2, 6:2. – Halbfinals: Günthardt/Kuharszky s. Schmitz/Farda 7:6 (8:6), 7:6 (7:2). Hertzog/Stadler s. Grin/Fragnière 7:5, 6:2. – Final: Günthardt/Kuharszky s. Hertzog/Stadler 6:1, 6:4. **Frauen.** Halbfinals: Stampfli (Interlaken/2) s. Schmid (Luzern/3) 6:4, 6:2. Drescher (Mörschwil/1) s. Rochat (Grand-Lancy/4) 6:1, 6:2. – Final: Drescher s. Stampfli 6:1, 6:3.

Schweizer Meisterschaften

Männer-Einzel: Stadler (Dübendorf/1) s. Kuharszky (Küsnacht/3) 6:1, 6:2, 6:2. **Frauen-Einzel:** Zardo (Giubiasco) s. Jolissaint (Port/2) 6:3, 6:3. **Männer-Doppel:** Stadler/Hertzog (Dübendorf/Urdorf/4) s. Utzinger/Meyer (Basel/Visp/1) 4:6, 7:5, 6:3. **Frauen-Doppel:** Jolissaint/Krapl (Port/Burgdorf/1) s. Jauch-Delhees/Martinelli (Herrliberg/Kloten/2) 6:4, 6:2.

Weltrangliste Tennis

Per 9.11.1986: 1. Lendl (CSSR). 2. Becker (BRD). 3. Wilander (Sd). 4. Edberg (Sd). 5. Leconte (Fr). 6. Noah (Fr). 7. Connors (USA). 8. Nyström (Sd). 9. Mecir (CSSR). 10. Gomez (Eku). 11. Pernfors (Sd). 12. McEnroe (USA).